金苑文库

◆ 浙江金融职业学院重点课题绿色金融支持水源地保护的浙江实践研究（2023ZD02）成果

◆ 浙江省新时代文化浙江建设研究智库联盟研究成果

◆ 杭州市哲学社会科学重点研究基地杭州新电商发展研究基地研究成果

◆ 浙江金融职业学院电子商务与新消费研究院研究成果

◆ 世界银行贷款浙江千岛湖及新安江流域水资源与生态环境保护项目浙江省世行贷款项目实践与流域综合治理研究咨询服务（编号：ZJJY2）研究成果

◆ 2024年度杭州市哲学社会科学规划课题

  杭州师范大学杭州城市国际化研究中心基地立项项目

  杭州创建国际新型消费中心城市研究（项目编号：24JD127）研究成果

◆ 浙江省金融教育基金会重点课题（2024Z01）研究成果

中国商业银行经营与绿色信贷研究

史 浩 著

浙江大学出版社

·杭州·

图书在版编目(CIP)数据

中国商业银行经营与绿色信贷研究 / 史浩著.
杭州 : 浙江大学出版社，2025. 1. — ISBN 978-7-308-
25650-6

Ⅰ. F832.33；F832.4

中国国家版本馆 CIP 数据核字第 2024PA9079 号

中国商业银行经营与绿色信贷研究

史　浩　著

责任编辑	胡　畔	
责任校对	赵　静	
封面设计	周　灵	
出版发行	浙江大学出版社	
	（杭州市天目山路 148 号　邮政编码 310007）	
	（网址：http://www.zjupress.com）	
排　　版	浙江大千时代文化传媒有限公司	
印　　刷	杭州宏雅印刷有限公司	
开　　本	710mm×1000mm　1/16	
印　　张	14.75	
字　　数	265 千	
版 印 次	2025 年 1 月第 1 版　2025 年 1 月第 1 次印刷	
书　　号	ISBN 978-7-308-25650-6	
定　　价	88.00 元	

浙江大学出版社市场运营中心联系方式：(0571)88925591；http://zjdxcbs@tmall.com

前　言

在中国力争 2030 年前实现碳达峰、2060 年前实现碳中和的宏大"双碳"背景下,2021 年全国两会①郑重将碳达峰、碳中和写入政府工作报告,2024 年中央金融工作会议明确提出做好绿色金融等五篇大文章,绿色金融的内涵与外延不断扩展,绿色金融的顶层设计、标准体系以及金融市场快速发展。绿色金融本质上反映了金融业对于可持续发展理念的贯彻,其涵盖的细分类别有绿色信贷、绿色债券、绿色基金、绿色证券、绿色保险、碳金融等一切既有或新创设的与绿色环保概念相联结的金融工具、市场、组织和举措。迄今为止,绿色金融各领域发展尚不均衡,其中绿色信贷市场的规模最大。

绿色信贷是全球绿色金融最早、最主要的实践形式之一。自 2006 年兴业银行与国际金融公司(IFC)合作,在国内首家推出能效项目融资产品,我国逐步开始推行绿色信贷,最具代表性的文件是 2007 年 7 月 30 日由环保总局、人民银行和银监会联合颁布的《关于落实环境保护政策法规防范信贷风险的意见》,该文件首次提出了"绿色信贷"概念及规范,2008 年兴业银行承诺践行绿色信贷,成为国内首家"赤道银行"②。自 2020 年"双碳"目标提出③以来,我国绿色贷款常年保持 20% 以上的高速增长。截至 2023 年末,绿色贷款余额已达 30.08 万亿元,是 2020 年末的 2.5 倍,同比增长 36.5%,高于各项贷款增速 26.4 个百分点。中国已经成为全球规模最大的

---

① 中华人民共和国全国人民代表大会和中国人民政治协商会议一般统称两会。

② 采用赤道原则的银行。赤道原则是 2003 年 6 月由一批私人银行比如花旗集团、荷兰银行、巴克莱银行和西德意志银行等发起并参与制定的,采用世界银行的环境保护标准与国际金融公司的社会责任方针,所形成的项目融资原则和标准。

③ 2020 年 9 月 22 日,在第七十五届联合国大会上,中国正式提出力争 2030 年前实现二氧化碳排放达到峰值,努力争取 2060 年前实现碳中和目标。

绿色信贷市场[①]。

根据《中国绿色金融发展研究报告》，中国的绿色信贷占整个绿色金融资金总额的 90％以上，在碳中和的绿色金融矩阵中发挥着主导作用。正是基于绿色信贷在我国银行业助力实现碳达峰宏伟目标下的重要作用和地位，对于开展绿色信贷与商业银行经营绩效以及经营风险之间关系的研究就显得尤为重要。虽然目前在学术界对于该课题的研究有较多的论文发表，但是对于绿色信贷是否提升了银行业绩，其实并没有一个确切的、统一的研究结论。目前可以看到的主要有三种结论，分别是正向提升、负向影响和无相关性，而且均有实证数据的支撑。因此，亟待回答的问题和扑朔迷离的答案就使得该项研究显得更富有现实意义。本书采用我国 23 家商业银行 2012—2023 年的面板数据，通过实证研究尝试厘清该问题的答案。另外，本书还非常详尽地描述了数据的分析与处理过程，关键之处附上了 Python 处理程序以及实证代码，除了可以系统性地进行研究总结，也能为后续研究提供可以借鉴参考的经验与做法。

与以往研究不尽相同之处在于，本书在实证方法上主要采用了面板向量自回归模型（PVAR），同时兼顾其他的计量模型（固定效应、分位数回归、因子分析等），力争让读者从多维的角度来对比和考察绿色信贷对银行业绩的影响。向量自回归模型并不先入为主地判定因果关系，是用来识别经济变量之间动态关系的一般框架。其计量优势在于并没有强制要求所有的变量均为外生变量，可以有效缓解变量的内生性问题，从而得到较为可靠的结论。在结论上，通过异质性分析，事实上并非只有一个简单答案——"提高"或者"降低"。但从银行业总体上来看，当前阶段绿色信贷拉低了银行业绩。那么除了政策使然，被拉低业绩的银行业选择绿色信贷的理由何在？从风险角度来展开实证，我们认为绿色信贷的确是帮助银行提升了风险抵御能力。

本书的创新点还在于引入了 KMV 风险模型 。KMV 模型以 Black-Scholes 期权定价公式和伊藤引理为理论基础，可以用来计量银行的资产风险和违约距离，通过绿色信贷与违约距离的回归论证了绿色信贷能够显著降低银行贷款可能面临的生态风险。另外，本书还尝试探究其他的风险计量方式与绿色信贷之间的关系，比如 VaR 和 CoVaR。在对这些风险指标

---

① 保尔森基金会绿色金融中心与北京绿色金融与可持续发展研究院于 2023 年 10 月 26 日在北京共同发布《金融科技推动中国绿色金融发展：案例与展望(2023)》。该报告显示，从绿色金融产品规模看，中国已成为全球最大的绿色信贷市场。

的计量方法上采用了经典的分位数线性回归,也使用了非线性 Copula 模型。限于篇幅对于 R-Vine Copula 仅有一定的思路介绍。而以上这类研究较少在绿色信贷范畴内被系统地讨论,因而具有较为明显的创新性。

全书在结构上围绕我国商业银行经营绩效与绿色信贷的关系展开。第1章、第2章首先介绍了商业银行资本管理的理论基础和经营管理的关键性指标。与普通企业不同,商业银行的业绩考量指标具有非常鲜明的特色和较为宽泛的维度,涵盖了经济效益指标、风险成本控制指标和社会责任指标。担负起社会责任中的环境责任是当代社会商业银行应当积极践行的重要理念,因而第3章和第4章从经济理论出发,特别从可持续发展理论 (Sustainable Development Theory) 出发,摒弃数量型的围绕增长的发展观,而代之以质量型的围绕福利的发展观,倡议金融服务要贯彻可持续金融的理念,提出了绿色信贷开展的必要性和紧迫性。第5章开始具体实证研究绿色信贷对银行业绩的影响,主要使用了三种单项经营业绩指标进行评价。分别是银行特有的盈利性指标净息差 NIM 以及一般企业经营中常用的资产收益率 ROA 和净资产收益率 ROE。从稳健性角度考虑,为了从多角度进行银行经营业绩的衡量,第6章和第7章又采用了综合性指标对业绩进行衡量。使用了多种计量工具,比如主成分和因子分析法、向量自回归模型 (Vector Auto Regression, VAR) 等,研究了美国新 CAMELS 评价指标,另外再加上两种学术界曾采用的综合评价指标,这些多角度的实证结果都得到了非常一致的研究结论,进一步巩固了从商业银行业绩视角对于绿色金融的看法。第8章介绍了 DEA 和 Malmquist 指数的效率评价方法,从绿色信贷对商业银行经营效率的影响方面进行了实证研究。第9章和第10章则从风险控制角度来考察绿色信贷的影响,分别介绍了 KMV 模型的违约距离度量风险以及风险价值 VaR (Value at Risk) 衡量风险的方法。第12章则从非线性风险溢出度量的角度,研究了绿色信贷对商业银行经营的影响。最后,第13章对全书的实证研究作出了总结并得出研究结论,形成了关于绿色信贷的建议和启示。

总之,希望本书的出版能让商业银行与绿色金融之间关系的探讨变得更为深入,能为商业银行践行绿色信贷打下更为坚实的理论基础,也衷心希望绿色金融能壮大成为全球经济绿色转型发展的新力量!

史　浩

2024 年 8 月于杭州

目　录

第1章 商业银行资本管理

银行资本是抵御风险损失的重要资源,银行的本质是管理风险的企业,资本是银行生存、发展的基础,是银行整个业务的重要组成部分。一方面,资本可以吸收包括风险损失在内的经营亏损,保护银行的正常运营,为银行避免破产提供缓冲的余地;另一方面,充足的资本有助于树立公众对银行的信心,向银行的债权人显示其实力。

1.1 商业银行资本与资产的区别

商业银行资本与资产的根本区别可以理解为,"资本是银行发展的动力源泉",而"资产是银行发展的成就结果",两概念之间有部分重叠,有些资产可以作为银行发展的资本,而有些资本也来自银行发展的成果。具体而言有以下区别:

定义上的区别。资本指的是商业银行自身拥有的或能够永久支配、使用的资金,这是银行从事经营活动必须注入的资金。资产则是指银行拥有的所有资源,包括但不限于固定资产、流动资产、无形资产等。

特点上的区别。资本具有投资性和流动性强的特点,它可以随时进行买卖和转移。资产则具有使用性和稳定性,它们是企业用来进行生产经营的工具,但并不具备资本的所有权和债权的区分。

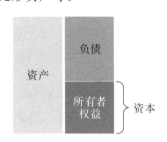

图 1-1 资本与资产

财报中的区别。在银行的财务报表中,资本在财报的"负债和所有者权益"部分列示,仅指所有者权益部分,而资产则是资产负债表的

1

主体(图 1-1)。

银行行业的特殊性。由于银行行业的特点,银行可能会对外吸收大量的存款,这些存款被会计视为负债。因此,银行的资产可能远大于其资本。

综上所述,银行资本与资产的主要区别在于它们的定义、特点以及在财务报表中的表现形式。资本是银行为了开展业务所需投入的资金,而资产是银行所拥有的各种资源,两者共同构成了银行的财务状况。

1.2 商业银行资本充足性

1.2.1 商业银行资本来源

商业银行的资本来源主要分为两大类:存款类资金来源和非存款类资金来源。存款类资金来源主要包括商业银行吸收的客户存款,具体可以分为:

- 储蓄存款。这类存款是客户为了积累货币和取得利息收入而开设的存款账户。
- 定期存款。这是一种相对于活期存款来说的存款形式,储户事先与银行约定存款期限,并在约定的期限内不可随意取出资金。一旦违反约定将失去约定的优惠利息。
- 活期存款。这是指存款人可以随时动用资金的存款形式,通常需要提前通知银行。

非存款类资金来源主要是商业银行通过以下几种方式取得的资金:

- 同业拆借。这是指商业银行与其他金融机构之间进行的临时性借款,主要用于支持银行的资金周转和填补暂时性的资金缺口。
- 回购协议。这是银行在出售有价证券等即期资产时,与购买金融资产的一方签订的协议,约定在一定期限后以协议价格购回所售出的证券。
- 再贴现。这是指商业银行将已贴现但未到期的商业汇票交给中央银行,请求中央银行再次贴现的行为,这是商业银行向中央银行取得资金的主要途径之一。
- 再贷款。这是指商业银行从中央银行获得的无抵押贷款。
- 金融债券。这是指银行为了筹集中长期资金而向公众公开发行的债务凭证,债券持有人有权获得到期本金和利息。

1.2.2　商业银行资本充足性度量

随着国际监管规则的变化,2017 年底,巴塞尔委员会发布了《巴塞尔Ⅲ改革最终方案》,这也是全球银行业资本监管的最低要求和标准。我国作为巴塞尔委员会成员,需按要求实施相关监管标准,并接受"监管一致性国际评估",评估结果将在全球公布。因此中国国家金融监督管理总局也对我国之前施行的《商业银行资本管理办法(试行)》进行了修订,进一步完善商业银行资本监管规则,推动银行强化风险管理水平,提升服务实体经济质效。

商业银行总资本包括一级资本和二级资本。其中,一级资本包括核心一级资本和其他一级资本(图 1-2)。根据 2023 年 10 月 26 日国家金融监督管理总局令 2023 年第 4 号所公布的《商业银行资本管理办法》(自 2024 年 1 月 1 日起施行),资本监管指标包括资本充足率和杠杆率。

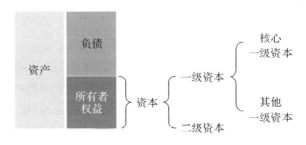

图 1-2　资本分类

资本充足率是指商业银行持有的资本净额与风险加权资产之间的比率。商业银行风险加权资产包括信用风险加权资产、市场风险加权资产和操作风险加权资产。

一级资本充足率是指商业银行持有的一级资本净额与风险加权资产之间的比率。

核心一级资本充足率是指商业银行持有的核心一级资本净额与风险加权资产之间的比率。

杠杆率是指商业银行持有的一级资本净额与调整后表内外资产余额之间的比率。

商业银行资本充足率计算公式为:

$$资本充足率 = \frac{总资本 - 对应资本扣除项}{风险加权资产} \times 100\%$$

$$一级资本充足率 = \frac{一级资本 - 对应资本扣除项}{风险加权资产} \times 100\%$$

$$核心一级资本充足率 = \frac{核心一级资本 - 对应资本扣除项}{风险加权资产} \times 100\%$$

$$杠杆率 = \frac{一级资本 - 一级资本扣除项}{调整后表内外资产余额} \times 100\%$$

商业银行调整后表内外资产余额计算公式为：

调整后表内外资产余额 ＝

调整后表内资产余额（不包括表内衍生工具和证券融资交易）＋衍生工具资产余额＋证券融资交易资产余额＋调整后表外项目余额－一级资本扣除项

从调整后表内外资产余额中扣减的一级资本扣除项不包括商业银行因自身信用风险变化导致其负债公允价值变化带来的未实现损益。另外，商业银行在计算调整后表内外资产余额时，不考虑抵质押品、保证和信用衍生工具等信用风险缓释因素。

1.2.3 商业银行资本充足性管理策略

我国的《商业银行资本管理办法》构建了差异化的资本监管体系，按照银行规模和业务复杂程度，划分为三个档次，以匹配不同的资本监管方案。其中，规模较大或跨境业务较多的银行，划为第一档，对标资本监管国际规则；规模较小、跨境业务较少的银行纳入第二档，实施相对简化的监管规则；第三档主要是规模更小且无跨境业务的银行，进一步简化资本计量要求，引导其聚焦县域和小微金融服务。差异化资本监管不降低资本要求，商业银行资本监管指标计算应建立在充分计提贷款损失准备等各项减值准备的基础之上。在保持银行业整体稳健的前提下，激发中小银行的金融活水作用，减轻银行合规成本。

第一档商业银行是指符合以下任一条件的商业银行：

并表口径调整后表内外资产余额 5000 亿元人民币（含）以上；

境外债权债务余额 300 亿元人民币（含）以上且占并表口径调整后表内外资产余额的 10%（含）以上。

第二档商业银行是指符合以下任一条件的商业银行：

并表口径调整后表内外资产余额 100 亿元人民币（含）以上，且不符合第一档商业银行条件；

并表口径调整后表内外资产余额小于 100 亿元人民币但境外债权债务余额大于 0。

第三档商业银行是指并表口径调整后表内外资产余额小于 100 亿元人

民币且境外债权债务余额为 0 的商业银行。

以上的境外债权债务,是指银行境外债权和境外债务之和,其中境外债权是指银行持有的对其他国家或地区政府、中央银行、公共部门实体、金融机构、非金融机构和个人的直接境外债权扣除转移回境内的风险敞口之后的最终境外债权;境外债务是指银行对其他国家或地区政府、中央银行、公共部门实体、金融机构、非金融机构和个人的债务。

商业银行各级资本充足率不得低于如下要求:

核心一级资本充足率不得低于 5%;

一级资本充足率不得低于 6%;

资本充足率不得低于 8%。

除上述资本充足率监管要求外,商业银行的杠杆率不得低于 4%。系统重要性银行在满足上述最低杠杆率要求的基础上,还应满足附加杠杆率要求。

商业银行应在最低资本要求的基础上计提储备资本(计提资本的种类见图 1-3)。储备资本要求为风险加权资产的 2.5%,由核心一级资本来满足。另外,商业银行应在最低资本要求和储备资本要求之上计提逆周期资本。逆周期资本的计提与运用规则由中国人民银行会同国家金融监督管理总局另行规定。此外,系统重要性银行还应计提附加资本。若商业银行同时被认定为国内系统重要性银行和全球系统重要性银行,附加资本要求不叠加,采用二者孰高原则确定。

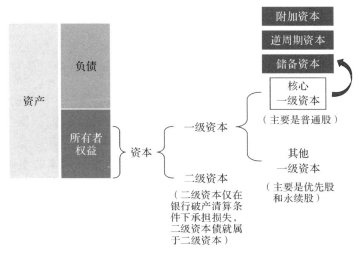

图 1-3　计提资本的种类

但商业银行的资本充足率并非越高越好。虽然一家商业银行的资本充足率越高,其承受违约资产风险的能力就越大,其资本风险也越小,但从盈利角度看,较高的资本充足率,意味着商业银行开展资产业务所需资本的支持数量相对较高,资金成本也相应提高。从这个角度来看商业银行均有降低资本充足率的动机。为控制风险,各国金融监管当局一般都规定了商业银行必须满足的最低资本充足率的要求。1988 年的《关于统一国际银行的资本计算和资本标准的协议》(即巴塞尔协议)中规定,商业银行的资本充足率至少应为 8%;我国人民银行也规定商业银行的资本充足率应不低于 8%。

资本充足率指标是衡量商业银行业务经营是否稳健的一个重要指标,它反映了商业银行的资本既能经受坏账损失的风险,又能正常营运、达到盈利水平的能力。一般来讲,只要一家商业银行总的现金流入超过其现金流出,它就具备了清偿能力。由于商业银行的债务利息支付是强制性的,而资本能够通过推迟支付股票红利而减少强制性的现金流出,因此商业银行资本构成了其他各种风险的最终防线。

本质上资本充足率是对银行贷款扩张的重要约束,银行每笔放贷,都需要一定的资本金作为"安全垫",所以要扩大放贷规模,银行必须要增加足够的资本,资本充足率只有达到一定要求,才能表明银行具有相应的风险抵御能力。

1.3 商业银行的三类资本(会计资本、监管资本和经济资本)

资本是昂贵而稀缺的资源,决定了商业银行经营规模的扩张能力、风险抵御能力和市场生存能力。随着银行理论和实践的发展,银行资本的内涵不断发展,产生了会计资本、监管资本和经济资本等不同但相互联系的资本概念。了解不同的银行资本概念,有助于我们真正理解资本的本质及其对银行经营管理的重要性和特殊性。

作为一般性的定义,银行的资本是银行已经持有的权益类资金,目的在于防范头寸价值减少或商业损失等风险,从而保护存款者和一般债权人。银行的资本有三个不同的概念,即会计资本、监管资本和经济资本。

1.3.1　会计资本

　　会计资本即账面资本,是一个会计的概念,列示于银行的资产负债表上,等于银行资产负债表中"资产－负债"后的余额。但商业银行账面资本的概念与普通企业的账面资本的概念略有不同,商业银行的账面资本除了所有者权益外,还包括监管当局认可的储备、次级债等。我国商业银行的会计资本包括实收资本、资本公积、盈余公积、一般准备、未分配利润(累计亏损)和外币报表折算差额六个部分。

1.3.2　监管资本

　　监管资本是银行监管当局为满足监管要求,促进银行审慎经营,维持金融体系稳定而规定的银行必须持有的资本。监管资本是指银行根据监管规定应该保留的最少的账面资本数量,是一个根据监管规定计算出来的量,一般为风险资产的一定比例。巴塞尔资本协议要求商业银行要保留的最低监管资本的计算公式为:市场风险和操作风险的资本要求乘以 12.5,再加上针对信用风险的风险加权资产,就得到分母,即总的风险加权资产,分子是监管资本,两者相除得到资本比率的数值,该比例不得低于 8%。

1.3.3　经济资本及其作用

　　经济资本是银行内部管理人员根据银行所承担的风险计算的,银行需要保有的最低资本量。它用于衡量和防御银行实际承担的损失超出预计损失的那部分损失,是防止银行倒闭的最后防线。因为其直接与银行所承担的风险挂钩,因此也被称为风险资本。经济资本是一个风险管理的概念,是用于抵御非预期损失的虚拟资本,在数值上等于在一定时间和一定置信区间商业银行非预期损失的倍数。经济资本不是真正的银行资本,并且银行选择的置信区间不同,经济资本的数值也不同。

　　这三个资本在数量上存在以下关系:

　　第一,账面资本≥监管资本,如若不然,监管当局将会采取强制措施要求银行补充资本或削减业务规模以减少承担的风险;第二,账面资本≥经济资本,因为经济资本反映的是商业银行真实的风险,最终用于消化风险的资本是银行的真实资本,如果银行在制定经济资本预算时将经济资本的限额定得比账面资本高,真实发生损失时将没有足够的真实资本来覆盖损失;第三,经济资本≥监管资本,如果监管资本大于经济资本,则商业银行会采取资本套利行为,从而在不降低真实风险的情况下大大降低监管资本要求。

综合起来,账面资本、经济资本、监管资本三者存在着以下的动态平衡关系:账面资本≥经济资本≥监管资本(图 1-4)。

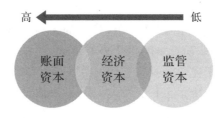

图 1-4　三类资本的关系

监管资本产生于 20 世纪 80 年代,标志是 1988 年《巴塞尔协议》的诞生。该协议有两个目标,第一是要加强国际银行体系的稳健性,第二是要减少各国银行间存在的不平等竞争因素。监管资本是银行必须遵守的法定义务。

经济资本产生于 20 世纪 90 年代。由于 1988 年资本协议及 1996 年的修订主要针对的是信用风险和市场风险,且风险敏感性不足,国际活跃银行为更好地管理自身的风险,开始开发自己的模型,用于为具体的交易配置资本。经济资本覆盖的风险包括信用风险、市场风险、操作风险。经济资本发展的驱动因素是市场竞争的加剧和金融市场的动荡,其主要目的是信息披露、绩效评估、计划、定价等。

监管者对国际活跃银行在经济资本管理方面取得的成就进行考察,将考察结果作为改进监管资本的有用参考。资本协议非常注重银行的内部风险评估,并以此作为确定最低监管资本要求的基础。由于资本协议允许银行使用内部模型来计算监管资本,用来计算经济资本需求的风险评估过程也能够决定它们的监管资本要求。

尽管如此,经济资本与监管资本仍然有本质的区别。监管资本体现了监管当局的要求,它不能代表银行实际吸收非预期损失的能力。监管规定不一定反映特定银行的风险特征,而且风险加权资产不能作为全部风险的正确测度。而经济资本反映了市场及银行内部风险管理的需求,它是承担风险真正需要的资本,反映了银行自身的风险特征。

1.4　经济资本管理

商业银行经济资本是指商业银行为了应对风险而需要持有的资本。20

世纪 90 年代以来,随着《巴塞尔协议》逐渐成为对商业银行的核心监管标准,以及商业银行风险度量方法的发展和成熟,经济资本管理体系已经成为当今国际银行业最为先进的风险控制和价值管理的核心体系。

经济资本管理(Economic Capital Management)不但可以显著地提升商业银行的管理水平,还可以有效地引导资本在商业银行自身经营中的资源调配、预算管理乃至员工的绩效考核。经济资本管理水平的不断提升会加速推进我国商业银行的现代化变革。从长远的角度来看,重视和加强经济资本管理是当前我国商业银行监管以及商业银行发展的核心。

1.4.1　我国商业银行经济资本管理现状

自 2004 年 3 月银监会颁布实施《商业银行资本充足率管理办法》以及 2012 年 6 月实施《商业银行资本管理办法(试行)》后,银行监管机关积极推进商业银行经济资本管理,在我国商业银行转型过程中,银行资本约束意识普遍增强,经济资本管理逐渐纳入银行管理,并逐步建立以经济资本为核心的资本管理体系。通过强化银行资本约束机制,增强了银行的经营稳健性和服务实体的经济能力,也为我国金融业扩大对外开放创造了有利条件。中国建设银行最先引入经济资本管理,开创了资本管理的新局面;中国农业银行在全行正式实施经济资本管理办法和以经济增加值为核心指标的综合绩效考核办法。这表明,国有商业银行对经济资本管理已经从研究探讨阶段进入具体实践阶段。交通、招商、兴业等股份制银行也积极拓展、改进和加强经济资本管理,通过调整经济资本分配系数,使经济资本计算口径逐步与监管资本接轨,在合乎资本监管要求的同时,反映银行战略发展和经营管理的导向,将经济资本占用的事后考核转变为事前配置,增强经济资本占用约束,并取得了一定成效。

1.4.2　我国商业银行经济资本管理中存在的主要问题

随着银监会对资本充足率监管力度的加大和股东对资本回报要求的提高,经济资本管理在我国商业银行的经营管理中日益发挥其效益约束和风险约束的双重功效,推动着我国商业银行加快向现代商业银行转变的步伐。随着我国经济的飞速发展,当前我国的银行市场正在经历着资本限制以及融资困难的双重压力。我国商业银行的信贷组织框架不尽合理,增加了其资本的消耗速率,商业银行信贷业务的急速扩张也带来资本的大量损耗,另外不断生成的不良资产也日益侵蚀着银行的资本,这些都导致我国银行资本管理程度和管理水平还有很大的提升空间。

在管理方式上,国内多家银行虽然实行了经济资本管理,但是领导层由于不够重视或者理解深度不够,导致逐级向下传导不力,各级操作不甚规范,存在一些不足之处。如更多地关注表内贷款管理,管理幅度不能涵盖银行全部风险;与财务和资产风险的管理衔接性不够;注重对风险资产经济资本的事后定量计量,不具备资源配置和预算管理的功能,没有形成对风险资产和资本回报的有效约束机制等。

在分配方式上,一方面,监管资本要求过高,导致商业银行在经济资本管理中存在过度保守的倾向,难以有效利用资本,影响了商业银行的盈利能力和竞争力;另一方面,商业银行在经济资本管理中缺乏有效的监管约束,难以有效控制商业银行的风险行为。此外,商业银行在经济资本管理中缺乏精细化管理,无法准确评估风险和经济资本的需求,导致经济资本被无效占用。比如在额度分配上主要依据年初确定的利润计划和新年度的经济资本目标收益率,未充分考虑一定时段内银行下级机构实际实现的利润差别,可能会造成下级机构经济资本额度松紧不一,在额度调整尺度上较难把握,难以平衡协调,进而造成管理效率低下,不利于经济资本在全行范围充分而适度配置和高效使用。

在应用方式上,我国商业银行经济资本管理存在管理工具应用水平不高的问题。第一,经济资本计量方法不够准确,无法准确反映风险的实际情况,导致经济资本计量结果不够精准;第二,经济资本管理工具应用不够广泛,缺乏多样化的经济资本管理工具,难以满足不同风险类型和不同业务的需求;第三,经济资本管理工具应用能力不够强,缺乏有效的模型和算法支持,难以准确预测风险和评估经济资本。

1.4.3 实现我国商业银行经济资本管理工作新突破

2023年10月《商业银行资本管理办法》正式出台,标志着我国银行业高质量发展进入一个新的阶段。一方面,这有助于我国银行业金融机构巩固完善自身风险管理体系,提升金融体系的稳定性,增强抵御外部风险冲击的能力;另一方面,这进一步提高了商业银行资本监管的精细化程度,发挥资本对银行信贷资源配置的导向性作用,引导银行更好地服务实体经济,为我国经济发展提供强有力的支持。自《商业银行资本管理办法》实施后,银行业资本充足水平总体稳定,平均资本充足率稳中有升。单家银行因资产类别差异导致资本充足率小幅变化,体现了差异化监管要求,符合预期。

总之,银行要通过提高资本回报率,优化经济资本管理工作,提高盈利能力,增强竞争力。商业银行应该积极推进数字化转型,提高经营效率,降低成本,提升客户体验,增强市场竞争力。

1.5　经济资本的风险计量

各种金融风险给银行带来的可能结果就是损失。损失可以简单地被分为预期损失(Expected Loss,EL)和非预期损失(Unexpected Loss,UL)两种。EL 是基于历史数据使用统计方法估计的损失均值,通过计提损失准备金和使用利润冲抵;UL 是利用金融数学模型对预期损失的偏离度进行模拟,是概率上的估计值,这部分损失一般使用资本进行抵补。因此,资本是对风险给银行带来的 UL 的缓冲,对资本的研究是与风险管理相伴而生、共同发展的。

但是严格意义上我们会把损失分为预期损失、非预期损失和极端损失三类[243][13](图 1-5)。

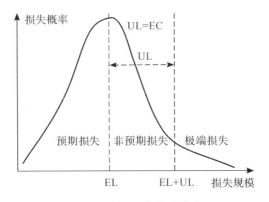

图 1-5　商业银行损失分布

预期损失是一定经济周期内银行可估算的业务风险损失均值,可以通过提取呆账准备金的形式计入银行成本核算,可以从贷款利率、中间业务收入等产品定价中得到补偿,不会产生现实风险。极端损失是指发生的概率极小,一旦出现将会是非常大的损失,属于超出银行正常风险缓冲能力的、不可能拿资本来做准备的风险,对此银行往往采用压力测试的办法,以设定应急政策,通过加强管理,尽可能避免发生此类极端风险。而非预期损失则是银行超过上述平均损失的损失,它是对期望损失的离差(即标准差)。非预期损失才是银行真正的风险。非预期损失事前一般无法预判是否会发生,也就无法作为当期成本,只能用资本来做准备(图 1-6)。当非

11

预期损失发生后,需要以银行资本来弥补,经济资本就是用来弥补非预期损失的。

图 1-6　经济资本用于覆盖非预期损失

经济资本是用来抵御非预期损失的,非预期损失是预期损失的标准差,经济资本是非预期损失的倍数,因此经济资本的计量与预期损失和非预期损失的计量有关。银行要求的信用等级与设定的置信水平相关,置信水平越高,需要的经济资本越大。

1.5.1　信用风险的经济资本计量

信用风险被认为是银行经营管理中最主要的风险,潜在的损失最大,最有可能使银行面临倒闭的困境,其中非预期损失是使银行面临倒闭的最主要因素,因为预期损失可以在产品定价等方面弥补或通过计提呆账准备金加以规避。

信用风险与一般风险的触发特点存在显著的区别。信用风险具有非系统性特征,虽然宏观经济环境、经济危机可能会影响到借款人的信用状况,但多数情况下信用风险主要在于借款人的还款能力,包括与借款人相关的个性因素,例如借款人的投资行业、管理水平、财务状况、还款意愿等。

信用风险与一般风险的概率分布存在显著的差异。由于贷款有固定的收益率,在正常情况下可以安全收回利息,一旦发生风险,贷款就面临实际损失的可能,此时的损失是不可预测和无下限的,这个收益和损失不对称的特点使得信用风险的概率分布不同于一般的呈正态分布的市场风险,而呈现出左侧的厚尾特征(图 1-7)。

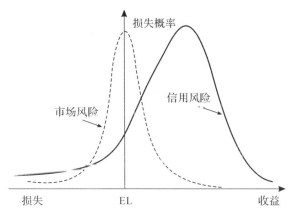

图 1-7 信用风险概率分布

信用风险与一般风险的计量方法存在显著的不同。按照巴塞尔新资本协议规定,信用风险评估主要有标准法和内部评价法,从而可以计算所需要的最低资本需求。标准法是指以国际性信用评级机构的评估为基准,对资产的不同类型给予不同的风险权重,将资产规模与风险权重相乘,计算风险资产的数值。内部评级法包括违约概率(PD)、违约损失率(LGD)、违约风险暴露(EAD)以及有效期限(M)四个基本要素。内部评级法分为初级法和高级法。初级法只需计算违约概率,其他要素采用监管机构统一制定的参数,对银行要求比较低。高级法受监管机构限制的地方较少,银行需要自行计算上述四个要素,再加上预期损失(EL)和非预期损失(UL)这两个要素,使用高级法必须有较为完善、先进的计量模型,在模型投入使用前要先通过监管机构的验收认可。建立内部评级模型,就可以从建立的评级模型中获得客户违约概率、违约损失率、违约风险暴露敞口和预期损失,从而提高信用风险计量水平,为进一步推进资本管理和资本约束机制奠定基础。无论是初级内部评级法还是高级内部评级法,都需要准确计算借款企业预期违约概率,因此信用风险项下的经济资本计量,前提是实现对信用风险的计量。国外银行信用风险的计量模型主要有基于风险价值 VaR 的 CreditMetrics 模型、基于上市公司股票连续收盘价的 KMV 模型、基于保险精算的 CreditRisk+模型和麦肯锡的 CreditPortfolioView 模型,其中相对主流的是 CreditMetrics 模型、KMV 模型。KMV 模型选取的指标是上市公司的股票价格,股票价格实时更新,是一种动态指标,数据更新快速。

由于上市公司的股票价格能够从一定程度上反映公司今后的发展趋势,可以更加有前瞻性地预测未来违约概率,因此 KMV 模型得到了广泛的应用。

另外,我国目前许多商业银行最常使用的信用风险评估方法是美国货币监理署(OCC)的评级方法,将贷款分为五类,将资产分为正常、关注、次级、可疑和损失五类,每一类都对应着不同的损失准备金比例,次级、可疑和损失这五级分类中的后三类为不良贷款。

1.5.2　市场风险的经济资本计量

以往商业银行以信贷业务为主要经营模式,学者多在信用风险领域研究资本管理问题。在金融全球化的背景下,商业银行经营结构逐步向金融市场业务转型,市场风险领域的资本管理成为现实问题。巴塞尔(Basel)将市场风险定义为由于市场价格(包括利率、汇率、商品和股票)波动引起的银行表内外头寸损失的风险。市场风险具有价格波动性和损失可能性两个特性,学者采用统计方法衡量价格波动的幅度,而通过概率工具衡量可能损失的大小。(1)绝对指标,用资金(或货币价值)衡量,主要关注整体收益的波动性,如期望、方差、非预期损失和风险价值等;(2)相对指标,用相对基准指标的差异来衡量,如 β、RAROC。比如 1994 年,摩根银行建立 Risk Metrics 模型,通过 VaR 来衡量投资组合的市场风险总量,同时也提出了基于 VaR 的信用风险模型,其数学表达式如下:

$$F(-\text{VaR}) = \int_{-\infty}^{-\text{VaR}} f(x)\mathrm{d}x = 1 - \alpha$$

其中 $f(x)$ 为投资组合损失分布的概率密度函数,F 为损失分布函数,α 为 VaR 的置信度。

1997 年,Artzner 给出预期尾部损失(Expected Shortfall,简称 ES)概念,也称为尾部条件期望(Tail Conditional Expectation,简称 TCE)或条件 VaR 值(Conditional VaR,简称 CVaR)。但是 Acerbi 和 Tasche 于 2002 年指出,损失分布函数在尾部有跳跃的情况下,CVaR 与 ES 是不一致的,CVaR 不满足次可加性而 ES 满足。因此 ES 模型是在 CVaR 基础上的改进版,它是一致性风险度量模型。如果损失 x 的密度函数是连续的,则 ES 模型的结果与 CVaR 模型的结果相同;如果损失 x 的密度函数是不连续的,则两个模型计算出来的结果有一定差异。

ES 指在正常市场条件下,给定的置信度和持有期下超出 VaR 的可能损失的期望值,即在 $(\alpha,1)$ 置信区间中所有损失的平均值,其数学表达式为:

$$ES_a = \frac{1}{1-\alpha} \int_\alpha^1 VaR_u(L)du$$

其中 L 为损失分布函数 F_L 的随机损失，VaR 为 F_L 在置信度 α 下的最大损失。如果损失分布是离散的，则

$$ES_a = E(L \mid L \geqslant VaR_a)$$

我们可以举例来说明。假定某商业银行损失 1000 万美元、600 万美元和 300 万美元的概率分别为 4%、8% 和 88%（表 1-1），请估计 95% 概率下 ES 为多少万美元？

表 1-1　离散损失概率

损失/万美元	概率	累积概率区间/%
300	88%	0—88
600	8%	88—96
1000	4%	96—100

95% 概率将对应 5% 概率会发生风险，即 95%—96% 和 96%—100% 两个部分。根据表 1-1，96%—100% 的风险价值损失为 1000 万美元，95%—96% 的风险价值损失为 600 万美元（因其属于 88%—96% 这个百分比范围，查表后损失值等于 600 万美元）。然后得到 96%−95%＝1%，100%−96%＝4%，因此权重分别为 $\frac{1}{5}$ 和 $\frac{4}{5}$。之后，再根据权重进行计算 $600 \times \frac{1}{5} + 1000 \times \frac{4}{5} = 920$ 万美元。由此我们也可以看到在 95% 的置信度水平下的 VaR 值为 600 万美元而预期损失 ES 为 920 万美元，ES 的数值能更好地反映风险水平。

1.5.3　操作风险的经济资本计量

操作风险是众多金融机构日常运营活动中难以避免的一种风险形式，同时也是金融机构的一个主要风险因素。为了有效控制操作风险，金融机构需要采取有效的风险监控和管理措施。银行必须采用同信用风险和市场风险一样的方式，对潜在的操作风险损失建立监管资本。商业银行可以选择基本指标法、标准法或高级计量法来计量操作风险资本要求。根据我国监管机构的要求，商业银行可选择标准法、替代标准法或高级计量法来计量操作风险监管资本。标准法、替代标准法或高级计量法的复杂程度和风险敏感度逐渐增强。

《巴塞尔协议Ⅱ》对于操作风险可能产生的风险损失有三种计算方法：基本指标法（BIA）、标准法（TSA）、高级计量法（AMA），国内银行常用的是其中的基本指标法，计算公式如下：

$$K_{\mathrm{BIA}} = \frac{\sum_{i=1}^{n} \mathrm{GI}_i \times \alpha}{n}$$

其中：K_{BIA} 表示 BIA 法计算的风险损失值，$\alpha = 15\%$；n 的最大值为 3；总收入 GI ＝（利息收入－利息支出）＋手续费和佣金收入＋净交易损益＋证券投资净损益＋其他营业收入＋净非利息收入。

总体而言，操作风险的基本指标为金融机构过去三年的平均业务收入乘以固定的系数（默认 15%）。该方法优点是计算简便，我国大部分银行目前也采用该方法进行计算，但缺点比较突出，难以准确反映复杂的操作风险，毕竟同一银行不同时期、同一时期的不同业务条线风险状况会不同，采用同一固定系数 15%，可能无法与银行实际存在的操作风险相匹配。

为了加强操作风险管理，更好地计量操作风险最低资本要求，2017 年巴塞尔银行监管委员会终于公布了对《巴塞尔协议Ⅲ》的诸多修订改革，即《巴塞尔Ⅲ最终方案》，这一版本也被国外业界称为《巴塞尔协议Ⅳ》，不过巴塞尔委员会还是称之《巴塞尔协议Ⅲ》，其中提出了新的计量方法——新标准法。《巴塞尔协议Ⅱ》中的基本指标法、标准法、高级计量法被新标准法所替代，其计算公式如下：

操作风险最低资本要求（ORC）＝业务指标部分（BIC）×内部损失乘数（ILM）＝业务指标（BI）×边际系数×内部损失乘数（ILM）

（1）业务指标 BI

业务指标 BI 被分为三大类，即"利息、租赁和分红""服务""金融"，BI 值为三大部分计算结果相加。三大部分计算公式如下：

利息、租赁和分红 BI ＝近三年利息收入与利息支出差额绝对值的平均值与 2.25%×近三年生息资产平均值较小者＋近三年分红收入平均值；

服务部分 BI ＝近三年其他营业收入平均值与近三年其他营业支出较大值＋近三年手续费收入与近三年手续费支出较大值；

金融部分 BI ＝近三年交易账簿净损益绝对值平均值＋近三年银行账簿净损益绝对值平均值。

（2）边际系数

边际系数分三个区间，如表 1-2 所示。

表 1-2　边际系数区间

分组	业务指标 BI 范围(亿欧元)	边际系数
1	≤10	12%
2	10<BI≤300	15%
3	>300	18%

边际系数随业务指标增加而递增。若业务指标 BI 为 350 亿欧元,则根据上表可以进行计算业务指标部分:BIC=10×12%+(300−10)×15%+(350−300)×18%。

(3)内部损失乘数 ILM

计算公式:$ILM = \ln\left[e^{-1} + \left(\dfrac{LC}{BIC}\right)^{0.8} \right]$

LC:损失部分;BIC:业务指标部分。由公式可看出,新标准法假设银行操作风险资本与业务规模相关,且历史损失数据反映银行操作风险管理状况。若 LC=BIC,则 ILM=1;LC>BIC,则 ILM>1;LC<BIC,则 ILM<1。历史损失相比业务指标部分越多的银行,所需操作风险资本越多。同时,ILM 的变化率会随着 LC/BIC 的比率值增大而逐渐降低,ILM 增速相对较为平稳。总体而言,新标准法下对各业务条线更加细分,且综合考虑银行的历史损失情况、业务规模来确定系数、乘数,考虑更加全面。

1.5.4　风险调整后的绩效考核体系(RAROC 和 EVA)

2010 年 9 月,《巴塞尔协议Ⅲ》问世,协议中提高资本充足率、建立资本防护缓冲金、建立逆周期资本缓冲金以及流动资金覆盖率和净稳定资金比率等新增内容,体现了全球金融业对金融危机的反思和新的监管思想。2023 年 1 月 1 日《巴塞尔协议Ⅲ》最终方案开始在全球正式实施,《巴塞尔协议Ⅲ》的实施对商业银行信贷业务提出了新挑战。各家商业银行纷纷开始将 RAROC 和 EVA 指标引入部门、机构、产品和单笔业务扣除风险后的绩效考核。

RAROC(Risk-Adjusted Return On Capital)即风险调整的资本收益,是基于客户价值授信法的具体应用,是目前银行业用来衡量不同业务、产品在占用经济资本基础上所获得的经济收益的核心关键指标。其核心理念是将风险带来的未来可预计的损失量化为当期成本,直接对当期盈利进行调整,同时也反映银行为实现收益占用经济资本的情况。计算公式如下:

$$RAROC = \frac{\text{收益 R} - \text{预期损失EL}}{\text{风险资本 CAR(或 UL)}}$$

EVA(Economic Value Added)即经济增加值评价法,是指资本收益与资本成本之间的差额,即银行税后营业净利润与全部投入资本(债务资本和股本资本之和)成本之间的差额。若这一差额为正数,说明银行创造了价值;反之,则说明银行发生了价值损失;若差额为零,说明银行的利润仅能满足债权人和投资者预期获得的收益。计算公式为:

EVA=税后净营业利润-经济资本占用×资本成本率

RAROC 和 EVA 都属于"风险调整后"指标,二者对风险损失的定义和应对方法是一致的,即用预期损失调整收益,用拨备覆盖预期损失,用资本覆盖非预期损失。但二者之间存在一个明显的差异,一个是相对指标,一个是绝对指标,因此其实际应用的适用范围和标准也有一定的差异。RAROC 作为一个相对指标,是风险调整后的资本收益率,用风险调整后的收益除以经济资本计算得到的,不受规模限制。而 EVA 是一个绝对指标,在计算 EVA 时还需要设定资本的价格(即最低资本回报率要求),这个价格依赖于银行决策层的经营风格。

RAROC 和 EVA 不是非此即彼的关系,银行是经营风险的企业,科学地管理和承担风险是银行获取收益的基本方式。无论是 RAROC 还是 EVA,能够巧妙地将银行因承担风险而面临的预期损失和非预期损失内化为效益指标的影响因素,引导被评价对象为了追求业绩而自发地关注风险,风险管理得以落到实处,才是有利于银行稳健经营的发展之道。

第2章 商业银行经营指标

商业银行的经营是指对其所开展的各种业务活动的组织和营销。各种业务活动包括负债业务、资产业务、中间业务和表外业务等。业务的组织就是经营活动在机构、人员、设施等方面的组合、构成,其表现形式就是业务的运营,更多地表现为物质方面的组合。业务的营销则是在开拓市场,创造、推销新产品,开发新客户等方面的经营活动的体现,更多地表现为脑力活动和无形资产的创造。

在长期的经营实践中,商业银行的管理者们形成了三条基本的银行经营管理原则,即盈利性、流动性和安全性原则。

盈利性原则是指商业银行在经营资产业务中,必须获得尽可能高的收益。

流动性原则包含两层含义:一是指商业银行必须保有一定比例的现金或其他容易变现的资产;二是指商业银行取得现款的能力。

安全性原则的基本含义是指商业银行在放款和投资等业务经营过程中,要能够按期收回本息,特别是要避免本金受损。

商业银行的资产盈利性与流动性呈负相关关系。为了获得更多的盈利,商业银行总是愿意将信贷资金运用到收益率最高的中长期贷款或证券投资上,但这会使资产失去流动性,严重的会导致支付危机;反之,为了保持资产的流动性,把信贷资金用于收益率为零的现金或收益很低的短期投资上,盈利水平就很低。

商业银行的资产盈利性与安全性也呈负相关关系。一般而言,风险越高的资产业务,盈利就越大,而银行经营的安全性就越低;反之亦然。

商业银行在经营过程中需要制订一系列的定量指标,用于评价和监督经营管理的成效。一般可以将这些指标分为财务管理指标、盈利能力指标、资产质量指标、风险管理指标以及核心资本指标。下面将有选择地讨论上述各种指标分类中的重点和疑难点。

2.1 财务管理指标

银行财务管理是银行在业务经营过程中对财务进行管理,以达到银行降低成本、提高经营收益的一种重要手段。在财务管理指标中,以下是一些值得重点关注且易混淆的指标。

2.1.1 客户贷款总额、实际贷款总额、客户贷款净额

在计算实际贷款总额时需要剔除应计利息部分,即:

$$实际贷款总额 = 客户贷款总额 - 应计利息 \tag{1}$$

其中客户贷款总额又可以分为公司贷款和个人贷款,即:

$$实际贷款总额 = (公司贷款 + 个人贷款) - 应计利息 \tag{2}$$

以 2021 年中国银行年报(A 股)为例(图 2-1),客户贷款总额为157125.74 亿元(其中公司贷款小计95812.44 亿元,个人贷款小计60937.5亿元),应计利息为 375.8 亿元,因此实际贷款总额=157125.74-375.8=156749.94 亿元=公司贷款小计 95812.44 亿元+个人贷款小计 60937.5亿元。

单位:百万元人民币(百分比除外)

项目	2021年12月31日		2020年12月31日	
	金额	占比	金额	占比
公司贷款				
中国内地:人民币	7,161,416	45.58%	6,266,331	44.08%
各外币折人民币	329,463	2.10%	255,601	1.80%
中国香港澳门台湾及其他国家和地区:				
各货币折人民币	2,090,365	13.30%	2,078,158	14.62%
小计	9,581,244	60.98%	8,600,090	60.50%
个人贷款				
中国内地:人民币	5,461,645	34.76%	4,979,214	35.02%
各外币折人民币	735	0.00%	645	0.01%
中国香港澳门台湾及其他国家和地区:				
各货币折人民币	631,370	4.02%	603,436	4.24%
小计	6,093,750	38.78%	5,583,295	39.27%
应计利息	37,580	0.24%	33,092	0.23%
客户贷款总额	15,712,574	100.00%	14,216,477	100.00%

图 2-1　2021 年中国银行年报(A 股)

数据来源:中国银行官网公开资料

这里还需注意区分客户贷款"总额"和"净额"的概念。"净额"可以通过"总额"减去贷款减值准备而得到,即:

客户贷款净额,又称"贷款和垫款账面价值"=
客户贷款总额－贷款减值准备　　　　　　　　(3)

比如图 2-2 所示的 2022 年和 2021 年的客户贷款净额就是图 2-3 中的贷款和垫款账面价值,数值分别为 171175.66 亿元和 153224.84 亿元,均可由公式(3)计算得到。

单位:百万元人民币(百分比除外)

项目	2022年12月31日		2021年12月31日	
	金额	占比	金额	占比
资产				
客户贷款净额	17,117,566	59.20%	15,322,484	57.34%
投资	6,445,743	22.29%	6,164,671	23.07%
存放中央银行	2,313,859	8.00%	2,228,726	8.34%
存拆放同业	1,595,941	5.52%	1,337,483	5.01%
其他资产	1,440,748	4.99%	1,669,044	6.24%
资产总计	28,913,857	100.00%	26,722,408	100.00%
负债				
客户存款	20,201,825	76.68%	18,142,887	74.44%
同业存拆入及对央行负债	3,484,622	13.23%	3,948,691	16.20%
其他借入资金	1,565,840	5.94%	1,415,032	5.81%
其他负债	1,093,999	4.15%	865,245	3.55%
负债合计	26,346,286	100.00%	24,371,855	100.00%

图 2-2　客户贷款净额
数据来源:中国银行官网公开资料 2022 年年报

	中国银行集团		中国银行	
	2022年12月31日	2021年12月31日	2022年12月31日	2021年12月31日
贷款和垫款总额	17,554,322	15,712,574	15,533,246	14,023,071
减:以摊余成本计量的贷款减值准备	(436,756)	(390,090)	(410,589)	(370,990)
贷款和垫款账面价值	17,117,566	15,322,484	15,122,657	13,652,081

图 2-3　贷款和垫款账面价值=贷款和垫款总额－贷款减值准备
数据来源:中国银行官网公开资料 2022 年年报中的"会计报表主要项目注释"

鉴于以上财务指标的差别,本书在进行贷款数据搜集和使用时采用的是合并报表后(中国银行集团)的"实际贷款总额"。

经营中对于贷款总额(也称为"客户贷款及垫款总额")的把握主要从三个分类来进行(图 2-4、图 2-5),即贷款余额可以分解为企业贷款、票据贴现

21

和个人贷款。其中个人贷款又常常被分解为个人消费贷款(包含信用卡和其他)和个人住房贷款。

(單位:人民幣千元)

	2022年12月31日		2021年12月31日		
	金额	佔比(%)	金额	佔比(%)	增(減)(%)
公司贷款和垫款	535,149,187	55.90	537,239,254	56.23	(0.39)
票據贴现	85,532,135	8.94	76,698,756	8.03	11.52
個人贷款	336,535,656	35.16	341,417,237	35.74	(1.43)
發放贷款和墊款總額	957,216,978	100.00	955,355,247	100.00	0.19
應計利息	9,338,023		5,296,053		
合計	966,555,001		960,651,300		

图 2-4 渤海银行 2022 年年报

单位:人民币千元

项目	2022年12月31日		2021年12月31日	
	金额	占比(%)	金额	占比(%)
公司贷款	871,763,760	42.40	872,672,439	43.15
其中:流动资金贷款	608,391,818	29.59	586,681,753	29.01
固定资产贷款	220,171,453	10.71	247,611,111	12.24
贸易融资	9,667,199	0.47	14,451,282	0.72
公司其他贷款	33,533,290	1.63	23,928,293	1.18
个人贷款	902,827,141	43.91	902,950,800	44.65
其中:个人住房按揭	284,844,741	13.85	279,927,210	13.84
信用卡透支	439,688,628	21.39	452,345,153	22.37
个人其他贷款	178,293,772	8.67	170,678,437	8.44
贴现	275,415,821	13.39	240,883,672	11.91
应计利息	6,086,623	0.30	5,872,571	0.29
合计	2,056,093,345	100.00	2,022,379,482	100.00

注:贴现包括票据贴现、信用证贴现、福费廷和国内信用证单据议付。

图 2-5 广发银行 2022 年年报

2.1.2 各项存款、结构性存款

商业银行财报一般会公布其吸收存款合计数额,如图 2-6 所示,中国银行 2022 年吸收存款合计为 202018.25 亿元,减去应计利息 2616.85 亿元,实际各项存款为 199401.4 亿元。

	中国银行集团		中国银行	
	2022年 12月31日	2021年 12月31日	**2022年 12月31日**	2021年 12月31日
活期存款				
—公司客户	**5,370,057**	5,275,514	**4,754,543**	4,637,757
—个人客户	**3,757,373**	3,487,433	**3,102,991**	2,808,405
小计	**9,127,430**	8,762,947	**7,857,534**	7,446,162
定期存款				
—公司客户	**4,462,328**	3,968,527	**3,797,388**	3,421,794
—个人客户	**5,384,034**	4,299,050	**4,757,808**	4,000,835
小计	**9,846,362**	8,267,577	**8,555,196**	7,422,629
结构性存款⁽¹⁾				
—公司客户	**328,602**	351,445	**299,988**	320,134
—个人客户	**255,289**	300,628	**246,813**	300,628
小计	**583,891**	652,073	**546,801**	620,762
发行存款证	**290,082**	160,419	**309,567**	175,863
其他存款⁽²⁾	**92,375**	77,152	**84,625**	69,982
吸收存款小计	**19,940,140**	17,920,168	**17,353,723**	15,735,398
应计利息	**261,685**	222,719	**252,900**	220,862
吸收存款合计⁽³⁾	**20,201,825**	18,142,887	**17,606,623**	15,956,260

图 2-6　各项存款与吸收存款合计

数据来源:中国银行官网公开资料 2022 年年报中的"会计报表主要项目注释"

本书采用的各项存款指标为:

$$各项存款＝吸收存款合计－应计利息 \qquad （4）$$

目前我国银行存款主要分为活期存款、定期存款和结构性存款三种类型,不同类型对应的利率略有不同。其中各项存款中的结构性存款非常特殊,在投资构成上它既不同于银行普通定期和活期存款,又与银行理财有所区别,是一种比较特殊的金融投资产品。结构性存款就是在普通存款的基础上嵌入金融衍生品,即想提高存款的预期收益率,使用存款投资了一部分金融衍生品,比如说汇率、期货、期权等标的。由于金融衍生品具有一定的投资风险,因此结构性存款的收益率并不稳定,银行给投资者的回报只是一个收益区间,能获取的最终回报率要看实际投资收益。

由于结构性存款里面有部分资金类似于普通存款,所以结构性存款可以在一定程度上保障客户本金安全。客户承担的风险基本上来自利息,比较坏的情况就是少赚一点利息,但不会危及本金。如果银行的投资管理较好,相比普通的定期和活期存款一般可以获得比较高的预期收益。结构性存款同样受到《存款保险条例》的保护,不过出现风险时,普通存款是50万以下的本息都会得到保障,结构性存款因为有一部分挂钩了金融衍生品,所以利息部分是得不到保障的。

结构性存款的本质仍是存款。根据银监会2005年9月发布的《商业银行个人理财业务管理暂行方法》,结构性存款基础资产按照储蓄存款业务管理,衍生交易部分按照金融衍生品业务管理。结构性存款需要纳入银行表内核算,缴纳存款准备金和保险金,负债属性类似存款,但其利息不在存款保险的保障范围内。

结构性存款是受存款保险制度保护的,根据相关规定,结构性存款纳入商业银行表内核算,按照存款管理,要求银行纳入存款准备金和存款保险的范围。但与普通存款不同,普通存款是本金与利息都在存款保险制度的保障范围内,结构性存款只有本金享受保护。

目前结构性存款的发行方式类似于理财,产品需要在全国银行业理财信息登记系统进行登记并编码,并在产品说明书中披露挂钩标的、投资对象和收益分配方式,投资者需进行风险评估,发行方式更接近理财。

结构性存款在利率市场化和资管新规落地的环境下可以解决商业银行表内和表外两大痛点。

对于表内而言:结构性存款利率较为灵活,在利率市场化的环境下是揽储的另一种方式,可以解决表内存款问题。2017年全国定期存款平均利率约为2.28%,而个人类结构性存款的收益下限平均值和收益上限平均值分别为2.31%和4.24%,高于定期存款。2018年2月份发行的人民币结构性存款的平均预期最高收益率为4.63%,平均期限为3.8个月。2018年各银行定期存款最新利率则显示,3个月和6个月定期存款利率均在2%以下。同时资管新规要求银行打破"刚性兑付",对银行保本理财产品产生冲击。银行需要有序缩减保本型理财产品,结构性存款和大额存单成为银行替代保本型理财的产品。

对于表外而言:"结构性存款理财产品"是很好的向净值型产品转变过程中的过渡性产品形态,可通过收取管理费、销售手续费等提高银行中间业务收入,解决预期收益型产品转型问题。

结构性存款根据收益类型可以分为保本型和非保本型,期权部分的风险和收益均由客户承担。一般而言保本型结构性存款投资存款的比例较大,客户承担来自衍生品部分的风险较小。衍生品部分可以根据客户需求设计成单个期权或者组合期权的模式,收益为随股价波动的连续型收益或离散型收益。非保本型结构性存款投资衍生品的比例较大,客户承担风险较高,但相对应的收益也会更高。

2.1.3　非利息收入占比

非利息收入占比=非利息收入÷营业收入×100%。

非利息收入=手续费及佣金净收入+投资收益+公允价值变动收益+汇兑收益+其他业务收入

例如采用图 2-7 的数据进行计算非利息收入占比:

$$非利息收入占比=\frac{非利息净收入}{营业收入}=\frac{3796681}{26465220}=14.35\%$$

（單位：人民幣千元）

	2022年	2021年	變動額	增(減)(%)
利息淨收入	22,668,539	25,179,299	(2,510,760)	(9.97)
非利息淨收入	3,796,681	4,015,065	(218,384)	(5.44)
營業收入	26,465,220	29,194,364	(2,729,144)	(9.35)
營業支出	(10,900,887)	(10,212,572)	(688,315)	6.74
資產減值損失	(9,052,879)	(8,677,995)	(374,884)	4.32
稅前利潤	6,511,454	10,303,797	(3,792,343)	(36.81)
所得稅費用	(403,979)	(1,674,073)	1,270,094	(75.87)
淨利潤	6,107,475	8,629,724	(2,522,249)	(29.23)
綜合收益總額	5,882,251	5,778,017	104,234	1.80

图 2-7　渤海银行 2022 年年报

2.1.4　资产负债率

资产负债率是企业的一个重要指标,指负债占总资产的比例。资产负债率越低,说明以负债取得的资产越少,企业融资能力差或利用外部资金能力差;资产负债率越高,说明企业通过借债筹资的资产越多,债务风险越大。因此,资产负债率应保持在一定的水平为佳。一般认为资产负债率为40%～60%,但不同行业和不同企业会有所不同,不同规模企业由于其获得贷款的能力不同,也差别较大,所以资产负债率没有统一的优劣标准。

资产负债率=负债总额/资产总额×100%

其中:负债总额指公司承担的负债总额,包括流动负债和长期负债;资产总额指公司拥有的所有资产的总和,包括流动资产和非流动资产。

这个指标反映债权人所提供的资本占全部资本的比例,是衡量除金融企业以外企业的重要指标。而银行业，由于它们是吸收存款，然后把存款放贷出去，对它们而言，吸收到的存款就是负债，因而资产负债率一般为90%以上。

比如采用图 2-8 所示的 2022 年广发银行的数据计算：

$$资产负债率 = \frac{总负债}{总资产} = \frac{3156054852}{3417904232} = 92.34\%。$$

项目	2022年	2021年	2020年
于报告期末（人民币千元）			
总资产	3,417,904,232	3,359,984,546	3,027,971,997
贷款和垫款总额[2]	2,056,093,345	2,022,379,482	1,803,981,418
贷款减值准备[3]	(55,473,122)	(52,623,079)	(49,408,014)
投资净额[2]	951,854,989	763,384,302	725,754,606
总负债	3,156,054,852	3,125,483,791	2,809,822,356
客户存款[2]	2,169,898,457	2,094,773,205	1,852,555,464
同业及其他金融机构存放款项[2]	372,539,205	524,142,226	464,918,582
拆入资金[2]	65,057,041	62,817,384	16,666,558
股东权益	261,849,380	234,500,755	218,149,641
总资本净额	313,812,573	291,211,830	274,188,455
一级资本净额	258,161,084	231,700,892	215,998,834
风险加权资产净额	2,420,993,282	2,354,160,171	2,192,860,460
每股数据（人民币元）			
每股净资产	12.02	11.91	11.08

图 2-8　广发银行 2022 年年报

2.2　盈利能力指标

目前，我国商业银行盈利能力的主要指标是以净资产收益率（ROE）、总资产收益率（ROA）、净利润、成本收入比和净息差来衡量。

2.2.1　总资产收益率（ROA）

总资产收益率（ROA）是衡量银行单位资产净收益的一个指标，它反映了银行在经济资源分配方面的优势。通过对银行整体资产所产生的利润进行分析，可以有效地反映银行的资金分配情况，这一指标是衡量银行资源分配的关键指标，此指标值越高，相应的盈利能力越高，反之则越低。由于商业银行是专门从事金融产品和服务的公司，因此这一指标数值通常不会超过2%。其公式为：总资产收益率＝（净利润/平均资产总额）×100%。例如据中国工商银行 2022 年年报中提供的数据,该行 2022 年平均总资产回报率为 0.97%。

总资产收益率能够反映银行运用资产创造利润的能力,通过比较更能反映一家银行经营收益能力的高低,是排除了杠杆、负债率因素后更能真实反映银行盈利能力的重要指标。在测算时考虑到年初到年末的资产差额,对总资产的计算要按照平均资产进行计算,因此也称为平均(总)资产收益率或回报率。

比如图 2-9 中广东发展银行在 2022 年年报中披露其平均总资产收益率为 0.46%。

单位：%

项目	2022年	2021年	2020年
盈利能力指标			
平均总资产收益率	0.46	0.55	0.49
加权平均净资产收益率[4]	6.40	8.52	6.98
扣除非经常性损益后加权平均净资产收益率[4]	6.32	8.41	6.87
净利息差[1]	1.68	1.79	2.27
净利息收益率[1]	1.81	1.93	2.40
手续费及佣金净收入比营业收入[1]	16.47	14.30	11.97
成本收入比	35.28	36.40	28.66

图 2-9　广发银行 2022 年年报数据

2.2.2　净资产收益率(ROE)

净资产收益率(Return On Equity,简称 ROE)又称股东权益报酬率/净值报酬率/权益报酬率/权益利润率/净资产利润率,是净利润与平均股东权益的百分比,是公司税后利润除以净资产得到的百分比率。该指标反映股东权益的收益水平,用以衡量公司运用自有资本的效率。该指标值越高,说明投资带来的收益越高。该指标体现了自有资本获得净收益的能力。

净资产收益率这个概念在银行的财报里一般有两种表达:一是加权平均净资产收益率[①];二是扣除非经常性损益后的加权平均净资产收益率。加权平均净资产收益率的计算依据是累计净资产平均值的净资产收益率计算方法,可以理解为动态的净资产收益率计算方法。扣除非经常性损益后的加权平均净资产收益率是以不包含营业外收支差(可表现为盈利或亏损)

---

① 银行年报中要用"加权平均净资产收益率"来获取 ROE 数据,在万得数据库里对应的数据指标是"净资产收益率 ROE(加权)",不要去选其他的指标。

的净利润作为计算依据的净资产收益率。商业银行的营业外收入包括固定资产盘盈、处置固定资产净收益、处置无形资产净收益、处置抵债资产净收益、罚款收入等,这部分收入不是常规收支项目,出现数额较大时会影响净资产收益率的准确性。一般来说这种计算方法排除了营业外收支的干扰因素,数据更为准确。

净资产收益率的计算基准是净资产,而银行是杠杆经营的公司,经营风格、业务模式导致负债率各不相同,杠杆率也就不同,因此净资产收益率ROE虽然是一个反映资本利用效率的重要指标,但是不足以反映一家银行对其资产(包括负债资产)的运作以创造利润的能力,因此总资产收益率ROA也是一个必须同时关注的重要指标。

注意到万得[①]计算的净资产收益率与上市公司公布的加权平均净资产收益率是有出入的,原因在于银行年报中披露的数据是按照中国证监会《公开发行证券的公司信息披露编报规则第 9 号——净资产收益率和每股收益的计算及披露》(2010 年修订)的规定计算的,这里的计算加权数据是归属于普通股的净利润除以类似归属于普通股净资产的数据(剔除其他权益工具)。万得计算时可能用了净利润除以股东净资产(没有考虑普通股的实际利润与资产)。

2.2.3 成本收入比(CIR)

成本除以收入,又称为成本收入比(Cost-to-Income Ratio,简称 CIR),是一种衡量企业盈利能力和成本控制水平的财务指标。它表示企业每获得一单位收入,需要支出多少成本,反映了企业的经营效率和利润水平。

CIR＝营业成本(不包括税金及附加费等)÷营业收入

其中:营业成本是指企业为了实现营业收入而发生的各项成本,包括销售成本、管理费用、销售费用、财务费用等;营业收入是指企业在从事销售商品、提供劳务和让渡资产使用权等日常经营业务过程中所形成的经济利益的总流入,包括主营业务收入和其他业务收入。

例如,企业 A 的营业成本为 100 万元,营业收入为 200 万元,那么其成本收入比为:

$$成本收入比＝100÷200×100\%＝50\%$$

这意味着企业 A 每获得 1 元的收入,就需要支出 0.5 元的成本,其盈利能力和成本控制水平一般。

---

① https://www.wind.com.cn/。

企业 B 的营业成本为 80 万元,营业收入为 200 万元,那么其成本收入比为:

$$成本收入比 = 80 \div 200 \times 100\% = 40\%$$

这意味着企业 B 每获得 1 元的收入,就需要支出 0.4 元的成本,其盈利能力和成本控制水平较高。

2.2.4　净息差与净利差(NIM)

(1)净息差(NIM)

净利息收益率(Net Interest Margin)也称净息差,是指净利息收入占生息资产的比率,它反映了银行生息资产创造净利息收入的能力,有年均和日均两种计算口径。计算公式为年均概念:NIM =(净利息收入/期初期末平均生息资产)× 100% 日均概念:NIM =(净利息收入/日均生息资产)×100%

其一般性的公式也可以记为:

净息差=净利息收入/平均生息资产规模 =(利息收入－利息支出)/平均生息资产规模

净息差的意思就是:利息收入以及利息开支之间的差额除以盈利资产平均值。

注意不同于净利差,净利差相当于毛利率概念。而净息差代表资金运用的结果,相当于净资产收益率的概念。净利息收益率是对银行盈利影响最大的指标之一,对于主要依靠利息收入作为来源的银行来讲尤其如此。

(2)净利差

净利差是指平均生息资产收益率与平均计息负债成本率之差。净利差是衡量商业银行净利息收入水平最常用的标准。公式为:净利差=生息率－付息率。银行净利差就是银行存贷款的利差。

净利差与净息差之间的关系十分密切。在数量关系上,前者可大于后者亦可小于后者。净息差是否大于净利差取决于平均生息资产规模是否大于平均付息负债规模。如果翻阅上市银行年报,就会发现净息差总是大于净利差,原因是平均生息资产规模大于平均付息负债规模,道理很简单,生息资产不仅来源于付息负债,还有部分来源于所有者权益,或者说资本净额。净资本份额不用支付利息成本,还在创造利息收入,这就是净息差一般比净利差高一些的原因。

这两个指标代表着银行低成本获取资金和高利率回收贷款利息赚差价的能力,是不考虑其他运营成本的毛利率数据,也是排除短期运营成本波动干扰的重要指标。当然对这两个指标更具影响力的是存贷款基准利率政策和市场化利率的变化,这也是反映整个货币金融政策的宏观经济景气指标。

2.2.5 非利息收入占比(NIR)

商业银行的非利息收入(Non-Interest Income)主要来源于手续费和佣金收入等,这部分收入的获取不依赖于相应的资产规模的增加。非利息收入的比例可以通过将非利息收入除以营业净收入后乘以 100% 来计算。

事实上还可以将该指标计算方法进行推广,可以得到"利息净收入比营业收入、非息收入比营业收入、手续费及佣金净收入比营业收入"等指标。这些指标是指利息净收入、非息收入、手续费及佣金净收入占营业收入的比例,是反映银行业务结构的重要指标。

这里利息净收入+非息收入=营业收入,手续费及佣金收入是非息收入的一部分,但由于它并没有消耗本金,属于纯收益,也是各家银行强调增收的重要途径,是反映银行盈利能力的重要指标。

例如根据 2018 年年报,兴业银行的利息净收入、非息收入、手续费及佣金收入比营业收入分别为 60.43%、39.57%、27.15%。而 2018 年建设银行的利息净收入、非息收入、手续费及佣金收入比营业收入分别为 73.8%、26.2%、18.67%。两家同样是优秀的银行,但是营业收入成分差异很大,反映了经营模式的不同,同时也可以看到兴业银行在手续费和佣金收入方面有较强的创收能力。

2.3 资产质量指标

2.3.1 不良贷款率

不良贷款率是指银行贷款中发生逾期或无力偿还的贷款占总贷款的比率。具体来说,不良贷款率的计算公式为:不良贷款率=(次级类贷款+可疑类贷款+损失类贷款)/各项贷款×100%=贷款拨备率/拨备覆盖率×100%。其中,贷款五级分类标准按照《贷款风险分类指导原则》(银发 416 号)及《关于推进和完善贷款风险分类工作的通知》(银监发 22 号)文件)及相关法规要求执行。正常类贷款定义为借款人能够履行合同,没有足够理由怀疑贷款本息不能按时足额偿还。关注类贷款定义为尽管借款人目前有能力偿还贷款本息,但存在一些可能对偿还产生不利影响的因素。次级类贷款定义为借款人的还款能力出现明显问题,完全依靠其正常营业收入无法足额偿还贷款本息,即使执行担保,也可能会造成一定损失。可疑类贷款的定义为借款人无法足额偿还贷款本息,即使执行担保,也肯定要造成较大损失。损失类贷款定义为在采取所有可能的措施或一切必要的法律程序之后,本息仍然无法收回,或只能收回极少部分。

不良贷款率是衡量银行贷款风险的重要指标,较高的不良贷款率表明信贷风险的管理可能存在问题。同时,不良贷款率也是评价金融机构信贷资产安全状况的重要指标之一。

2.3.2　拨备覆盖率

拨备覆盖率,也称为"拨备充足率",是衡量商业银行贷款损失准备金计提是否充足的一个重要指标。具体来说,它是指商业银行的拨备金(也称为准备金或坏账准备金)与其风险资产(如贷款和债券)之间的比例关系。拨备金是商业银行为应对可能发生的债务违约或资产贬值而设置的一种准备金,用于弥补潜在的损失。拨备覆盖率的计算公式为:拨备覆盖率=(一般准备+专项准备+特种准备)/(次级类贷款+可疑类贷款+损失类贷款)×100%。

拨备覆盖率的最佳状态为100%,这实际上是从另一个角度来评价贷款损失准备是否充分,以至于判断银行业绩是否可靠。由于计提的不良贷款拨备会直接记入损益表冲减当期利润,因此拨备还是影响银行业绩非常显著的一项因素。当不良贷款率上升时,计提的拨备也会上升,银行利润就会下降;相反,不良贷款率下降会减轻银行计提拨备的压力,对利润就会有积极贡献。

此外,对于一些银行,监管当局要求拨备覆盖率达到150%,是一种比拨备完全充足(100%)更审慎的要求。

一般上市商业银行年报中的贷款拨备比率可以通过用贷款减值准备余额除以客户贷款及垫款总额来计算。

2.4　风险管理指标

拨备覆盖率除了可以衡量资产质量,由于资产质量的下降必然带来风险,因此它也天然地可以用来提示风险。拨备覆盖率还可以影响银行的盈利水平,银行降低拨备覆盖率的最重要的手段是相应减少计提的贷款减值准备,这将有助于提升银行净利润,通过留存收益增加银行核心一级资本,进而提升银行的信贷投放能力。除此以外,提升不良贷款的容忍度,也可以实现降低银行拨备覆盖率的目的。与此同时,拨备率下降所释放的一部分拨备既可以用来核销和处置商业银行的不良贷款,也有助于提升商业银行自我资本补充能力。

2.4.1 资产端:拨备覆盖率

拨备覆盖率是指银行或其他金融机构在贷款资产中设置的拨备资金与不良贷款余额的比率。通常来说,银行需要设置拨备资金来应对潜在的信用风险,以确保其贷款资产的质量。高的拨备覆盖率意味着银行有足够的资金来应对潜在的不良贷款,从而保护其贷款资产的价值。而低的拨备覆盖率则可能表明银行面临着较高的信用风险。金融机构可以利用拨备覆盖率来评估其信用风险,以便更好地管理风险和保护其资产。例如,当拨备覆盖率低于一定水平时,银行可能需要提高拨备资金的比例,以保护其贷款资产。与此同时,拨备覆盖率也可用于监管机构对金融机构的监管,以确保其资产质量达到一定标准。

2.4.2 负债端:存款付息率

2021 年 6 月,金融机构存款利率自律上限的确认方式由"基准利率×倍数"改为"基准利率+基点",存款利率下行初显成效。然而存款市场长期的激烈竞争使得多家银行的定期存款和大额存单利率几乎达到自律上限,市场利率和政策利率无法向存款利率有效传导。

2022 年 4 月,央行指导利率自律机制建立了存款利率市场化调整机制,自律机制成员银行参考以 10 年期国债收益率为代表的债券市场利率和以 1 年期 LPR 为代表的贷款市场利率,进一步推动了利率市场化改革,引导金融机构尤其是小型银行下调存款利率,稳定负债成本。

2.4.3 资本端(权益端):资本充足率（CAR）

资本充足率(CAR:Capital Adequacy Ratio)是一种衡量银行可用资本的指标,表示为银行风险加权信用敞口的百分比。资本充足率,也称为资本与风险加权资产比率(CRAR),用于保护存款人,促进全球金融体系的稳定和效率。衡量两种资本:一级资本,可吸收损失而无需银行停止交易;二级资本,它可以吸收清算时的损失,因此对储户的保护程度较低。资本充足率反映商业银行在存款人和债权人的资产遭到损失之前,该银行能以自有资本承担损失的程度。规定该项指标的目的在于抑制风险资产的过度膨胀,保护存款人和其他债权人的利益、保证银行等金融机构正常运营和发展。各国金融管理当局一般都有对商业银行资本充足率的管制，目的是监测银行抵御风险的能力。

资本充足率有不同的口径，主要比率有资本对存款的比率、资本对负债的比率、资本对总资产的比率、资本对风险资产的比率等。其一般意义上的计算公式为：

$$CAR = \frac{Tier1\ Capital + Tier2\ Capital}{Risk\ Weighted\ Assets}$$

其中，Tier1 Capital ＋ Tier2 Capital 要按照（各级资本—对应资本扣减项）计算，风险加权资产＝信用风险加权资产＋市场风险加权资产｜操作风险加权资产。

根据现行《巴塞尔协议》框架，商业银行最重要的监管指标是对银行资本的管理。《巴塞尔协议》将商业银行总资本分为三级，分别为核心一级资本、其他一级资本和二级资本（图 2-10），并且要求核心一级资本充足率、一级资本充足率和资本充足率分别不低于 4.5%、6% 和 8%。此外，各银行还需要增设 2.5% 的留存超额资本和 0%—2.5% 的逆周期超额资本，系统重要性银行还需附加资本。因此，实际上商业银行资本充足率至少需要达到 7%、8.5%、10.5%。

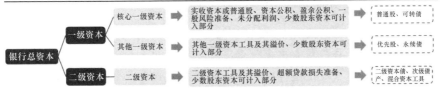

数据来源：《商业银行资本管理办法（试行）》，广发证券发展中心

图 2-10　我国商业银行资本构成

下面举例说明资产负债率和核心资产充足率之间的关系：假设监管规定现金和政府债券没有风险，居民抵押贷款 50% 风险，其他所有类型资产100% 风险。

银行 A 有 100 单位资产，组成如下：

现金：10

政府债券：15

抵押贷款：20

其他贷款：50

其他资产:5

又假设,银行 A 有 95 单位的债务。根据定义,所有者权益=资产-负债=100 单位资产-95 单位的债务,即 5 单位所有者权益。银行 A 的加权资产风险计算如下:

现金 $10 * 0\% = 0$

政府债券 $15 * 0\% = 0$

抵押贷款 $20 * 50\% = 10$

其他贷款 $50 * 100\% = 50$

其他资产 $5 * 100\% = 5$

总加权资产风险 65

所有者权益 5

核心资产充足率(T1/加权资产风险)$= 5/65 = 7.69\%$

尽管银行 A 看似有着高达"95:5"的"负债:所有者权益"比率,或者说,95% 的资产负债率,但它的核心资产充足率则充分地高。此银行风险较低,因为它的部分资产比其他资产风险低。

巴塞尔委员会认为,"银行的市场风险是指由于市场变量的波动而导致银行的表内或表外头寸在被清算成冲抵之前遭受价值损失的可能性",包括"市场风险"和"操作风险"的资本,与市场供求状况、利率等因素有关。

2.4.4 存贷比(LTDR)

存贷比的计算公式为:各项贷款总额除以各项存款总额再乘以 100%。存贷比是指银行贷款总额与存款总额的比率。即表示每有 100 元存款,贷出款多少元。它是评价银行盈利能力的主要指标之一,从银行盈利的角度来考虑,存贷比越高越好,贷款越多,利息收益就越高,盈利能力就越强。

2015 年 8 月 29 日,第十二届全国人大常委会第十六次会议表决通过了全国人大常委会关于修改商业银行法的决定,删去现行商业银行法中关于商业银行贷款余额与存款余额的比例不得超过 75% 的规定,并将存贷比由法定监管指标调整为流动性风险监测指标。

删除存贷比 75% 红线并不会弱化流动性风险管理,同时有利于解决小微企业、"三农"融资难问题。随着国际监管标准的提高和银行业监管实践的发展,目前我国已建立起比较完备的商业银行流动性风险监管体系,存贷比只是其中一项指标,此外还有多项新的、更有效的监管指标,如流动性覆盖率、流动性缺口率、核心负债比例、同业市场负债比例、超额备付金率等,这些指标能够更加细致、准确地反映商业银行流动性风险状况。

第3章 商业银行绿色金融

当中国经济发展进入 2024 年,全国 2023 年 GDP 总量达到 126 万亿元①,已经连续第 3 年超百万亿元,牢牢占据全球第二的位置,并有相当的潜力向第一位发起冲击和挑战。如果从多个层面细分来衡量,在制造业、货物贸易和外汇储备水平等方面均已跃居世界首位。2021 年中国人均 GDP 也已经超过 12000 美元,人民生活水平普遍获得质的提升,已实现历史性的跨越,迈入世界中等收入国家水平。

3.1 经济理论概述

在经济进入高水平发展阶段,迈上现代化发展新征程之际,非常有必要思考和规划经济的可持续高质量发展,人们不再只重视单纯的常规经济发展指标,而是越来越多地从生存环境、生态水平角度来整体考量经济的发展质量和发展水平。

3.1.1 可持续发展理论

经济学的可持续发展理论(Sustainable Development Theory)定义可持续发展是既满足当代人的需要,又不损害子孙后代满足其需要的能力的发展(Pearce D. W. and Atkinson G. D. et al. 1994)[1]。即在消耗资源进行生产的同时,要保护好环境,维护好后代的生存空间,不影响后代的福祉。也就是说可持续发展开始摒弃数量型的围绕增长的发展观,而代之以质量型的围绕福利的发展观。这是一个巨大的认知上的飞跃。事实上中国近年

---

① 根据全年平均汇率计算,中国 GDP 达到了 17.89 万亿美元,同期美国 GDP 为 27.37 万亿美元。

来对福利发展观的重视,已逐步开始超越增长发展观,对于发展质量的追求已经开始领先于对发展数量机械增长的满足。

自 1970 年以来崛起的可持续发展经济学,对于传统经济学理论,特别是对新古典主义经济学发起了挑战。可持续发展经济学从热力学定律角度将经济系统与生态系统关联起来,认为经济系统仅为生态系统的一个子系统,经济增长是有生态上限和生态成本的。当生态边际成本超过经济边际收益时,这样的结局是反经济的。因而我们不能只重视人造资本而忽略了自然资本的稀缺性,这就是著名的可持续发展经济学家戴利所指的"从空的世界到满的世界"(Daly H. E. 2014)[2]。作为对可持续发展经济学发展的延续,为了解决"满的世界"的问题,绿色经济学(或正式的名称为环境经济学)和循环经济学相继得到发展,尤其是循环经济学引入了"4R 行为原则"①以破解以"两高一低"(高开采、高排放、低利用)为特征的、无自然资源上限约束的线性经济系统发展困境。

在可持续发展经济学框架下,传统经济学的生产函数被调整为:

$$Q = F(K, L, N; r)$$

其中 Q 表示产出,K 表示资本,L 表示劳动,N 表示自然资源的效率原因,r 表示自然资源的物质原因(诸大建 2013)[3],以突出自然资源的稀缺性和不可替代性。鉴于资源的稀缺性,中国应当从之前以消耗自然资本甚至损害大量自然资源为代价的经济增长模式中跳脱出来,利用绿色科技创新的力量,集约化、循环型、创新式地规划使用土地、水、能源等关键的自然资本,从而提高中国经济社会的福利水平,并最终带来真正的可持续发展模式。

绿色科技创新是中国经济航船转换航行目标以实现可持续发展的重要引擎,而金融对于经济转型的强大推力,也往往被称为"绿色金融",正是该引擎的核心动力源泉。2022 年 7 月 16 日中国人民大学重阳金融研究院、绿色金融 60 人论坛等相关机构共同发起了可持续发展与绿色金融的学术论坛②。论坛中上海交通大学上海高级金融学院教授邱慈观明确提出绿色金融有助于实现可持续发展,体现在绿色金融追求三个维度的目标,除了风险与回报两个传统维度,又增添了 ESG (Environment, Social and

---

① 减量化(Reduce)、再使用(Reuse)、再循环(Recycle)、再思考(Rethink),亦有把前三项称为 3R 原则的,本质上并无区别。

② 邱慈观. 绿色金融应是"目标导向的金融". 中新经纬 https://baijiahao. baidu. com/s? id=1732154000882482434. 2022-05-07[查询日期:2024-07-01].

Governance,即环境、社会和公司治理)维度,表达了对于环境资源的重视。通过运用金融强大的资源配置和引导能力,推动优先发展清洁能源、进行生态建设,形成节能环保型经济,比如绿色交通、绿水青山、绿色建筑等等。

绿色金融本质上反映了金融业对于可持续发展理念的贯彻,其涵盖的细分类别分别有绿色信贷、绿色债券、绿色基金、绿色证券、绿色保险、碳金融等一切既有或新创设的与绿色环保概念相联结的金融工具、市场、组织和举措。

当前来看我国绿色金融最主要的形式就是银行业的绿色信贷。2022年4月29日,由中国金融学会绿色金融专业委员会联合中国人民大学共同举办的"碳中和2060与绿色金融论坛"在北京举行,会议发布的《中国绿色金融发展研究报告 2021》数据显示,当前以银行为主体发放的绿色信贷占整个绿色金融资金总额的 90%以上[1],是毫无疑问的绿色金融主力军、排头兵。报告还指出"2021 年末,中国绿色贷款余额 15.9 万亿元,同比增长33%,存量规模居全球第一",因此完全有理由将 2021 年称为中国的碳中和元年。绿色信贷的大力发展反映出银行业除了对传统的市场风险、流动性风险和操作风险的控制,已开始关注新显现的环境风险防范,毕竟国内日趋严格的碳减排政策以及国际上碳关税的设立,如欧盟碳排放调节机制等,都会将环境风险转移为银行客户的信贷风险。中国工商银行、中国建设银行已经分别在其最近的年报中披露,将明确把 ESG 风险纳入信贷审批核准考量。因而发展绿色信贷不只是银行业的社会责任,更是关乎银行自身生存发展的经营责任。

若从经营责任的角度来审视商业银行绿色信贷,在现阶段绿色信贷是否对于商业银行的经营业绩具有正向的提升作用,绿色信贷对于商业银行的风险控制又是否具有积极的减缓作用,均为业界亟须得到清晰回答的切实关切。据财经网 2022 年 9 月报道[2],银保监会数据显示,2022 年上半年21 家主要银行绿色信贷余额 18.6 万亿元。财经网整理的数据显示 6 家国有大行绿色信贷余额合计达 11.02 万亿元,占比达 59%。随着绿色信贷规模和影响的日趋扩大,厘清绿色信贷对商业银行经营绩效及风险的影响和机制就显得更加迫切和重要。

---

① 闫琪.《中国绿色金融发展研究报告 2021》在京发布. 中国社会科学网. http://ex.cssn.cn/glx _gsgl/glx_gsgl_bwsf/202204/t20220430_5406584. shtml. 2022-04-29[查询日期:2024-07-01].
② 钱晓睿. 六大行信贷投放一览:工行绿色贷款破 3 万亿元 战略性新兴产业贷款高速增长. 财经网. http://m. caijing. com. cn/api/show? contentid=4888685. 2022-09-09[查询日期:2024-07-01].

在学术界关于绿色信贷与商业银行经营绩效方面的研究已经全面展开，而且成果颇丰，但是其关键性的研究结论尚未明确。一部分学者结合实证数据的支持认为，绿色信贷对于商业银行的经营业绩具有正向提升作用。申晓辉（2012）采用 2007—2010 年中国的 27 家商业银行数据进行研究，认为绿色信贷通过提高绿色声誉最终增强了银行的总资产收益率（ROA）。郁文青、任善英（2016）采用 2011—2015 年中国的 16 家商业银行数据进行研究，发现绿色信贷能提升银行的净资产收益率（ROE）。廖筠、胡伟娟（2019）采用 2008—2017 年中国的 10 家商业银行数据进行研究，利用美国的 CAMELS 指标建立综合业绩评价，采用面板 VAR 模型分析得出绿色信贷对于商业银行综合业绩具有正向提升作用。王明浩、赵娟霞（2021）利用 DEA 模型得出商业银行效率值作为解释变量之一，验证了绿色信贷与商业银行经营绩效之间存在正相关关系。

另外一部分学者则恰恰得出了相反的结论。史灿（2021）采用 2012—2019 年中国的 18 家商业银行数据进行研究，显示绿色信贷对商业银行业绩呈现负向影响，同时还验证了银行绿色声誉在其中所发挥的中介效应作用。类似地，朱天（2022）采用 2011—2020 年中国的 22 家商业银行数据，用因子分析法构建商业银行的业绩评价指标进行固定效应面板数据回归，经验证据表明实施绿色信贷对于银行业绩具有显著的负向降低作用。

除此之外，还有些研究认为绿色信贷的开展与商业银行绩效并不相关。吴赛楠、白涵（2021）用 2010—2020 年中国的 5 大国有商业银行数据进行研究，分析得出绿色信贷规模与资产收益率 ROA 和不良贷款率 NPL 无显著关联。中国人民银行石嘴山市中心支行课题组（2022）用 2008—2020 年中国的 15 家商业银行数据进行研究，认为商业银行绿色信贷虽然能提升其绿色声誉，但对其绩效 ROA、ROE 并无明显改善，也就是说绿色信贷的开展并不代表银行经营业绩的必然提高或降低。

从以上各类研究的结论来看，一个比较自然的推测就是不同的样本数据会对研究结果带来非常明显的影响，毕竟不同类型甚至同一类型的商业银行间差异巨大。张晖、朱婉婉（2021）通过研究似乎也印证了这个推测，他们采用 2005—2018 年中国的 35 家上市商业银行数据，利用双重差分倾向得分匹配法（PSM－DID），得出了绿色信贷对不同类型的银行绩效分别具有正向（国有银行）、不确定（股份制银行正向影响，但若考虑时滞则负向影响）和无影响（城商行）等迥然相异的复杂结论。

正因为银行绩效衡量标准的各不相同，再叠加各家银行经营定位、经营理念的差异，导致绿色信贷对于其绩效影响效果就自然会有不同的表现。

本书将不同于以往的笼统式研究,计划将银行绩效进行清晰的分类和定义,分别考察绿色信贷对不同绩效指标的影响。事实上根据以上文献综述,似乎对于这个绿色信贷与绩效问题也并没有很直接的"提高或降低或无关"三选一的简单答案。

3.1.2 企业社会责任理论

1923 年,英国学者欧利文·谢尔顿(Oliver Sheldon)提出了企业社会责任的概念,他把企业社会责任与企业满足产业内外人们需要的责任相联系,认为企业社会责任含有道德因素。但由于经济大萧条以及第二次世界大战,冲淡了人们对此的关注。二战后的经济重建使得企业的经济职责尤为重要,即企业只是经营实体,其责任是提供社会所需要的产品,实现利润最大化。这使得企业社会责任的概念仍然仅局限于获取利润,无法获得质的突破。

二战后经济逐渐复苏并繁荣,随之也带来了日益严重的环境等社会问题,企业社会责任开始真正进入人们的视野。自 20 世纪 70 年代开始,"企业的社会责任就是追求利润最大化"的观点逐步失去了统治地位,陆续出现了"三个同心圆""金字塔""三重底线"等比较有代表性的概念。其中特别值得一提的是英国学者约翰·埃尔金顿(John Elkington)提出三重底线理论,他认为企业行为要满足经济底线、社会底线与环境底线。企业要考虑利益相关方与社会的期望,控制业务活动对社会和环境可能产生的不良影响,追求经济、社会和环境价值的基本平衡。三重底线理论提出之后,逐渐成为理解企业社会责任概念的共同基础,即从企业与社会的关系出发,企业要承担最基本的经济责任、社会责任和环境责任。企业不仅要对股东负责,追求利润目标,而且要对社会负责,追求经济、社会和环境的综合价值。

进入 21 世纪,经济全球化趋势深入发展,履行社会责任日益成为全球企业的共同义务、挑战和追求。企业应从以下三个层次确保履行企业社会责任,满足各利益相关方的愿望和要求。

第一,法律责任。自觉遵守法律规范,是企业生存与发展的基础与前提,是企业必须履行的最基本的社会责任。第二,经济责任。企业不仅为股东和投资者创造价值,实现盈利,提供投资回报,而且为员工、用户、伙伴、社区等其他利益相关方创造价值,为消费者提供优质的产品和服务,与用户、商业伙伴、社区等共同发展、合作共赢。第三,道德责任。企业自愿遵循更高的商业伦理标准,既是企业全面落实科学发展观和服务社会主义和谐社会的必然选择,也是企业弘扬社会主流价值观、激发员工创造活力、凝聚利益相关各方力量、提升企业核心竞争力的内在要求。

随着我国企业的发展壮大和全球化进程的加快,企业逐步提高对社会责任重要性的认识,许多企业也在多方面做了大量工作,已经从单纯追求利润目标的营利组织发展到履行社会责任的企业公民,为实现经济和社会的可持续发展、构建和谐社会作出了积极贡献。

3.1.3 环境金融学理论

环境与金融这两个看似无关的概念在原始状态下很难形成有效的联结,二者的相互关系在最初相当长一个时期并未被人们充分认识。随着人类对环境问题的理解与重视的增进以及社会的发展与进步,环境与金融因其共同的发展理念与目标——可持续发展,而形成了应对环境问题的又一重要的金融解决方案。

环境金融是金融与环境相结合的产物,它的出现是对传统金融业的突破和创新,本质上都是通过政府配额与市场机制的双重作用,将环境负外部性内部化从而实现环境利益经济化,是金融在环保领域的新的盈利模式、业务创新和制度安排的体现,是运用经济学理论和经济手段来处理环境问题、优化环境,从而实现人与自然的可持续发展。

金融机构对环境的影响除了表现在废弃物、废水等排放外,还表现为可以通过投资与信贷等金融行为引发间接的污染,并可能造成更为严重的环境问题。反之,环境问题也能影响到银行等金融机构的经营与发展,存在潜在环境风险甚至引发严重环境问题的投融资项目一旦失败,就会给银行财务及社会形象带来巨大的负面影响。通过金融行为使资金投入节约能源和环境友好型产品的开发利用以及对自然资源特别是不可再生资源的循环利用,不但可以减少企业及社会的运营成本,缓解经济发展与环境保护之间的矛盾,还可以最大限度地降低由环境问题而引发的金融风险。

另外,对节能减排、环境友好技术、低碳经济发展的投资需求巨大,这就意味着对于银行业等金融资本市场而言,有着相当广阔的投融资机会。随着排污权交易等环境经济行为的增加,金融机构可在排放权证交易中充当媒介,环境金融扩大了金融业的产品范围如环境基金、环境保险、可持续发展项目投融资和环境信托等,也就是说环保产业的发展也为金融业带来了新的发展机遇。除此之外,金融机构通过提供绿色环保的投资产品,不仅可以获得经济利益,还能为自身树立良好的社会责任形象。

3.1.4　外部性理论

研究绿色金融,开展绿色信贷、碳排放交易等工作,离不开外部性与产权理论的指导。其中,外部性是绿色金融的重要特征,产权理论则为发展绿色金融提供了重要的路径。外部性也称外部效应,是指经济活动中一个经济主体(国家、企业或个人)的行为直接影响到另一个经济主体的利益,却没有给予相应赔偿或得到相应补偿的现象。外部性分为正外部性和负外部性。正外部性是指经济活动中一个经济主体的行为对另一个经济主体的利益有益(外部经济),负外部性是指经济活动中一个经济主体的行为对另一个经济主体的利益有损(外部不经济)。根据外部性理论,外部性造成了私人边际成本和社会边际成本的不一致,解决这种不一致的策略就是解决外部性的对策:当存在外部性问题时,私人边际净产值总是与社会边际净产值存在差异,所以完全利用市场机制实现资源的最优配置是不可能的,必须采取政府征税或提供补贴的办法才能解决。环境污染是一个典型的外部性实例,环境污染外部性使私人(生产者与消费者)不愿为使用生态环境支付成本,这就可能导致私人对生态环境的过度使用直至边际效益为零,并且不会关心边际社会成本的增加。所以,市场机制难以激励私人主动开展环境保护,只能依靠政府干预。

同样,绿色金融也具有外部性,而且是正外部性。从系统工程的角度看,金融业是一个系统,生态环境是一个系统,两大系统的关系存在三种情况:一是金融业系统在提供资金时单纯考虑商业利益,不考虑生态环境因素,其结果是金融业抓住了最佳的商业机会,但可能会破坏生态环境系统,并且没有因此承担环境责任;二是金融业系统在提供资金时既考虑商业利益,也考虑生态环境因素,其结果是对生态环境系统有益,但金融业可能失去了最佳的商业机会,金融业没有因此得到补偿;三是金融业系统向生态环境产业提供资金,既获得了商业利益,又保护了生态环境。就外部性而言,绿色金融主要是指第二种情况,即绿色金融具有正外部性的情况。在这种情况下,绿色金融就应当由政府提供。政府可以将财政资金委托金融机构定向经营,或由财政支持的政策性金融机构提供绿色金融服务。但受财政实力的局限,单纯全部由政府财政提供支持的绿色金融发展模式是难以为继的。

现代产权理论认为,产权的界定可以有效克服外部性,促进资源的优化配置,这就为解决外部性问题、提高资源配置效率提供了新的思路。按照现代产权理论的表述,发挥市场机制作用的前提条件是清晰的产权界定和有效的产权制度安排。也就是说,只要产权界定清楚、产权制度安排合理,外部性问题就可以通过市场机制得到解决。受此启发提出的排污权交易理论认为,作为生态环境的所有者,政府可以创建一种生态环境的新产权(排污权)。如果法律规定保护经济主体向生态环境排污的权利,那么经济主体就可以向政府购买排放这种权利,并可以进行权利的买卖,即进行排污权交易。排污权交易理论点燃了人们进行生态环境其他权利交易的热情,碳排放权交易、水权交易、林权交易、矿业权交易等纷纷涌现出来,在发达国家取得了良好的效果。

现代产权理论也对发展绿色金融提供了方向:

其一,为绿色金融通过市场机制实现发展提供了理论依据。例如,政府一旦立法明确了公民的环境权,即公民享有在良好、健康环境中生活和工作的权利,金融机构就有责任为生态环境项目融资,也有责任拒绝向环境污染项目融资。再例如,由于财政收支缺口日益庞大,政府对绿色金融的支持有时候是力不能及的。此时发展绿色金融更优的选择可以是在明确界定并保护好产权后,主要依靠市场机制来进行运作。首先是明确环境债权在全部债权中的优先受偿地位,这样环境债权的信用风险更低,融资成本也就更低,可以吸引更多的投资者;其次是为环境融资设定更低的风险权重,使得生态环境项目的风险比其他项目融资风险更低,从而促使更多金融机构投资生态环境项目。

其二,现代产权理论也为生态权益金融通过市场机制实现发展提供了理论依据。在这种思路下,只要生态产权明晰且生态产权交易市场完善,生态权益配额不足的经济主体就可以从生态权益配额富裕的经济主体那里购买到生态权益配额,不仅有利于经济活动的开展,而且也使生产者有动力通过技术进步减少环境污染或资源的低效利用。同时,这一思路还有利于促进金融创新。为了活跃生态产权交易市场,各种金融机构、投资机构等的介入,极大地充实了市场主体,也使生态产权抵押质押、生态产权信托、生态产权证券化、生态产权租赁、生态产权回购、生态产权保理、生态产权期货期权、生态产权存储与借贷、生态产权投资等的产生成为可能。

总之,我们要把绿色、低碳、可持续的理念全面引入现代金融体系建设,不断提升金融助力绿色转型的能力,主要可以从四个方面开展行动:一是坚持服务实体,加快绿色金融发展,引导和撬动各类资源流向低碳循环经济领域;二是坚持创新引领,深化投融资事业,发挥科技和数据双驱动作用,拓展绿色金融服务边界;三是坚持系统观念,全程应对风险,提升环境与气候风险的适配管控能力;四是坚持开放合作,共享发展成果,推动构建公平合理、合作共赢的绿色金融治理体系。作为中国金融业代表的银行业，更应与各方携手真诚开展绿色合作，努力为全球经济绿色转型作出更大贡献。

3.2　绿色金融概述

绿色金融有两层含义：一是金融业如何促进环保和经济社会的可持续发展；二是指金融业自身的可持续发展。前者指出"绿色金融"的作用主要是引导资金流向节约资源技术开发和生态环境保护产业，引导企业生产注重绿色环保，引导消费者形成绿色消费理念；后者则明确金融业要保持可持续发展，避免注重短期利益的过度投机行为。

绿色金融的上述定义包括以下几层含义：一是绿色金融的目的是支持有环境效益的项目，而环境效益包括支持环境改善、应对气候变化和资源高效利用；二是给出了绿色项目的主要类别，这对理解各类绿色金融产品（包括绿色信贷、绿色债券、绿色股票指数等）的界定和分类有较大帮助；三是明确了绿色金融包括支持绿色项目投融资、项目运营和风险管理的金融服务，说明绿色金融不仅仅包括贷款和证券发行等融资活动，也包括绿色保险等风险管理活动，还包括了汇集多种金融功能于一体的碳金融业务。

根据 2016 年 8 月 31 日，人民银行等七部委发布的《关于构建绿色金融体系的指导意见》，绿色金融的定义为支持环境改善、应对气候变化和资源节约高效利用的经济活动，即对环保、节能、清洁能源、绿色交通、绿色建筑等领域的项目投融资、项目运营、风险管理等所提供的金融服务。

从理论上讲，所谓"绿色金融"是指金融部门把环境保护作为一项基本政策，在投融资决策中要考虑潜在的环境影响，把与环境条件相关的潜在的回报、风险和成本都要融合进日常业务，在金融经营活动中注重对生态环境的保护以及环境污染的治理，通过对社会经济资源的引导，促进社会的可持续发展。

绿色金融就是金融机构将环境评估纳入流程，在投融资行为中注重对生态环境的保护，注重绿色产业的发展。随着人口增长、经济快速发展以及能源消耗量的大幅增加，全球生态环境受到了严重挑战，实现绿色增长已成为当前世界经济的发展趋势。在各国低碳经济不断发展的背景下，绿色金融已经日益受到全球各国的普遍重视，成为国家着力发展的重点领域。

3.2.1　国际绿色金融发展

美国、日本、欧盟等经济体的绿色金融体系较为成熟。在政策方面,各国政府不断加强绿色金融顶层设计,制定相关法案与政策;在产品方面,在绿色信贷、绿色债券、绿色保险、绿色基金等领域已形成了较为成熟的产品体系。值得我们借鉴的产品包括各类与可持续发展目标相关联的信贷、债券和交易型开放式指数基金(ETF)产品,转型债券、绿色供应链金融产品、绿色资产证券化(ABS)等。

美国是创新的引领者。美国绿色金融的发展始终秉持市场导向原则,强调资本市场和碳交易市场在资源配置中的决定性作用。在绿色金融产品与服务创新方面,美国经验极有借鉴意义。其绿色金融服务形式涵盖了绿色信贷、绿色债券、绿色保险、绿色基金等多个方面,形式丰富。比如,美国的纽约、夏威夷、康涅狄格等州专门成立了绿色银行。在绿色债券方面,根据环保项目的特点,发明了提前偿还债券、预期票据、拨款支付债券、资产担保证券、收益债券、特殊税收债券等债券种类。

日本是主要参与者,是较早探索绿色金融的国家之一。日本主要采取两种机制推动本国绿色金融的发展:一种是依靠金融机构和民间组织力量联合开发多种融资产品,为企业和个人提供项目融资和利率优惠;另一种是通过发放中长期低息贷款、申请政府财政补贴和税收减免等方式支持绿色金融发展。早在 20 世纪 90 年代起,日本开始对节能技术研发与绿色产业进行补助与支持。

欧盟是绿色金融发展的先行者。欧盟是最早发起绿色金融运动的经济体,拥有着全球规模最大、运行时间最长、参与国最多以及成熟度最高的碳交易市场。与此同时,欧盟在绿色标准制定、金融运行监管、市场机制设计等方面领先于全球,为推动国际绿色金融步入系统化、制度化轨道发挥了积极的示范作用。

国际"碳达峰""碳中和"进程。由于欧美国家和地区在绿色金融方面的先发优势,其碳达峰进程也实施推进较早。根据世界资源研究所(WRI)的统计数据显示,全球已经有 54 个国家的碳排放实现达峰。在 2020 年排名前 15 位的碳排放国家中,美国、俄罗斯、日本、巴西、印度尼西亚、德国、加拿大、韩国、英国和法国已经实现碳达峰,墨西哥和新加坡等国家承诺在 2030 年以前实现碳达峰。美、日、欧等发达国家和地区大多在 1970—2013 年已经实现了碳达峰。如:瑞典是在 1970 年,英国在 1971 年,瑞士在 1973 年,比利时、法国、德国和荷兰均在 1979 年,葡萄牙在 2002 年,芬兰在 2003 年,西班牙、意大利、奥地利、爱尔兰和美国均在 2005 年,希腊、挪威、克罗地亚、加拿大均在 2007 年,新西兰、冰岛、斯洛文尼亚则在 2008 年,日本在 2013 年。值得注意的是,这些早已实现碳达峰的国家,还要分为自然达峰和气候政策驱动达峰两类。比如瑞典、英国等较早实现碳达峰的国家,基本是随着工业转型自然达峰。

但从发达国家的目标看,无论是自然达峰还是政策驱动达峰,由碳达峰到碳中和的过渡期普遍需要 50—70 年的时间。对于碳中和的时间,绝大部分发达国家都已经承诺在 2050 年之前达到碳中和。如:欧洲议会与欧盟成员国就《欧洲气候法》修改稿初步达成一致意见,将"2030 年减排 55% 以上、2050 年实现碳中和"气候目标纳入欧盟法律体系。美国拜登政府推动立法,力争在 2025 年之前建立应对气候变化问题的执行机制,确保美国在 2050 年实现净零排放。

相较绿色金融发展较早的欧美国家,中国作为最大的发展中国家,提出力争 2030 年前实现碳达峰、2060 年前实现碳中和的目标,从碳达峰到碳中和的过渡期大约仅需 30 年,过渡期时间远远短于西方发达国家。可以看出我国"双碳"目标时间紧、任务重。客观来看,虽然目前中国金融机构普遍对发展"绿色金融"颇为热心,但在具体实践中却又面临着诸多的障碍,如"绿色金融"业务风险较高而收益偏低、信息沟通机制有待完善、金融机构缺乏专业领域的技术识别能力、相关政策不完善等。要破解这些瓶颈,不妨借鉴一下发达国家,特别是德国的成功经验。

德国是国际"绿色金融"主要发源地之一,经过数十年的发展,其相关政策已经较为成熟,体系也比较完善。分析来看,德国实施"绿色金融"的经验主要有如下这些:

首先,国家参与。这是德国发展"绿色金融"过程中最重要的特征。举例来说,德国出台政策,对环保、节能项目给予一定额度的贷款贴息,对于环保节能绩效好的项目,可以给予持续 10 年、贷款利率不到 1% 的优惠信贷政策,利率差额由中央政府予以贴息补贴。实践证明,国家利用贴息的形式支持环保节能项目的做法取得了很好的效果,国家利用较少的资金调动起一大批环保节能项目的建设和改造,"杠杆效应"非常显著。

其次,发挥政策性银行的作用。德国复兴信贷银行在整个"绿色金融"体系中始终发挥了重要的作用,不断开发出"绿色金融"产品。还值得一提的是,德国复兴信贷银行的节能环保的金融产品从最初的融资到后期金融产品的销售都没有政府的干预,各项活动都通过公开、透明的招标形式开展,保证了过程中的公正、透明,政府的主要作用就是提供贴息及制定相关的管理办法,这样保障了资金高效、公平地使用。

最后,环保部门的认可。这是德国发展"绿色金融"取得成功的关键。在德国"绿色金融"政策实施过程中,环保部门发挥着重要的审核作用,以确保贴息政策能够准确地支持节能环保项目。每个节能环保项目要想得到贴息贷款,必须得到当地或上级环保部门的认可后才能申请。

3.2.2 我国绿色金融发展

绿色金融是指在投融资活动中,将环境保护、资源利用效率等因素纳入考量,通过引导金融资源向环保、能源、低碳等领域倾斜,促进经济可持续发展的金融形态。我国绿色金融的发展历程可以概括为以下几个阶段:

初步探索阶段(2012—2014 年)。在 2012 年召开的联合国可持续发展大会上,中国政府首次提出了建设绿色金融体系的构想,开始了绿色金融的初步探索。

初步建设阶段(2015—2016 年)。2015 年,中国政府颁布了《关于积极推进绿色金融发展的指导意见》,明确了国家对绿色金融的支持政策。各大商业银行开始积极探索符合绿色金融要求的金融产品和服务,并在债券市场方面推出了绿色债券等金融工具。

发展壮大阶段(2017 年至今)。2017 年,国家发改委、人民银行等九部委联合发布了《关于建立绿色金融体系的指导意见》,进一步明确了我国推进绿色金融的重点领域和政策措施。此后,中国绿色债券市场迅速增长,各类市场主体积极参与,绿色信贷业务也得到广泛推广。同时,绿色金融相关政策不断完善,中国绿色金融的发展迎来了新的机遇。

从政策角度来看,随着绿色金融纵深发展,我国已初步形成绿色贷款、绿色债券、绿色保险、绿色基金、绿色信托、碳金融产品等多层次绿色金融产品体系。在绿色金融迈入深水区的重要阶段,2023 年我国绿色金融发展呈现以下十大重要趋势。

一是绿色金融成为缓解债务压力的新抓手。

绿色专项债缓解地方债务风险,兼具市场实践基础和长期发展潜力。2023 年政府工作报告中提出"拟安排地方政府专项债券 3.8 万亿元",比上年增加 1500 亿元,截至 2023 年 7 月 19 日,已下达专项债额度 3.7 万亿元。财政部强调 2023 年要适度增加地方政府专项债券规模,扩张专项债成为防范化解地方政府债务风险的重要抓手,而绿色专项债相较于传统的专项债仍有很大发展空间。截至 2023 年 6 月 30 日,我国仅有 20 只地方绿色专项债券,发行规模累计 148 亿元,但随着绿色金融快速发展,考虑到绿色债券的突出优势,地方政府可能将更积极地考虑发行绿色地方政府债。

绿色债券有助于缓解房地产行业融资危机,房地产行业绿色融资迎来"窗口期"。2023 年房地产企业面临较大的资金压力。从发展情况来看,境外房企绿色债券规模不断增大,截至 2022 年 1 月末,内地房企在境外共计发行美元绿色债券 47 笔,债券余额约达 142 亿美元。与此相比,境内房地产绿色债券融资尚处起步阶段,发行规模波动上涨幅度有限。从未来趋势来看,房地产行业绿色融资正在加速迎来"窗口期",政策愈来愈重视绿色建筑发展。北京、上海、广东等全国多个地区推出具体的绿色建筑激励措施和资金保障,而且绿色债券在准入条件、融资期限、发行利率上的优势也有助于房企缓解资金压力。

二是境外资金持续加大在我国的绿色配置规模。

2023 年,境外资金持续加大在我国的绿色配置规模,我国也在积极引导境外资金助力"双碳"目标的实现。2023 年第一季度非金融类美国企业共发售约 60 亿美元 ESG 债券,比上年同期下降至少 50%,而 2023 年 1 月香港特别行政区政府发行 57.5 亿美元等值的美元、欧元及人民币的"三币种"绿色债券,吸引超过 360 亿美元等值的全球认购金额,创亚洲有史以来最大 ESG 债券发行规模。

与此同时,我国绿色金融对境外投资者的吸引力也在持续升高,截至 2023 年 8 月,面向境外发布的中债—工行绿色债券指数仍在持续攀升,2023 年上半年,中资主体境外绿色债券发行规模约 190 亿元,吸引更多境外资本投向我国可持续发展领域。

三是转型金融有望成为我国实现绿色金融赶超领域。

随着实现双碳目标的路径逐步清晰,气候金融是绿色金融内涵的外延,转型金融与绿色金融共同成为绿色经济发展的支撑,内涵的不断丰富深化有利于缩小境内外绿色金融的发展差异。近年来,我国在气候投融资方面不断发力,侧重支持新能源和可再生能源等绿色项目开发,缩小与发达国家的项目差距。

转型金融成为绿色金融的重要补充,目前市场规模相对偏小。在相同的起跑线上,我国能源体系高碳特征明显,高碳主体所属行业占经济活动的总量远远高于纯绿行业,促使转型金融所涉及的融资量可能会远大于纯绿金融的融资量,规模优势有望推动转型金融成为我国实现绿色金融加速赶超的重点领域。

四是信息披露将成为制度建设的重中之重。

政策文件集中发力,金融业信息披露绿色效益显著。绿色金融标准指引建设成效初显,发债企业和上市公司环境信息披露有望进一步规范。2022 年《关于加强绿色金融债券存续期信息披露自律管理的通知》《提高央企控股上市公司质量工作方案》等多部文件针对发债企业、上市企业的信息披露提出新要求和新目标。未来,绿色债券发行企业以及央国企上市公司的信息披露将成为重点关注对象。对于发债企业而言,绿色债券发行人的信息披露与外部认证评级是绿色债券信用评级的基础,也是解决投融资双方信息不对称问题的保障。对于上市企业而言,提升环境信息披露力度有助于企业提高对环境治理问题的认识,改善风险管理和内部治理机制,从而将可持续发展理念融入企业生产经营各环节。

五是碳市场运行延续全面"扩容"主旋律。

CCER 于 2024 年 1 月 22 日重启,延续 2022 年的"扩容"主旋律。国家核证自愿减排量(简称为"CCER")的重启工作稳步推进。从市场建设来看,北京绿色交易所作为国家级交易所将承接全自愿减排的碳交易,积极完善 CCER 的基础设施,于 2023 年 5 月开发完成 CCER 注册登记系统、交易系统,具备接受主管部门验收的条件;从制度建设来看,生态环境部于 2023 年 7 月就《温室气体自愿减排交易管理办法(试行)》公开征求社会意见,加快确立自愿减排交易市场的基本管理制度和参与各方权责,统筹碳排放权交易市场和自愿减排交易市场;同步推进项目开发指南、审定与核查规则、注册登记和交易规则、方法学等重要配套管理制度和技术规范研究。

六是绿色债券溢价推动形成融资比较优势。

绿色债券溢价逐步凸显,投资者对绿色债券的投资热情提升。绿色债券相比于普通债券,具有明显的正外部性和环境效益,投资者愿意以低于传统债券的收益率接受绿色资产,实体企业能够利用较低的融资成本获取绿色发展资金。值得关注的是,欧美地区的金融绿色溢价正在消失,传统金融产品和绿色金融产品的融资成本差异逐渐缩小,但我国金融绿色溢价短期内不会消失,一方面,当前与低碳发展相关的技术升级尚未进入成熟期,实体绿色溢价在很长一段时间内难以消退,亟须通过金融绿色溢价弥补实体绿色溢价,增强企业在绿色低碳发展投入的动力;另一方面,绿色激励政策仍处于"强引导"阶段,绿色债券发行环节日趋规范,发行规模稳步上升,投资者的绿色债券投资热情为金融绿色溢价的存在提供支撑。

七是绿色信贷仍是绿色金融主导服务产品。

2023 年绿色信贷规模保持高速增长,规模增速逐渐放缓。自"双碳"目标提出以来,绿色产业在经济体中所占的比重上升,与之相对应的贷款需求在整个银行的贷款需求的结构中也随之上升。截至 2023 年 6 月底,我国绿色贷款余额已达 27 万亿元,同比增长 38.4%,高于各项贷款增速 27.8 个百分点,绿色贷款占全部贷款的比重由 2021 年 3 月的 7.2% 上升至 2023 年 6 月的 11.7%,呈现出量质齐升的良好发展态势。但随着绿色贷款规模不断扩大,绿色信贷规模增速有所放缓,2022 年 9 月达到最高增速 41.4% 后回落,在 2023 年上半年维持 38% 左右的稳定增速,预计后续绿色贷款增速在放缓的趋势下仍将维持在较高的水平,在较长一段时间内仍会高于平均贷款增速。

八是地方城商行积极推动绿色金融创新产品落地。

全国各地推出多个"首单""首例"绿色金融产品,绿色金融产品内容不断丰富。在产品创新上,一方面,绿色信贷产品在传统绿色贷款、能效贷款之外,推出碳排放权质押贷款、碳排放披露支持贷款等创新产品。另一方面,金融机构创新各类绿色债券产品,各级金融机构落地多项首单绿色债券,涵盖节能环保、清洁生产等多产业和领域,并创新推出保护长江流域、乡村振兴等不同主题债券,有效扩大了绿色产业的支持范围。在机构参与上,宁波银行等地方城商行均积极推动绿色金融创新产品落地,它们更容易了解绿色企业融资需求。随着绿色金融规模的扩大和绿色金融标准指引的细化,预计商业银行将继续推出绿色金融新产品。

九是绿色金融服务下沉至乡村振兴和普惠金融领域,强调与创新要素相融合。

绿色金融寻找新业务增量,服务对象和支持领域逐渐多元化趋势明显,持续下沉至乡村振兴和普惠金融领域。一方面,在"双碳"目标与乡村振兴双重任务下,林业碳汇作为国际社会公认经济且有效的减缓温室效应的重要途径,是协同推动"双碳"目标、乡村振兴战略的汇聚点。另一方面,当前绿色金融对中小微企业、个人的绿色融资需求关注不足,绿色金融下沉的空间还很充足。

绿色金融机构综合运用创新要素,数字、技术要素成为绿色要素的重要结合点,预计数字绿色金融的政策措施将逐步出台,可能存在三个重点方向:一是以大数据和云计算为推手,推进数字普惠金融,为落后地区的小微企业提供更多绿色资金支持;二是基于大数据等技术精准认证和识别符合绿色发展的技术、产品和资产,建立满足绿色认证的项目和企业数据库,提供差异化、定制化的绿色金融产品;三是利用信息技术减少信息不对称,畅通政府、市场和社会三者之间的环境信息与绿色项目数据共享,如区块链技术可以凭借去中心化的特点实现对"漂绿"风险的警示和监控。

十是欧盟碳关税落地加速全球经贸零碳化。

欧盟碳关税对全国碳市场建设提出更高要求,短期内,欧盟碳关税对我国出口贸易的影响相对可控。另一方面,欧盟碳关税引领上下游企业绿色转型升级,成为国际贸易的重要规则,将加速全球经贸零碳化。

3.3 绿色金融形态

3.3.1 绿色债券

绿色债券是指将募集资金专门用于支持符合规定条件的绿色产业、绿色项目或绿色经济活动,依照法定程序发行并按约定还本付息的有价证券,包括但不限于绿色金融债券、绿色企业债券、绿色公司债券、绿色债务融资工具和绿色资产支持证券。

2022年7月29日,经中国人民银行和中国证监会同意,中国绿色债券标准委员会向市场发布《中国绿色债券原则》(以下简称《原则》),作为供市场主体参考使用的绿色债券自律规则,旨在推动中国绿色债券市场规范和高质量发展。

《原则》中明确定义了四种绿色债券品种:

第一种是普通绿色债券。

符合《原则》要求,专项用于支持符合规定条件的绿色项目,依照法定程序发行并按约定还本付息的有价证券。普通绿色债券还包含两个子品种:

蓝色债券:符合《原则》要求,募集资金投向可持续性海洋经济领域,促进海洋资源的可持续利用,用于支持海洋保护和海洋资源可持续利用相关项目的有价证券。

碳中和债:符合《原则》要求,募集资金专项用于具有碳减排效益的绿色项目,通过专项产品持续引导资金流向绿色低碳循环领域,助力实现碳中和愿景的有价证券。

第二种是碳收益绿色债券。

符合《原则》要求,募集资金投向符合规定条件的绿色项目,债券条款与水权、排污权、碳排放权等各类资源环境权益相挂钩的有价证券。例如产品定价按照固定利率加浮动利率确定,浮动利率挂钩所投碳资产相关收益。

第三种是绿色项目收益债券。

符合《原则》要求,募集资金用于绿色项目建设且以绿色项目产生的经营性现金流为主要偿债来源的有价证券。

第四种是绿色资产支持证券。

符合《原则》要求,募集资金用于绿色项目或以绿色项目所产生的现金流作为收益支持的结构化融资工具。

《原则》指出,绿色债券募集资金应直接用于绿色项目的建设、运营、收购、补充项目配套营运资金或偿还绿色项目的有息债务。绿色项目认定范围应依据中国人民银行会同国家发展改革委、中国证监会联合印发的《绿色债券支持项目目录(2021 年版)》(银发〔2021〕96 号)。

中国证监会联合印发的《绿色债券支持项目目录(2021 年版)》(银发〔2021〕96 号)(以下简称《目录》)采纳国际通行的"无重大损害"原则,进一步对绿色债券界定标准问题进行了明确和细化,如煤炭等化石能源清洁利用等项目个不再纳入支持范围,并增加了绿色农业、绿色建筑、可持续建筑、水资源节约和非常规水资源利用等新时期国家重点发展的绿色产业领域类别。

《目录》中明确了节能环保领域、清洁生产产业、清洁能源产业、生态环境产业、基础设施绿色升级、绿色服务六个支持领域的项目。其中三级目录与农业相关的包括农业农村环境治理、农业农村环境综合治理、农业资源保护、绿色农产品供给、生态产品供给、城镇环境基础设施等。四级目录则包括农村人居环境整治、农业废弃物资资源化利用、现代农业种业及动植物种质资源保护、农村土地综合整治、污水处理及再生利用、绿色有机农业、林下种植和林下养殖业、世界遗产、国家级风景名胜区等。

国家金融与发展实验室在《中国绿色债券市场:发展特征、制约因素及政策建议》中指出,2022 年,我国绿色债券市场持续快速发展,绿色债券顶层设计相关政策持续完善,绿色债券的规范类文件持续出台,各地方政府也积极出台了一系列支持地方绿色发展的配套政策。

2021 年 7 月 1 日,由人民银行、国家发展改革委、证监会联合发布的《绿色债券支持项目目录(2021 年版)》正式实施。

2021 年 3 月,交易商协会印发《关于明确碳中和债相关机制的通知》,进一步推动了绿色债券市场碳中和债的标准化进程。5 月,经中央全面深化改革委员会第十七次会议审议,生态环境部印发《环境信息依法披露制度改革方案》,明确 2025 年基本形成强制性环境信息披露制度的目标,建议将强制性环境披露要求纳入绿色产品和绿色制造评估体系。9 月,绿色债券标准委员会发布《绿色债券评估认证机构市场化评议操作细则(试行)》《绿色债券评估认证机构市场化评议标准》和《绿色债券评估认证机构市场化评议材料清单》等配套文件,界定了市场化评议申请步骤、市场化评议内容及评议结果运用等内容。

山东省在 2021 年 9 月 1 日发布了《关于支持开展碳排放权抵质押贷款的意见》，推动碳排放权抵质押贷款进一步规范化、标准化、规模化发展。重庆市在 9 月 22 日出台了《重庆市"碳惠通"生态产品的价值实现平台管理办法（试行）》，推动建设生态产品价值实现平台，促进以绿色金融工具落实"双碳"目标、加快推动绿色低碳发展。

绿色债券市场发展趋势如下：

趋势一是债券品种加速迭代，资金助力乡村振兴。

《中国基金报》提出，在头部机构带动下，绿色债券呈现投向创新细分领域的趋势，例如碳减排和气候领域、特定区域生态保护、蓝色主题等，境内外的绿债发行都有覆盖，包括政策性银行此前的绿债细分品种。

2022 年 3 月，人民银行出台《关于做好 2022 年金融支持全面推进乡村振兴重点工作的意见》，进一步指导金融系统优化资源配置，拓宽农业农村绿色发展融资渠道，并提出鼓励发行绿色金融债券支持农业农村绿色发展，为金融业强化支持乡村绿色发展指明方向。

招商银行于 2022 年 5 月 11 日发行"22 招商银行绿色金融债 01"，发行期限 3 年，发行规模 50 亿元，债券票面利率 2.65%。本期债券是全国范围内商业银行首次发行乡村振兴主题的绿色金融债券。本期债券的募集资金将全部用于县域范围内有助于强化支持乡村振兴金融服务的绿色产业项目，特别是风电、光伏等清洁能源类项目。

趋势二是认定标准持续健全，项目跟随产业需求。

加强生态文明建设、推进绿色发展，需要强有力的技术支撑和产业基础。然而自绿色金融在国内推广实践以来，绿色项目面临概念泛化、标准不一、监管不力等问题，造成资金合力不足，资源分散。为进一步厘清产业边界，将有限的政策和资金引导到对推动绿色发展最重要、最关键、最紧迫的产业上，有效服务于重大战略、重大工程、重大政策，国家陆续发布多项政策与目录，优化完善绿色项目认定标准。国家发展改革委发布《绿色产业指导目录（2019 年版）》，界定了六个绿色产业的范围。中国人民银行联合多部门发布的《绿色债券支持项目目录（2021 年版）》，以四级目录的形式，细化了项目范围，并提供了具体项目建设内容。

国内在绿色项目认定标准上将与当前国家产业政策及转型导向更趋一致，紧跟国家宏观发展规划，解决当下产业发展需求，避免了盲目参照国际认定标准。按照《目录》，境内绿色债券重点支持的绿色项目认定包括能效提升、可持续建筑、污染防治、水资源节约和非常规水资源利用、资源综合利用、绿色交通、绿色农业、清洁能源、生态保护与建设、绿色服务等。国际上，ICMA《绿色债券原则》支持项目类型包括可再生能源、能效提升、污染防治、生物自然资源和土地利用的环境可持续管理，陆生和水生生物多样性保护，清洁交通，可持续水源和废水管理，适应气候变化，循环经济适应产品、生产技术和工艺，绿色建筑等。CBI《气候债券标准》包括能源、交通、水资源、建筑、土地使用和海洋资源、工业、废弃物和信息通信技术等。

3.3.2　绿色基金、绿色指数

　　绿色基金是绿色金融中的一种金融支持方式，以促进绿色产业发展为目标，专门投资于绿色低碳领域的环保项目和绿色产业。绿色基金的设立，为绿色低碳项目和绿色产业提供了充足的资金来源，为推动经济绿色化发展注入了强大动力。设立绿色基金的主要目的是通过资本投入促进节能减排战略的发展，维持人类赖以生存的美好环境。绿色基金主要包括中证环保产业指数、资源管理、污染管理、清洁技术和产业等方面的基金。绿色基金所投项目一般具有以下特点：具有节能环保特性；具有较高的科技含量；具有良好的回报前景。绿色基金依据发行方式可分为公募基金、私募基金。

　　根据投向不同，绿色基金可划分为绿色证券基金、绿色股权基金、排放权基金、绿色担保基金等。从投资标的来看，绿色基金可分为绿色产业投资基金、绿色债权基金、绿色股票基金、绿色混合型基金等。除此之外，绿色基金还可以根据投资目标、投资理念、基金的资金来源和用途等进行分类。

　　绿色基金也泛指投向绿色产业的基金，根据国家发改委印发的《绿色产业指导目录（2019 年版）》，绿色产业包括六大类：节能环保产业、清洁生产产业、清洁能源产业、生态环境产业、基础设施绿色升级、绿色服务，涉及绿色装备制造、清洁能源、环境治理、能源节约、绿色城市（绿色基建）、绿色服务等多个领域。

　　根据发起设立方式，我国绿色产业基金主要有四类：政府发起的绿色引导基金、政府和社会资本合作（Pubulic-Private-Partnership，PPP）绿色项目基金、产业企业（大型企业集团）发起的绿色产业发展基金、金融机构或私人发起的绿色 PE/VC 基金等。以上方式可以归纳为以下四种运作模式：

　　一是政府模式：政府通过财政拨款的方法成立一支引导基金用以扶持本国的环境保护类项目，这类模式有很明显的公益性质。以国家绿色发展基金股份有限公司（以下简称"绿色基金"）为例，绿色基金于 2020 年 7 月 14 日在上海注册成立，是国内首只聚焦绿色发展领域的国家级政府投资基金，同时也是绿色发展领域体量排名第一的投资基金，承载着国家引领绿色发展的远见与决心。国务院授权财政部履行出资人职责,财政部委托上海市承担绿色基金管理的具体事宜。绿色基金以公司制形式设立,首期规模885亿元,由长江经济带11个省市、相关国有银行、部分央企、地方国企和民企共同出资。绿色基金投向环境保护与污染防治、生态修复与国土空间绿化、能源资源节约利用、绿色交通、清洁能源等五大重点领域。首期资金重点投向长江经济带,为污染防治攻坚战提供资本支持,同时面向市场需求培育绿色发展领域的优质市场主体。根据投资战略规划,绿色基金采取三种投资方式:绿色领域项目类投资、绿色产业股权类投资、子基金投资。其中,项目类投资占比20%—30%,子基金投资不超过20%,其余资金用于股权类投资。

绿色发展领域,特别是生态环保领域的项目外部性、公益性突出,对经济发展的带动能力也很强,但这类项目往往资金需求大,管理成本高,商业模式和现金流机制较弱,还有明确的建设期限和质量要求,是投资领域的硬骨头,市场化基金通常不会涉足。作为肩负战略使命的国家级基金,绿色基金责无旁贷地要支持一批具有战略性、功能性和基础性的生态环保绿色发展的项目建设。比如,2021年投资的云南省大理州环洱海流域湖滨缓冲带生态修复与湿地建设工程项目,是绿色基金的第一笔绿色领域项目类投资。

绿色基金也有经济回报的要求,但在投资项目时,并不把追求经济效益放在必然的首位,算的是综合效益账。统筹实现生态效益、社会效益、经济效益,这是绿色基金的投资目标。实事求是地说,很难找到一个三大效益都能完全兼顾的项目或企业,因此要强调统筹实现三大效益目标,讲求的是三者综合效益。对生态效益、社会效益比较明显,经济效益没有那么好的项目,基金会做一个权衡。如果综合效益达到考核要求,同样会考虑投资。

相比股权类和项目类投资这两种直投业务模式,子基金投资在进一步撬动社会资本、带动绿色投资等方面具有更突出的作用。绿色基金成立后,在子基金投资思路、总体布局和遴选原则等方面逐步形成了自身的基本风格,设立了一批体现绿色基金战略定位、具备较高显示度和社会引领性的子基金。例如,绿色基金联合宝武集团等合作方共同发起设立了宝武绿碳投资基金,首期规模达100亿元,充分体现了支持传统工业实现双碳目标的战略引领性。通过一年多的投资运作,宝武子基金在支持钢铁及相关行业的碳减排方面的示范作用已逐步显现。其所投资的企业中,有全球第一大废钢回收加工企业欧冶链金再生资源有限公司,也有在钢铁行业环境污染治理和冶金废弃物综合利用等领域的龙头企业宝武集团环境资源科技有限公司。基金还与上汽集团、中节能集团、君联资本等合作设立了聚焦绿色交通、生态保护等领域的子基金。其中,与上汽集团合作设立的恒旭绿色出行股权投资子基金,依托上汽集团在长江上中下游的产业供应链资源,上下游产业协同,充分挖掘优质投资机会。下一步,绿色基金将更好地与长江经济带等国家发展战略结合,和各省市发展战略结合,谋划一批具有战略性、示范性、导向性强的大项目,并在此基础上考虑投资回报等问题,也就是说投资又"绿"又"金"的项目,并且"绿"在"金"前。真正让绿色基金有为有位,不做纯粹的财务投资者,要成为战略投资人。

一是 PPP 模式:是绿色基金最主要的模式。主要是政府和社会资本一同成立的基金,资金的来源层面政府占比较小,主要起正确战略引导作用,社会资本占比较大,也有专业的第二方环境保护机构承担所投资绿色项目的更新改造、经营。比如 2018 年的内蒙古财信投资集团与蒙草生态在呼和浩特共同出资发起设立自治区 PPP 绿色产业基金。内蒙古生态 PPP 绿色基金一期规模 3.5 亿元,其中财信集团出资 1.05 亿元,蒙草生态出资 2.45 亿元,用于支持内蒙古生态修复 PPP 项目。再比如 2021 年 7 月,山东省青岛市也发起设立了"100 亿碳中和产业股权投资基金",该基金由青松资本和青岛市城阳区政府共同发起,是目前国内同类城市中政企共同参与设立的时间最早、规模最大的碳中和专项基金之一。

三是产业模式:比如国能绿色低碳发展投资基金于 2021 年正式在北京成立。绿色低碳发展投资基金是国家能源集团资本控股公司,联合国家能源集团三家核心上市公司中国神华、国电电力、龙源电力共同发起设立,旨在为国家能源集团新能源投资及绿色低碳发展提供多元化的金融支持。基金由资本控股公司所属国能私募基金公司负责管理、运作。该基金采用"母子基金"架构运营模式,母子基金整体规模达 150 亿元,其中,母基金规模为 60 亿元,资本控股与中国神华分别出资 20 亿元,国电电力与龙源电力分别出资 10 亿元。基金投资运作后,预计可撬动约 600 亿元资金,投向绿色低碳产业。绿色低碳发展投资基金的主要投资方向为低碳项目投资并购、国家能源集团主业和产业链上下游战略性项目、国家能源集团重点科研项目转化及产业化应用、成员单位混合所有制改革等领域。

国能绿色低碳发展投资基金担负着国家能源集团产业投资、资本运作、并购投资等诸多重要任务,必须充分发挥好这块国有资本投资改革试验田的重要作用。未来将把基金努力打造成集团产业投资的新引擎、资本运作的新工具、并购投资的新手段,不断扩大国有资本的带动力、影响力、控制力和抗风险能力,成为集团公司国有资本投资改革的排头兵,做好产业金融和低碳基金的文章,不断推动集团公司实体产业低碳绿色高质量发展。

四是纯市场化模式:例如私募基金、基金或者资产托管机构成立一个商品用以募集社会资金投资于一个或好几个环境项目,而且有清晰的产品架构和盈利模式,一般来说有很强的功利性。比如 2020 年 4 月,光大控股(股票代码 165. HK)发布公告,宣布"光大一带一路绿色股权投资基金"正式成立。该基金由世界 500 强光大集团牵头,光大控股发起并管理。基金管理目标规模为 200 亿元,首期 100 亿元人民币基金,将以设立"境内人民币母基金+地方直投基金"的组合模式进行,其中母基金拟募集规模不低于 50 亿元。基金将整合光大集团内金融和产业优势资源,聚焦"一带一路"合作伙伴,主要投向绿色环境、绿色能源、绿色制造和绿色生活等四个领域。这是中国首只百亿级以绿色为投资主题的私募股权基金。再比如 2021 年 2 月远景科技集团与红杉中国宣布,将共同成立总规模为 100 亿元人民币的碳中和技术基金,投资和培育全球碳中和领域的领先科技企业,构建零碳新工业体系。红杉资本已经持续推动碳中和创新技术在新能源、数字经济、智慧交通等领域的价值重构,支持了一大批创业企业快速壮大。本次联手远景科技设立碳中和基金,将继续共同探索更为常态化、系统化的低碳创新应用方案。

3.3.3 绿色保险

绿色保险,是指保险业在环境资源保护与社会治理、绿色产业运行和绿色生活消费等方面提供风险保障和资金支持等经济行为的统称。负债端包括保险机构围绕绿色低碳、可持续发展提供的保险产品和服务;资产端包括保险资金在绿色产业进行的投资。

2023 年中国保险行业协会发布了《绿色保险分类指引(2023 年版)》(以下简称《分类指引》)。《分类指引》是保险业协会持续推进绿色保险研究的系统性成果,也是首个全面覆盖绿色保险产品、保险资金绿色投资、保险公司绿色运营的行业自律规范。《分类指引》从绿色保险产品与客户需求相适配的角度出发,共梳理形成 10 类服务领域(场景),以 16 类保险产品类别与之相对应,涉及 69 种细分保险产品类别,并列举了 150 余款保险产品。《分类指引》对绿色保险产品进行了全景展现,通过由宏观到微观层层细化的目录呈现形式,便于投保人全面、深入地了解绿色保险产品,助力化解供求双方的信息不对称,为提升风险意识、发掘潜在保险需求、促进行业间的交流合作创造了条件。来自保险业协会的数据显示,截至 2023 年 6 月末,绿色保险半年保费收入 1159 亿元;保险资金投向绿色发展相关产业余额 1.67 万亿元,同比增长 36%。

在绿色保险制度建设方面,中国银保监会于 2022 年 6 月印发了《银行业保险业绿色金融指引》,要求保险机构深入贯彻落实新发展理念,促进经济社会发展全面绿色转型。2022 年 11 月印发《绿色保险业务统计制度的通知》,首次对绿色保险进行了定义,实现了对绿色保险的量化统计,为保险机构开展绿色保险业务指明了方向、提供了遵循。

绿色保险主要有以下特点:

其一,赔偿金额巨大。

环境污染事故地发生所带来的损害程度往往是不能确定的,损失范围也很广泛,涉及的赔偿金额也很庞大,并且在长期内都有可能一直存在污染隐患。2012 年 12 月 31 日,山西长治潞安集团天脊煤化工集团有限公司发生苯胺泄漏,导致浊漳河被污染,得知情况后保险公司第一时间支付了 100万元的预付赔款,以供企业处理事故时使用。最终保险公司核实事故情况,根据保单规定,共赔付了 405 万元。可见,河水污染是极不容易控制的,污染物会随着河水流动而扩散,会给其他水源带来威胁,也会给依赖水源生存的我们带来很大的隐患。与其他责任保险类似,绿色保险就是将存在风险的企业集聚一起,建立绿色保险,从保险合同生效之日起,如果已投保的企业发生了保险责任事故,保险人必须按照合同规定对受害人进行赔偿,从而在整体上起到了分散风险的作用。

其二,产品设计个性化。

企业隶属行业不同,面临的环境风险自然不同,各行各业在风险防范能力、环保意识等方面存在差异,因此,给环境带来的风险隐患及损害程度也不相同。所以,保险公司针对这些企业的特殊情况,综合考虑这些现实因素,设计适合不同企业的专属绿色保险。

其三,经营技术专业化。

由于环境污染问题极具复杂性,保险公司在决定承保绿色保险时,就需要对环境隐患做到层层把关。可以通过事前防范和事后监管的方式,督促企业绿色生产,有效降低事故发生的概率。在合同订立前,最好有专业的风险评估机构对投保企业的风险进行全面评估,做到知己知彼;签订合同后,保险公司不能搁置不管,尤其要对投保企业的环保弱点实行定期排查,发现问题及时解决,平时可以对企业进行培训,提高事故预防意识和能力,保险公司也可以降低自身的赔付风险;在事故发生后,保险公司要及时赶赴现场查明原因,并完成估损定损,为后期理赔工作做准备。环境污染的复杂性、不同行业间的差异性以及风险管理的专业性,都要求保险公司要具备专业的经营技术,以应对不同的事故案件。因此,绿色保险作为专业的风险管理机构,想要以收取保费的方式,将未来可能存在的风险成本提前展现在企业面前,让企业更谨慎,同时在生产过程中也能更注重环境保护。

3.3.4 碳金融

碳金融是一种服务于限制温室气体排放的金融活动,主要包括直接投融资、碳权交易和银行贷款等。这些活动旨在通过金融手段和方式,在市场化的平台上实现低碳发展、绿色发展和可持续发展的目的。

碳金融的兴起源于国际气候政策的变化,特别是《联合国气候变化框架公约》和《京都议定书》的实施。碳金融市场的主要参与者包括政府、排放企业、交易机构、核查机构等,其产品和服务多样化,包括碳货币、碳基金、碳保险、绿色债券等。这些产品和服务旨在支持温室气体减排项目、促进碳排放权交易,以及为低碳发展提供资金支持。

在中国,碳金融市场处于发展初期,但随着绿色低碳发展政策的实施,如设立碳减排支持工具等,碳金融市场有望在未来得到进一步的发展和完善。

3.4 绿色金融产品

绿色金融产品是指以环境友好和可持续发展为目标的金融产品,旨在支持和促进绿色经济、低碳发展和环境保护。在我国,绿色金融产品常见的有以下 7 大类。

3.4.1 绿色贷款

绿色贷款是银行或其他金融机构提供的专门用于环境友好项目的贷款产品。这些项目可以涵盖可再生能源、清洁技术、节能环保、生态修复等领域。

绿色贷款通常与特定环境标准和评估体系相关联,贷款资金将用于支持符合环保要求的项目,并可能享受更优惠的利率或还款条件。

绿色贷款可以用于支持各种环境友好项目,包括但不限于:太阳能光伏发电项目、风力发电项目、生物质能源项目、节能建筑和绿色房地产项目、废物处理和循环利用项目等。这些项目有助于减少碳排放、节约能源和资源、改善环境质量。

绿色贷款通常会要求借款人提供详细的项目计划和环境效益评估报

告,以确保所贷款项确实用于环保项目,并符合环境可持续发展的标准。

3.4.2　绿色债券

绿色债券是发行方为了筹集资金用于环境友好项目而发行的债务工具。这些项目包括可再生能源、清洁交通、节能建筑等。

绿色债券通常采用绿色认证标准进行评估,并由独立第三方进行审查和验证。投资人购买绿色债券不仅可以获取固定收益,还可以支持环保项目的发展。

绿色债券的发行方可以是政府部门、金融机构或企业。这些债券的募集资金将专门用于绿色项目的建设和运营,如公共交通改善、清洁能源发展、建筑节能改造等。

绿色债券市场通常由专门的绿色债券标准组织监管,以确保债券资金用于符合特定环境标准和认证要求的项目。投资者购买绿色债券可以享受固定收益,并对环境保护产生积极影响。

3.4.3　绿色保险

绿色保险产品是针对环境风险和气候变化所提供的保险解决方案。这包括碳排放权保险、天气灾害保险、生态修复责任保险等。绿色保险旨在帮助企业和个人应对环境变化和相关风险,预防和减轻损失,并鼓励采取可持续发展的经营和生活方式。

碳排放权保险可以帮助企业管理和规避碳排放风险,降低碳排放成本。天气灾害保险则可用于农业、房地产和基础设施等领域,帮助应对极端天气事件的损失。

3.4.4　绿色基金和投资

绿色基金是指专门投资于环境友好产业或项目的基金,如可再生能源、节能环保、清洁技术等。

绿色基金投资于环境友好产业或项目,如可再生能源开发、节能环保技术研究和推广、清洁交通等。这些基金可以为投资者提供参与绿色经济发展的机会,并推动相关行业的创新和增长。

绿色投资产品还包括绿色股票和绿色指数基金。绿色股票是指那些在环境管理、资源利用和社会责任方面表现良好的上市公司股票。绿色指数基金则是跟踪绿色股票指数的投资工具,旨在通过投资环保领域的公司来实现长期回报和可持续发展。

3.4.5 绿色租赁和融资租赁

绿色租赁和融资租赁是为购买和使用环保设备或技术提供的租赁服务。绿色租赁服务提供商可以通过租赁方式帮助企业和个人获取环保设备和技术。这些设备和技术包括但不限于太阳能发电设备、节能照明设备、废物处理设备等。

租赁公司还可以提供相关的融资租赁服务,使客户能够以更低的成本和更灵活的方式使用环保设备,并在租赁期内享受相应的节能和环保效益。

3.4.6 绿色期货和绿色期权

绿色期货是指以环境友好和可持续发展为基础的期货合约。例如,绿色能源期货合约可以涉及可再生能源的期货交易,如风力发电、太阳能发电等。

绿色期货有助于引导市场关注环保产业的发展,并通过价格发现和风险管理手段来推动绿色经济的增长。

绿色期权是一种金融衍生品工具,给予投资者在特定时间内购买或出售绿色资产的权利。例如,绿色能源期权可以让投资者在未来某个时点购买或出售可再生能源项目的产出。

绿色期权可以帮助投资者管理环境和气候变化风险,同时提供投资和套利机会,促进绿色资产的发展和投资。

绿色金融衍生品提供了一种工具,可以帮助投资者管理与环境和可持续发展相关的风险,如气候变化、能源市场波动等。

绿色金融衍生品还为投资者提供了参与绿色经济的机会,可以根据个人投资偏好和风险承受能力选择适合的绿色金融产品组合。

碳金融主要业务模式包括碳排放配额/CCER 抵质押贷款、碳排放配额售出回购、借碳交易、碳排放配额/CCER 交易、碳排放配额托管等。

3.4.7 绿色信托

2021 年中国银保监会工作会议部署了 2021 年重点工作任务,提出"积极发展绿色信贷、绿色保险、绿色信托",未来绿色信托将具有广阔的发展空间。

绿色信托贷款、绿色资产证券化具有较好的业务基础。信托公司可探索开展与碳收益挂钩的绿色股权投资信托、碳排放配额/CCER 碳资产交易信托、碳资产托管服务信托等创新型业务。绿色公益慈善信托可作为信托公司开展绿色金融的特色业务。

2020 年 9 月,习近平主席在第七十五届联合国大会一般性辩论上宣布,中国将提高国家自主贡献力度,采取更加有力的政策和措施,二氧化碳排放力争于 2030 年前达到峰值,努力争取 2060 年前实现碳中和。

2020 年 12 月,中央经济工作会议明确提出了"我国二氧化碳排放力争 2030 年前达到峰值,力争 2060 年前实现碳中和"的目标任务。金融业应加大对实体经济,特别是绿色产业的支持力度,为节能减排作出应有的贡献。我国银行、券商、信托等金融机构已开始探索开展各类绿色金融业务,未来绿色金融业务既具有广阔的发展前景,也具有较大的业务创新空间。

第4章　商业银行绿色信贷

4.1　商业银行绿色信贷概述

改革开放以来,中国经济高速增长,然而我国的经济增长方式是粗放型的,造成了资源浪费和环境破坏,制约着我国经济社会的可持续发展。为促进经济与环境协调绿色发展,党的十九大明确提出要发展绿色金融,壮大节能环保产业。

在这一背景下,构建适合我国国情的绿色金融体系成为当前的迫切任务。绿色信贷作为绿色金融体系的重要组成部分,在经济绿色转型发展中起到举足轻重的作用。

相较于发达国家我国绿色金融起步较晚,目前绿色信贷是我国商业银行最普遍的一种绿色金融业务,但我国商业银行对于绿色信贷的经营管理仍然缺乏许多相关专业人才。加上绿色信贷业务涉及环境效益测度和绿色概念项目划分等较复杂的情况,因此在经营绿色信贷的过程中还存在着较多的不确定因素。

绿色信贷的公益性与商业银行的营利性存在一定的矛盾,绿色项目的长周期性与商业银行的流动性存在一定的矛盾。在此背景下,如何刺激商业银行主动经营绿色信贷,绿色信贷的经营对商业银行的流动性风险又会产生怎样的影响成为亟待思考的问题。

4.1.1　消极影响

其一,加大商业银行流动性期限错配程度,挤占银行核心业务资源。

绿色信贷的开展虽积极承担了社会环境保护的责任,但其本质仍然是商业银行获取收益的创新型金融产品。商业银行的绿色信贷业务与传统信贷业务类似,仍是以获取利差收益为目的为客户提供资金,区别是绿色信贷业务的资金主要投向绿色交通运输、可再生能源、新能源和节能环保项目。

而我国此类新兴项目还处于初级发展阶段,需投入大量资金和人力成本,且前期收益不明显。由于我国商业银行大部分的资金来源是中短期投资,商业银行为这类收益周期长且资金需求大的项目提供资金,则必然会加剧银行资金供给和需求的期限错配问题。

在此过程中,若缺少国家政策的支持,单纯依靠商业银行的支持,将导致商业银行的收益难以支撑风险防控。同时,由于绿色信贷挤占了原本用于其他核心业务的部分资金,因此会对其他业务的流动性产生一定的负向影响。

其二,机会成本上升,短期效益下降。

商业银行积极承担社会环境责任,为了推动绿色经济的发展,采取差异化的贷款利率措施鼓励绿色环保型企业的建设和发展,对环境友好型企业实施低利率贷款优惠措施,对高污染、高能耗企业实施惩罚性的高利息贷款措施,这就导致商业银行经营绿色信贷取得的利差收入要低于传统贷款业务和重污染企业。

商业银行的资源总量是一定的,若增加绿色信贷的投放势必会减少其他贷款业务的发放,经营绿色信贷业务的机会成本上升。大量收益高、贷款多的项目被缩减,无形中对银行的收入产生负向影响。

而减少或者取消对"两高一剩"的贷款,可能会引起环保企业等级较低的企业资金周转不开,增加企业的违约风险,最终导致企业无法偿还之前所欠银行债务,间接导致银行财务损失,降低银行的流动性。

其三,增加银行营业成本,扩大银行流动性风险暴露敞口。

目前,我国绿色环保型企业大多还处于初级建设发展期,对于环境信息的披露还不够完善。因此商业银行在进行绿色信贷的前期信贷审核过程中,对企业环境信息的搜集工作较困难,需要付出大量的精力和人力,应对信息不对称风险。

一方面,由于我国绿色信贷业务的发展相对较晚,开展绿色信贷业务的专业人员匮乏。因此商业银行前期需要引进绿色信贷专业人才,或者付出财力和精力培育具备环保法律知识以及金融专业知识的专业人才。

另一方面,商业银行在发放绿色信贷之后,也需要专业人才进行跟踪监督,确保绿色信贷的资金流向绿色环保型项目,做好贷后的风险防控工作。这些短期内均增加了大量银行经营成本,扩大了流动性风险的暴露敞口。

4.1.2 积极影响

其一,不断优化商业银行信贷结构,提升商业银行的资产质量。

商业银行经营绿色信贷业务提高贷款准入门槛,减少对环境风险较高企业的信贷投入。一定程度上可以有效提升商业银行资产质量,提高商业银行的资产价值和变现能力。

随着商业银行对非绿色项目贷款的缩减,如对高耗能、高能耗和一些未来发展潜力较小的企业贷款总量进行有计划的削减,调整和优化传统信贷结构,提高资金在发展前景较为广阔行业领域内的利用率,扩大绿色贷款中各大绿色项目实际所占比例。

从根本上实现对信贷结构的优化与完善,无论是政策结构还是服务结构都得到了全面创新,对商业银行的资产价值和变现能力都有很大的积极效应。

其二,有助于提高人们的环保意识,提升商业银行自身声誉。

绿色经济作为一个新兴概念,目前公众对其概念的认识和理解还较为粗浅。商业银行实行绿色信贷,可以提高人们的生态环保意识,倡导保护环境,促进社会、经济金融的可持续发展,是商业银行践行其社会责任的表现。因此从长期发展战略来看,商业银行发放绿色信贷有利于提高自身声誉,塑造良好的绿色环保形象。

随着公众和企业环保意识的增强,开展绿色信贷的商业银行更容易得到环保支持者的青睐。从而有助于该银行开展更多的创新型绿色金融产品,吸引更多的投资者,降低商业银行的融资成本。

其三,有助于提前抓住绿色产业的发展机遇,获取差异化竞争优势。

随着国家绿色政策的支持和公众环境保护意识的增强,我国的绿色低碳产业和资源节约型产业进入了快速发展期,未来的发展潜力巨大。而且随着高污染、高能耗企业的衰败,商业银行经营绿色信贷为绿色环保型企业提供贷款,将来或可成为其重要的利润增长点。

另外,商业银行经营绿色信贷有助于发展多元的绿色金融创新产品。在目前商业银行同质化竞争激烈的情况下,帮助商业银行提前掌握绿色金融产业的发展动向,把握绿色产业的发展机遇,提前抢占绿色产业市场份额,增强商业银行的市场竞争力,提升商业银行的避险能力。

4.1.3 绿色信贷发展建议

其一,合理调配绿色信贷期限,加强商业银行流动性风险的审慎管理。

商业银行经营绿色信贷短期内会加剧商业银行的流动性期限错配程度。因此,调节绿色信贷对商业银行资产和负债期限错配的影响非常重要。

首先,要增加商业银行的长期稳定资金的来源,可以通过经营绿色金融债来解决,绿色金融债的期限一般也较长,可以为绿色信贷项目提供长期稳定的资金支持。

其次,也可以通过绿色信贷的资产证券化来增加商业银行的流动性,减少商业银行资金占用,从而降低商业银行流动性风险的暴露敞口。

最后,商业银行在进行经营决策时,不仅要考虑资金成本、盈利性和安全性,也要考虑该政策的实施是否会超过资产、负债期限错配敞口的限制,尽量维持流动性供给和需求的平衡。

其二,培养绿色信贷的专业人才,完善绿色信贷的审核机制。

我国商业银行经营绿色信贷的时间较短,相关专业人才缺失,绿色信贷的审核程序也较为复杂,导致经营绿色信贷前期投入成本较高。因此需要引进和培养一批既懂得环保行业法律法规以及环境测评的知识,又精通相关金融知识的复合型人才。

完善绿色信贷的审核流程,可以借鉴传统信贷业务成熟的审核流程经验。增加绿色信贷特殊的审核步骤,搭配绿色信贷的专业人才,推动商业银行绿色信贷业务的长期发展。

其三,提高商业银行的多元化经营程度,加大产品创新力度。

多元化经营程度高的商业银行开展绿色信贷项目可以产生更强的流动性风险缓释作用。因此,商业银行应该丰富商业银行的业务种类,降低商业银行对利差收益的依赖程度。

商业银行可以通过构造多元化绿色产品体系,增加商业银行经营绿色信贷业务创造收益的能力。另外,可以结合互联网金融服务和银行的中间业务推动绿色金融产品的创新,比如,多发展绿色金融的衍生产品,向个人推广环保信用卡等。

4.2 绿色信贷的认定

4.2.1 绿色行业认定

绿色信贷有 6 个大类,包括节能环保、清洁生产、清洁能源、基础设施绿化、生态保护、绿色服务。绿色信贷的主要目标是帮助和促进企业降低能源消耗,将生态环境要素纳入金融业的核算和决策,扭转企业污染环境、浪费资源的粗放经营模式。从目前绿色信贷的规模情况来看,以国有大行为主,贡献了全部绿色信贷规模的 45% 以上。

绿色信贷是银保监(现为国家金融监管总局)口径,依据《绿色产业指导目录(2019 年版)》,看项目的资金投向是否符合中国银保监会绿色融资统计制度。绿色贷款是人行口径依据《绿色产业指导目录(2019 年版)》,按贷款的资金投向判定。绿色信贷的本质在于正确处理金融业与可持续发展的关系。其主要表现形式为:为生态保护、生态建设和绿色产业融资,构建新的金融体系和完善金融工具。

特别需要强调的是目前作为绿色认证基础的绿色产业标准建设正在不断完善过程中。自国家发展改革委《绿色产业指导目录(2019 年版)》印发后,人民银行快速响应,在较短时间内完成了《绿色贷款专项统计制度》的修订。根据该制度,人民银行口径的绿色贷款按用途划分为节能环保产业、清洁生产产业、清洁能源产业、生态环境产业、基础设施绿色升级、绿色服务六大类。2020 年,银保监会在 2013 年出台的《绿色信贷统计制度》基础上,制定了《绿色融资统计制度》。其中,绿色信贷统计范围包含三部分:一是与生产、建设、经营有关的绿色信贷;二是与贸易有关的绿色信贷;三是与消费有关的绿色信贷。

经过此轮调整,两部门绿色贷款统计口径仍存在一定差异,给出台绿色贷款专项支持政策和金融机构数据报送等增加了难度。为推动绿色贷款业务发展,应加强部门协调,尽快建立统一、完善的绿色贷款标准。在此基础上,还可进一步研究绿色贷款和绿色债券标准的统一,使各类绿色资金衔接更加顺畅,为绿色项目融资提供便利。

4.2.2 绿色项目认证

对于银行来说,开展绿色认证,一是为满足监管政策的要求;二是为建立科学、完善的绿色信贷资金及项目管理体系,降低信贷违约风险,确保资金投向绿色产业项目;三是为提升信息的披露透明度,吸引绿色负债,为后续绿色融资行为奠定良好的基础;四是为充分了解授信绿色项目所产生的环境效益,不仅可以体现银行的社会责任,还可以提高银行的社会影响力;五是为获取相关扶持政策(如碳减排支持工具、贴息、减税、专项再贷款等)提供切实依据。

对于监管机构来说,通过认证,可以获得更具公信力的信息,更易于掌握并确保社会资金投向绿色产业项目,同时还易于判断绿色资产及项目的环境社会效益,为制定和执行配套利好政策提供数据基础。

绿色项目的认证重点包含四大块内容。首先是资金用途,必须确保是绿色的。对于银行而言,发放绿色信贷要确保储备项目和未来新增项目是绿色行业、绿色类别。其次是项目评估和筛选,主要看是否符合国家发展改革委《绿色产业指导目录(2019 年版)》《发改环资〔2019〕293 号),该目录包括 6 个一级目录、30 个二级目录、211 个三级目录。最后是信息披露和报告,金融机构环境信息披露作为绿色金融发展的重要支撑和重要内容,是金融机构识别、评估、管理气候环境风险的基础,也是外部透视金融机构气候环境风险的重要窗口。2021 年初以来,中国人民银行编制下发了《推动绿色金融改革创新试验区金融机构环境信息披露工作方案》(以下简称《方案》)、《银行业金融机构环境信息披露操作手册(试行)》(以下简称《手册》)和《金融机构碳核算技术指南(试行)》(以下简称《指南》)。《方案》《手册》和《指南》为金融机构编制环境信息服务,最终目的是形成金融机构环境信息披露报告。人民银行广州分行于 2021 年初正式启动大湾区金融机构环境信息披露试点工作,经过 5 个多月的紧张工作,大湾区金融机构环境信息披露试点工作取得积极进展,13 家试点机构均已提交高质量的环境信息披露报告,并通过"粤信融"平台挂网发布。

总之,绿色项目认证可以帮助项目能得到监管部门的认可,得到社会和公众的关注,最终实现商业和环境的双赢。

4.3　绿色信贷的流程

4.3.1　基本流程

了解客户:绿色信贷机构在签署借款协议前,需要了解客户的背景信息,包括职业、家庭状况、收入稳定性、信用历史等等。

贷款申请:客户需要提交指定的贷款申请,包括联系人、贷款材料,以及客户提供的任何相关证明和确认文件。

贷款审批:绿色信贷机构定期审核借款申请,以确定客户是否符合要求,其中会考虑客户提供的财务信息,以及绿色信贷机构拥有的确定该申请是否符合法律规定的所需信息。

定价和结果:如果审核通过,绿色信贷机构将根据客户的信用历史、背景等因素,确定一个有利的利率,并将此反映在贷款审批结果中。

签定贷款合同:客户与绿色信贷机构达成一致后,签定贷款合同,明确贷款的数额、利率和相关合同条款。

放款:在客户签定借款合同后,绿色信贷机构将提供资金,以满足客户的贷款要求。

偿还贷款:客户应当遵守签订的借款合同,有责任按期还款,以保持信誉良好。

4.3.2　具体认证

在绿色项目具体认证过程中,《绿色信贷指引》《绿色产业指导目录(2019 年版)》《绿色贷款专项统计制度》《绿色融资统计制度》等文件均对绿色项目的范围作出了规定。

不同类型绿色项目在认证复杂性方面均存在一定差异,但一般可分为三个层次:第一层次是根据项目描述判断是否在绿色产业目录内;第二层次是增加特定技术条件约束;第三层次是根据标准对照评估认证。以太阳能项目为例,就包括资源循环利用装备,绿色交通装备、设施、产品制造,节能改造及能效提升,资源循环利用,新能源与清洁能源装备制造,清洁能源设施建设和运营,建筑节能与绿色建筑,绿色航运 8 个二级绿色行业项目分项,而每个分项下的解释和限定条件都非常清晰,这即是通过所属行业界定绿色项目。对于通过特定技术界定绿色项目的,可以单晶硅电池组件作为示例,在《目录》中,将光电转化效率≥16.5%,组件自项目投产运行之日起,一年内衰减率≤3%,之后年衰减率≤0.7%的列入绿色项目,即是通过特定技术界定绿色项目的一个范例。

至于通过标准界定项目,则是最为复杂的界定方法,需要项目生产指标达到行业内先进值才符合绿色项目条件,比如光伏发电设备制造项目,生产不仅需符合《光伏制造行业规范条件》要求,还要求光伏电池生产需达到《光伏电池行业清洁生产评价指标体系》Ⅰ级水平。

绿色项目的审核关注点。不同类型的绿色项目具有不同的审核关注点,原则上都需要一些基础性文件,如可研报告、可研批复、环评报告及环评批复等。此外,不同类型项目要求不同合规性文件。例如光伏发电项目的衰减率,因为有酸碱率、转化率等要求,除基础性文件以外,还需要看环境影响评价、温室气体减排量和掺烧比例等;污水处理项目,会关注温室气体减排量及其是否有甲烷回收装置等;绿色建筑项目,需关注保温材料、节能灯、屋顶反光材料使用情况以及单位建筑面积能耗等;水电项目,大、中、小型不同水电项目有不同的认证要求,需特别考察、关注有没有移民安置、生物多样性保护等问题。

存续期年度绿色认证。在绿色信贷存续期内,独立的专业认证机构对信贷资金投放项目的发展及其环境效益影响实施持续跟踪评估,并按年度出具存续期年度认证报告。认证内容主要包括环保效益、节能效益、减排效益及社会影响等。认证方法有文件审阅、现场勘查、入户调查、利益相关方访谈等。

4.4　绿色信贷相关的法规

绿色信贷的本质在于正确处理金融业与可持续发展的关系。其主要表现形式为:为生态保护、生态建设和绿色产业融资,构建新的金融体系和完善金融工具。

近年来,我国政府对于环境保护越发重视,出台了相关的政策来推动经济绿色发展。2007 年环保总局、央行和银监会三个部门联合出台了一项全新的信贷政策,目的是控制高耗能产业的发展。这一政策的推行标志着我国绿色信贷正式在全国推广。2015 年 1 月银监会发布的《能效信贷指引》标志着我国绿色信贷进入了全新的阶段。在这些政策的指导下,我国商业银行陆续开始发展绿色信贷业务。

4.4.1　国家层面绿色贷款行业相关政策

观研报告网发布的《中国绿色贷款行业现状深度分析与投资趋势预测报告(2022—2029 年)》显示,近些年来,为了促进绿色贷款行业发展,我国颁布了多项关于支持、鼓励、规范绿色贷款行业的相关政策(表 4-1),如 2022 年国务院发布的《关于印发"十四五"节能减排综合工作方案的通知》鼓励有条件的地区探索建立绿色贷款财政贴息、奖补、风险补偿、信用担保等配套支持政策。加快绿色债券发展,支持符合条件的节能减排企业上市融资和再融资。

表 4-1　国家层面绿色贷款行业相关政策

发布时间	发布部门	政策名称	主要内容
2022 年 2 月 18 日	国家发展和改革委员会	《关于印发促进工业经济平稳增长的若干政策的通知》	落实煤电等行业绿色低碳转型金融政策,用好碳减排支持工具和 2000 亿元支持煤炭清洁高效利用专项再贷款,推动金融机构加快信贷投放进度,支持碳减排和煤炭清洁高效利用重大项目建设。
2022 年 1 月 24 日	国务院	《关于印发"十四五"节能减排综合工作方案的通知》	鼓励有条件的地区探索建立绿色贷款财政贴息、奖补、风险补偿、信用担保等配套支持政策。加快绿色债券发展,支持符合条件的节能减排企业上市融资和再融资。
2021 年 10 月 26 日	国务院	《关于印发 2030 年前碳达峰行动方案的通知》	完善绿色金融评价机制,建立健全绿色金融标准体系。大力发展绿色贷款、绿色股权、绿色债券、绿色保险、绿色基金等金融工具,设立碳减排支持工具,引导金融机构为绿色低碳项目提供长期限、低成本资金,鼓励开发性政策性金融机构按照市场化法治化原则为碳达峰行动提供长期稳定融资支持。
2021 年 10 月 5 日	中国银行保险监督管理委员会	《关于服务煤电行业正常生产和商品市场有序流通保障经济平稳运行有关事项的通知》	对符合支持条件的煤电、煤炭、供暖等企业建立快速响应机制,开辟绿色办贷通道,优先安排贷款审批投放,确保人民群众温暖过冬。
2021 年 3 月 12 日	国家发展和改革委员会	《关于引导加大金融支持力度促进风电和光伏发电等行业健康有序发展的通知》	通过核发绿色电力证书方式适当弥补企业分担的利息成本。补贴确权贷款的利息由贷款的可再生能源企业自行承担,利率及利息偿还方式由企业和银行自行协商。
2016 年 9 月 2 日	中国人民银行、财政部、发展改革委、环境保护部、银监会、证监会、保监会	《关于构建绿色金融体系的指导意见》	构建支持绿色信贷的政策体系。完善绿色信贷统计制度,加强绿色信贷实施情况监测评价。探索通过再贷款和建立专业化担保机制等措施支持绿色信贷发展。

4.4.2 部分省市绿色贷款行业相关政策

为了响应国家号召,各省市积极推动绿色贷款行业发展,发布了一系列政策推进绿色贷款产业发展(表 4-2),如《省人民政府关于进一步加快重大项目建设扩大有效投资的若干意见》《山西省人民政府办公厅关于促进煤化工产业绿色低碳发展的意见》等。

表 4-2　部分省市绿色贷款行业相关政策

省(区市)	发布时间	政策名称	主要内容
湖北	2022 年 8 月 1 日	《省人民政府关于进一步加快重大项目建设扩大有效投资的若干意见》	创新开展森林碳汇收益权质押贷款"碳林贷"、可再生能源补贴确权贷款、新能源汽车积分收益权质押贷款等绿色信贷业务。
山西	2022 年 7 月 4 日	《山西省人民政府办公厅关于促进煤化工产业绿色低碳发展的意见》	搭建产融对接平台,鼓励各类金融机构在风险可控、商业可持续的前提下,对生产工艺及技术装备先进、产品竞争力强的煤化工企业,加大信贷资金支持力度,解决企业融资难题。
北京	2022 年 5 月 27 日	《北京市"十四五"时期能源发展规划》	健全绿色金融体系。加强金融支持绿色低碳产业发展,大力发展绿色贷款、绿色基金等金融工具,创新信贷投放、专业化担保等特色金融服务。完善绿色信贷体系,稳步扩大绿色信贷规模。
河北	2022 年 1 月 13 日	《河北省人民政府办公厅印发关于深化排污权交易改革实施方案(试行)的通知》	鼓励金融机构提供绿色信贷服务,大力推进排污权抵押贷款;开展排污权租赁试点,盘活排污单位闲置排污权。
天津	2021 年 9 月 14 日	《天津市人民政府办公厅关于印发天津市金融业发展"十四五"规划的通知》	引导金融机构调整优化信贷结构、创新产品模式,加大制造业中长期贷款、信用贷款支持力度,服务战略性新兴产业和优势传统产业转型发展。

续表

省（区市）	发布时间	政策名称	主要内容
深圳	2020 年 10 月 29 日	《深圳经济特区绿色金融条例》	银行业金融机构应当按照国家金融监管部门的要求,参照国际公认的绿色信贷管理模式,完善绿色信贷管理制度,配套绿色信贷专项规模,对客户的环境和社会风险进行分类,开展相应风险评估,建立绿色信贷客户名单,开辟绿色信贷快速审批通道。银行业金融机构应当建立绿色信贷统计制度,按照国家金融监管部门的要求,重点统计、分析绿色信贷余额和比重、违约率、绿色信贷资产分布和质量以及绿色贷款的环境效益等。
江苏	2020 年 3 月 27 日	《省政府关于推进绿色产业发展的意见》	健全绿色金融体系。大力发展绿色信贷,鼓励商业银行开发绿色金融产品,完善环保项目贷款风险分担机制和绿色信贷风险监测评估机制,争取政策性银行绿色信贷。
黑龙江	2020 年 3 月 19 日	《黑龙江省人民政府关于印发加强金融支持企业复工复产纾难解困若干措施的通知》	鼓励银行机构通过适当下调贷款利率、完善续贷政策安排、增加信用贷款和中长期贷款等方式,加大对小微企业支持力度。
内蒙古	2017 年 2 月 16 日	《内蒙古自治区人民政府关于构建绿色金融体系的实施意见》	大力发展绿色信贷。支持和鼓励金融机构从制度流程、组织架构、资源配置、产品创新等方面入手,研究和建立绿色信贷服务体系。

全国首部绿色金融领域法规——《深圳经济特区绿色金融条例》的发布,体现出地方政府对于绿色金融、绿色信贷已经有切实支持的行动。条例要求自 2022 年起,在深圳注册的金融行业上市公司须强制性披露环境信息。条例还创新绿色金融产品和服务,在绿色信贷方面,要求创新绿色供应链、绿色建筑、个人绿色消费等绿色信贷品种。

自 2007 年中国政府实施绿色信贷政策以来,金融机构不断增加对重污染行业的融资约束,节能环保和清洁项目的信贷融资水平显著提高。2022 年 6 月 1 日,银保监会颁布了《银行业保险业绿色金融指引》(以下简称《指引》),该《指引》强调了银保监会在绿色金融业务活动中实施监督管理是促进绿色金融发展的有力保障,进一步明确了政府监督在调节市场资源配置中的重要作用。在当前发展阶段,考虑如何优化政府监督机制,刺激各经济主体在兼顾自身利益的同时积极开展绿色信贷,对于促进绿色信贷长足发展非常重要。

中国绿色信贷政策的顶层设计涉及中国人民银行、金融监管总局和生态环境部等政府部门,不同部门在绿色贷款业务的监督机制中所发挥的职能不尽相同。但从目前来看,若要更好地促进我国绿色信贷的有效实施,仍需要各个部门在绿色信贷政策颁布与职能履行方面进行优化完善。

首先是中央政府层面。中国人民银行自 2018 年以来建立了绿色贷款专项统计制度并颁布了金融机构绿色信贷业绩评价方案,考察各商业银行的季度绿色贷款情况。但是这种集中大型报表式的统计方式仅能从额度上体现商业银行的绿色信贷水平,未完全考虑到商业银行绿色信贷业务中审核与认定上可能存在的问题。由于绿色贷款的审核系统不完善,数据核对缺乏依据,可能造成贷款数据失真。并且,由于缺乏统一的绿色贷款认定标准,数据统计结果可能受到一定影响。原银保监会分别在 2012 年和 2015 年颁布了《绿色信贷指引》和《能效信贷指引》,要求发行绿色金融债券的商业银行严格按照两大指引政策要求,将金融债券募集资金全部用于绿色信贷。但目前还需要进一步出台针对绿色信贷的政策法规,避免地方监管分局在执法时无法可依,而各地银行在对企业绿色信贷贷款审批中掌握较大的自由度。我国环保部门主要是负责对企业生产经营中的环境行为予以监督,对企业违法违规行为予以行政处罚。但目前一些地方环保部门在绿色信贷业务的监管活动中仍需要加强监管,防止监督流于形式、政策落实不到位,规避"漂绿""洗绿"风险。

其次,从地方政府层面来看。由于各地区绿色信贷水平发展较为不平衡,我国主要省市原银保监局实施的绿色信贷监督措施的侧重点也存在较大差异。北京、福建等地区要求创新绿色信贷产品;新疆、宁夏等地区设置绿色信贷额度要求并提出了补贴机制;河北、上海、湖北等地区设立了监管部门与奖惩机制;广东、江西、山东、深圳等地区构建了绿色信贷考核体系;海南、黑龙江等地区以促进实体经济发展为目标;厦门、吉林、浙江、青海等地区扩大了绿色信贷支持力度。总体来看,除少数地区,如广东、江苏、山东、上海等地区,对绿色信贷提出了比较翔实、具体的要求之外,大部分地区提出的绿色信贷监管机制仍待制定更为系统、详细的政策执行或披露标准。目前,广东、江西、浙江、山西、江苏和上海的绿色信贷发展水平居于全国前列,对应相对严格的地区监管制度,说明地区绿色信贷发展水平还是要靠地方政府的环境管制来拉动。

第 5 章 业绩与绿色信贷(一)：
单项指标 ROE、NIM

5.1 理论分析与研究假设

5.1.1 研究假设 1

从商业银行业绩来看,绿色信贷将会提高企业信贷的准入门槛,非绿色行为、对于环境具有破坏性的企业行为将无法得到银行的资金支持,也就是说银行的贷款去向将会得到优选,而优选企业必然历经较为严格的审核和遴选,严选企业出现坏账的概率显然会低于任选企业,很自然会降低银行贷款的坏账比率(当然其效果一般并不会当即显现),从而提升整体业绩。由此,我们提出:

☐ 研究假设 1a：绿色信贷的发展,会提升商业银行业绩。

但是另一方面,商业银行给予绿色企业的贷款利率往往是让利和优惠的利率,为支持绿色行为必然会牺牲一部分银行利润。而且在对企业进行绿色审核和认定的过程中,将额外消耗银行的人力、物力资源而增加绿色成本,这也必将吞噬掉一部分银行利润,从而降低整体业绩。考虑到效率的降低可能引致业绩的下滑,由此,我们提出:

☐ 研究假设 1b：绿色信贷的发展,会降低商业银行业绩。

以上研究假设 1a 和 1b 将在本章展开具体讨论。

5.1.2 研究假设 2

从商业银行效率来看,绿色信贷的发放由于通过严格的企业甄别,在没有大规模采用成熟的金融科技手段条件下,增加的严选环节必然带来效率的降低。精挑细选,普通企业中挑选绿色企业,需要一系列的绿色认证环节的支撑,这些新增的流程一般会使得贷款发放效率降低。尤其是商业银行在开展绿色信贷业务的初期,将会由于经验的匮乏以及人员培训的需求而直接导致贷款业务滞缓,会显著降低商业银行整体效率。由此,我们提出:

□　研究假设 2:绿色信贷的发展,会降低商业银行经营效率(将在第 8 章展开具体讨论)。

5.1.3　研究假设 3

当然,得到贷款支持的绿色型企业由于顺应国家政策导向,符合行业发展方向,也将会以较小概率承担未来的政策变化对行业发展带来的政策面风险,毕竟任何行业未来的发展趋势都将遵从绿色环保的主旋律。而企业风险的降低将会使得绿色贷款的政策风险得到大幅降低,其联动效应就是商业银行的贷款违约护城河得到加宽,降低了商业银行的经营风险。来自银保监会政策研究局的研究数据表明,如果银行贷款投向有环保问题的企业,其贷款不良率都会超过 4%[①],这说明银行不良贷款的重要来源之一就是不支持绿色信贷而投向环境问题项目。由此,我们提出:

□　研究假设 3:绿色信贷的发展,会降低商业银行的经营风险(将在第 9 章展开具体讨论)。

根据上述假设,下面我们将利用可得的公开数据对绿色信贷与商业银行经营业绩、经营效益和经营风险的关系逐步展开实证研究。

5.2　实证模型与指标设计

本书选取 2012—2023 年的商业银行经营数据以及绿色信贷数据。数据主要来自万得数据库以及各银行官方网站发布的年度报告和社会责任报告公开披露的内容。例如渤海银行的绿色信贷数据就取自其官方网站上的

---

① 叶燕斐. 银监会:涉环境风险的贷款不良率逾 4%. http://www.nengyuanjie.net/show-61-33739-1.html. 能源界. 2016-09-06[查询日期:2024-07-01].

"渤海银行 2022 年社会责任报告"①。对于所获得的数据进行统一的变量命名，如表 5-1 所示(另外，还可以参考表 5-12)。

表 5-1　数据命名

数据名称	变量名称	备注
净资产收益率	roe	代表盈利能力的重要指标。一般在商业银行年报中要用"加权平均净资产收益率"这个科目中的数据，而在万得数据中要对应选择"净资产收益率 ROE(加权)"数据②。
净息差	nim	▪ 全称为 Net Interest Margin，即净息差公布值，是银行净利息收入和银行全部生息资产的比值。 ▪ 注意不同于净利差，净利差相当于毛利率概念。而净息差代表资金运用的结果，相当于净资产收益率的概念。
资产收益率	roa	在万得数据库中被称为"总资产净利率 ROA"。
净利润(对数)	ni(lnni)	全称为 NET INCOME。在万得数据库中属于"利润表科目"。
绿色信贷余额(对数)	green(lngreen)	绿色信贷贷款年末余额(亿元)。
资产总额(对数)	size(lnsize)	银行总资产，单位：亿元。
贷款总额(对数)	loan(lnloan)	▪ 总资产中的"贷款和垫款总额"，不含其他的比如"贷款减值准备"和"投资净额"。 ▪ 是贷款总额不是贷款余额。
存款总额(对数)	save(lnsave)	▪ 各项存款，是总负债中的"客户存款"，不含同业存款等。 ▪ 万得数据库中的存款总额，注意不是余额。
存贷比	ltdr	▪ 全称为 Loan-To-Deposit Ratio＝loan/save。 ▪ 本表中相应的贷款总额和存款总额数据就是 loan 和 save，所以要注意回归时可能产生的多重共线性。

---

① 渤海银行社会责任报告，http://www. cbhb. com. cn/bhbankS101touzizheguanxi/tzzgxxinxipilu/qiyeshehuizeren/index. htm[查询日期：2024-07-01]。

② 万得计算的净资产收益率与上市公司公布的加权平均净资产收益率是有出入的，原因在于银行年报中披露的数据是按照中国证监会《公开发行证券的公司信息披露编报规则第 9 号——净资产收益率和每股收益的计算及披露》(2010 年修订)的规定计算，这里面计算加权数据是根据归属于普通股的净利润除以类似归属于普通股净资产的数据(剔除其他权益工具)。万得计算时可能用了净利润除以股东净资产(没有考虑普通股的实际利润与资产)，https://xueqiu. com/5725525083/169711740[查询日期：2024-07-01]。

数据名称	变量名称	备注
资产负债率	loar	全称为 Loan of Asset Ratio。
非利息收入占比	nint	＝(手续费及佣金净收入＋其他非利息收入)/营业收入,是百分比％形式。
成本收入比	cir	全称为 Cost-to-Income Ratio,在万得数据库的"银行专有财务指标"中收录该财务指标。
资产充足率	car	全称为 Capital Adequacy Ratio。在万得数据库中对应选取的指标为"资本充足率指标(2013)"。
不良贷款比率	npl	全称为 Non-Performing Loan ratio。
拨备覆盖率(对数)	pcr(lnpcr)	全称为 Provision coverage ratio,代表银行资产质量。

在开始实证工作之前,首先对于银行的财务业绩指标要做出明确的定义,参考之前的研究,不妨先选取最直观的且被公认为反映企业盈利能力的财务指标作为银行业绩的代表,即净资产收益率 ROE[①]。以 ROE 为应变量建立面板数据固定效应模型进行回归,如(1)式所示。

$$roe_{it} = c_1 + \alpha_1 \ln(green)_{it} + \beta_1 Ctrl_{it} + \gamma_{1i} + \delta_{1t} + \varepsilon_{it} \qquad (1)$$

其中 i、t 分别代表银行个体和时间,roe 是被解释变量净资产收益率,α 是核心解释变量绿色信贷值的对数。c_1 是常数项,$Ctrl$ 是控制变量(一般采用银行总资产、贷款总额、存款总额等,请参考表 5-2),γ_i 是个体固定效应项,δ_t 是时间固定效应项,ε_{it} 是残差项。

由于银行衡量业绩的行业特殊性,常采用净息差 NIM[②](Net Interest Margin)作为衡量,也借鉴其他的一些研究会采用资产回报率 ROA[③](Return on Assets),因此完全类似于(1)式,我们可以写出其他的绩效回归模型,如以下(2)、(3)式所示。

$$nim_{it} = c_2 + \alpha_2 \ln(green)_{it} + \beta_2 Ctrl_{it} + \gamma_{2i} + \delta_{2t} + \varepsilon_{it} \qquad (2)$$

$$roa_{it} = c_3 + \alpha_3 \ln(green)_{it} + \beta_3 Ctrl_{it} + \gamma_{3i} + \delta_{3t} + \varepsilon_{it} \qquad (3)$$

由于我们研究绿色信贷对商业银行财务业绩的影响,考虑到绿色信贷的内生性问题,有可能商业银行财务业绩也会对其发放的绿色信贷产生反向因果式的影响,为缓解该反向因果带来的内生性问题,不妨对一些自变量

---

① 来自万得数据"净资产收益率 ROE(加权)"(具体算法请参考万得定义)。

② 来自万得数据"净息差"(银行净利息收入和银行全部生息资产的比值)。

③ 来自万得数据"总资产净利率 ROA"(具体算法请参考万得定义),又称"资产回报率"。

取一阶滞后。比如在此我们分别取绿色信贷占比和存贷比的一阶滞后项作为解释变量,再放入回归方程进行计量。

其他的控制变量参考陈昆、孙秀冰等(2021)[15]的设计,在回归方程中用到的变量定义如表 5-2 所示。

表 5-2   回归变量定义

变量类型	变量名称
被解释变量	净资产收益率 roe
	净息差 nim
	资产收益率 roa
解释变量(一阶滞后)	绿色信贷余额(对数)L. lngreen＝L. ln(green/loan)
控制变量	存款总额(对数)lnsave
	资产负债率 loar
	存贷比(一阶滞后)L. ltdr
	资产充足率 car
	成本收入比 cir
	非利息收入 nint

5.3   数据描述和平稳性、相关性、异方差分析

5.3.1   数据描述

本书中被纳入研究范围的商业银行名单,如表 5-3 所示。所有的相关数据均来自万得数据库,缺失数据来自各银行官方网站发布数据、互联网下载的年报数据。极少量无法获得的数据采用了插值处理。

表 5-3   商业银行名单

银行类型	23 家银行列表			
国有商业银行*	工商银行	中国银行	建设银行	农业银行
	邮储银行	交通银行		
全国性商业银行*	兴业银行	浦发银行	平安银行	民生银行
	招商银行	中信银行	光大银行	华夏银行

银行类型	23 家银行列表			
未上市商业银行	广发银行	渤海银行		
城市商业银行*	江苏银行	南京银行	北京银行	上海银行
	宁波银行	青岛银行	贵阳银行	

* 表示上市商业银行

对于搜集到的数据进行描述性统计,结果如表 5-4 所示。

表 5-4　数据描述性统计(Decriptive statistics)

变量	数量	均值	方差	最小值	最大值
绿色信贷余额 green	253	2,647	5,060	1	39,785
绿色信贷占比 lngreen=ln(green/loan)	253	−3.370	1.004	−7.012	−0.818
贷款总额 loan	253	37,720	47,530	457.2	232,123
存款总额 save	253	48,515	61,777	750.4	294,159
总资产 size	253	70,187	82,472	1,017	396,097
lnloan	253	9.729	1.419	6.125	12.36
lnsave	253	9.999	1.354	6.621	12.59
lnsize	253	10.46	1.299	6.924	12.89
拨备覆盖率 pcr	253	253.5	124.5	132.4	1,304
lnpcr	253	5.45	0.38	4.89	7.17
非利息收入 nint	253	24.91	9.695	−5.344	61.86
净资产收益率 roe	253	14.98	4.334	5.810	27.79
存贷比 ltdr	253	77.49	16.75	26.43	118.9
不良贷款比率 npl	253	1.297	0.375	0.360	2.390
净息差 nim	253	2.196	0.477	0.140	4.050
资本充足率 car	253	13.22	1.845	8.840	19.26
资产负债率 loar	253	93.05	1.269	90.29	97.66
资产收益率 roa	253	0.947	0.246	0.380	1.757
成本收入比 cir	253	30.81	6.978	18.93	66.47
Number of id	23	23	23	23	23

该数据集属于平衡面板数据,所研究的23家中国商业银行里有6家国有大型商业银行、8家全国性商业银行、2家未上市商业银行、7家城市商业银行。从银行经营数据的标准差来看,存在特别大的标准差的数据,均进行了对数化处理以缓解异方差并避免数据量纲差异过大。剩余的指标比如存贷比和非利息收入的差距较大,标准差分别为16.75和9.695,反映出有部分银行的中间业务、咨询投资类业务差异明显,主要是2012—2015年期间邮储银行、青岛银行、贵阳银行等该类业务较弱。

5.3.2 变量平稳性检验

为了避免"伪回归"的出现,确保估计结果的有效性,通常要对时间序列数据和面板数据进行平稳性分析,即通过单位根检验来检验数据过程是否平稳。单位根检验的方法分为两大类,分别是针对同质面板假设的 LLC (Levin-Lin-Chu)、HT、Breitung 方法和针对异质面板假设的 IPS(Im-Pesaran-Shin)、ADF-Fisher 和 PP-Fisher 方法。其中 LLC 检验仅适用于长面板数据,即时间长度远大于截面个数。LLC 检验假定不存在截面相关,否则存在"显著性水平扭曲",需要先去除截面均值。LLC 检验允许不同截面内自回归系数相同,但必须是平衡面板。HT 检验和 Breitung 检验适合于时间维度较短的微观面板数据,允许不同截面内自回归系数相同,同样也要求必须是平衡面板数据。但是 IPS 检验和 Fisher 检验可以处理"不同截面内自回归系数不同"的数据且允许非平衡面板数据。在检验结果的解读中会出现逆卡方、逆正态、逆逻辑以及修正逆卡方统计量伴随概率(Inverse chi-squared P、Inverse normal Z、Inverse logit t、Modified inv. chi-squared Pm)结果不一致的情形,一般要求必须是 4 项中至少 3 项通过检验才可以认为是平稳的。有时,为了方便,只采用两种面板数据单位根检验方法,即相同根单位根检验 LLC(Levin-Lin-Chu)检验和不同根单位根检验 Fisher-ADF 检验(注:对普通序列即非面板序列的单位根检验方法则常用 ADF 检验),如果在两种检验中均拒绝存在单位根的原假设则我们说此序列是平稳的,反之则不平稳。

为使检验结果具备较强的稳健性和说服力,本书同时采用 LLC 检验、IPS、Fisher-ADF 和 Fisher-PP 检验,如果在两种检验中均拒绝存在单位根的原假设,我们就说此序列是平稳的,反之则不平稳。因此以下对于面板数据分别进行了 llc、ips、ht、fisher dfuller 和 fisher ppcrron 平稳性检验,检验结果如表 5-5 所示。

表 5-5　平稳性检验

变量	llc	ips	ht	fisher dfuller	fisher pperron	结论
绿色信贷占比 lngreen＝ln(green/loan)	/	/	/	/	/	平稳
贷款总额 lnloan	/	/	＊	/	/	平稳
存款总额 lnsave	/	/	＊	/	/	平稳
总资产 lnsize	/	/	＊	/	/	平稳
拨备覆盖率 lnpcr	/	/	/	/	/	平稳
非利息收入 nint	/	/	/	＊	/	平稳
净资产收益率 roe	/	/	/	/	/	平稳
存贷比 ltdr	/	/	＊	/	/	平稳
不良贷款比率 npl	/	/	/	/	/	平稳
净息差 nim	/	/	/	/	/	平稳
资本充足率 car	/	/	/	/	/	平稳
资产负债率 loar	/	/	/	/	/	平稳
资产收益率 roa	/	/	/	/	/	平稳
成本收入比 cir	/	/	/	/	/	平稳

Notes:/ 表示平稳　 ＊ 表示非平稳

其中:

1. llc 使用到的命令参数为:xtunitroot llc var, demean lags(bic 5);

2. ips 使用到的命令参数为:xtunitroot ips var, demean lags(bic 5)或 xtunitroot ips var, lags(bic 3) trend 或 xtunitroot ips var, lags(bic 3)或 xtunitroot ips var, lags(bic 3) trend;

3. ht 使用到的命令参数为:xtunitroot ht var, demean nocons 或 xtunitroot ht var, demean;

4. fisher dfuller 使用到的命令参数为:xtunitroot fisher var, dfuller lags(3) trend 或 xtunitroot fisher var, dfuller lags(3);

5. fisher pperron 使用到的命令参数为:xtunitroot fisher var, pperron lags(5) trend demean 或者 xtunitroot fisher var, pperron lags(5)。

从以上检验结果可以看出所有的变量可被认为是平稳的,即该面板数据均为平稳时间序列,可以直接用于回归方程。

5.3.3　变量相关性分析

通过对变量的相关性分析,可以看到被解释变量 nim 和 roe 都与解释变量 lngreen 显著相关(图 5-1),可以进行下一步回归分析。

```
. pwcorr_a roe roa nim lngreen lnloan lnsave lnsize loar ltdr nint cir pcr npl car

                    roe       roa       nim  lngreen    lnloan    lnsave    lnsize

        roe │    1.000
        roa │    0.770***  1.000
        nim │    0.546***  0.572***  1.000
    lngreen │   -0.204*** -0.102    -0.199***  1.000
     lnloan │   -0.285*** -0.037    -0.080     0.400***  1.000
     lnsave │   -0.193***  0.005    -0.021     0.401***  0.987***  1.000
     lnsize │   -0.242*** -0.031    -0.087     0.422***  0.994***  0.994***  1.000
       loar │    0.554*** -0.027     0.132**  -0.284*** -0.426*** -0.337*** -0.372***
       ltdr │   -0.642*** -0.348*** -0.360***  0.118*    0.360***  0.211***  0.284***
       nint │   -0.384*** -0.149*** -0.483***  0.074     0.345***  0.270***  0.329***
        cir │    0.067    -0.274***  0.098    -0.185*** -0.090    -0.018    -0.073
        pcr │    0.444***  0.262***  0.046    -0.119*   -0.322*** -0.260*** -0.286***
        npl │   -0.533*** -0.363*** -0.441***  0.230***  0.251***  0.174***  0.226***
        car │   -0.287***  0.167*** -0.018     0.340***  0.406***  0.392***  0.388***

                   loar      ltdr      nint       cir       pcr       npl       car

       loar │    1.000
       ltdr │   -0.595***  1.000
       nint │   -0.385***  0.497***  1.000
        cir │    0.503*** -0.400*** -0.250***  1.000
        pcr │    0.309*** -0.443*** -0.263***  0.241***  1.000
        npl │   -0.343***  0.532***  0.336*** -0.300*** -0.508***  1.000
        car │   -0.727***  0.163***  0.171*** -0.223***  0.016     0.090     1.000
```

图 5-1　相关性分析

5.3.4　多重共线性分析

多重共线性问题就是指一个解释变量的变化引起另一个解释变量的变化。适度的多重共线性不成问题,但当出现严重共线性问题时,会导致分析结果不稳定,出现回归系数的符号与实际情况完全相反的情况。本应该显著的自变量不显著,本不显著的自变量却呈现出显著性,这种情况下就需要消除多重共线性的影响。

由于回归方程在完全多重共线性的时候会自动省略对应的变量,因此一般我们不考虑对多重共线性进行检验。即使在不完全多重共线性情况下,如果结果显著,也可不进行多重共线性检验,这是因为多重共线性的后果是增大方差,降低显著性。在结果显著的情况下,就算是有多重共线性,只能说明没有多重共线性的时候更加显著。只有在回归结果不显著的情况下,才需要看是不是多重共线性导致的结果不显著。即便如此,为了查看和验证我们所选取的解释变量的合理性,下面依然进行了多重共线性的分析,如图 5-2 所示。

```
. qui reg nim L.lngreen lnsave L.ltdr loar cir car nint

. estat vif

        Variable │      VIF       1/VIF
    ─────────────┼──────────────────────
            loar │     4.86     0.205916
             car │     3.32     0.300760
            ltdr │
              L1. │     2.11     0.473080
             cir │     1.49     0.669249
           lnsave│     1.47     0.682497
         lngreen │
              L1. │     1.30     0.767983
            nint │     1.27     0.790360
    ─────────────┼──────────────────────
        Mean VIF │     2.26
```

图 5-2　多重共线性检验

　　检测多重共线性,较常使用的是回归分析中的 VIF 值,VIF 值越大,多重共线性越严重。一般认为 VIF 大于 10 时(严格是 5),代表模型存在严重的共线性问题。可以看到我们检测的结果是 $2.26 < 5$,因此在这样的自变量组合下可以认为不存在多重共线性。

5.4.5　固定效应与随机效应检验

　　先回顾一下截面数据回归时的线性模型形式,i 表示第 i 个个体:
$$y_i = X_i\beta + \varepsilon_i \qquad (i = 1, 2, \cdots, n)$$
　　给截面数据加入时间维度 t 后,线性模型设定如下,t 表示第 t 个时期:
$$y_{it} = X_{it}\beta + u_i + \varepsilon_{it} \qquad (i = 1, 2, \cdots, n; t = 1, 2, \cdots, T)$$
　　这种模型叫"个体效应模型"(individual-specific effects model),与截面数据模型的区别在于多了一项 u_i。u_i 是不可观测和量化的随机变量,代表了个体异质性。这个模型除了考虑到 X_{it} 等可以观测的因素作为解释变量,还同时考虑到了数据难以观测和量化的一些个体因素的影响,而 u_i 正是考虑了这种"不随时间变化但随个体变化"的因素影响。

　　面板数据有三种估计策略,区别在于对个体效应 u_i 的假定不同。

　　考虑到个体效应多数情况下难以观测和量化,因此第一种估计策略就是忽略个体效应,直接把所有数据混合到一起进行回归,这种方法叫混合效应模型(Pooled model),也叫混合回归(Pooled regression)。此时,所有个体的回归方程都是一样的,即截距项和斜率项都一样。

　　固定效应模型(Fixed effect model)和随机效应模型(Random effect model)则考虑到了个体效应。这两类模型的共同点是模型设定相同,个体差异反映在异质性截距 u_i 上,即不同个体的斜率相同但截距不同。两类模型的区别在于模型假设不同,FE 假设异质性截距是非随机的,而 RE 假设异质性截距是随机的;FE 假设 u_i 与某个解释变量相关,而 RE 假设 u_i 与所有解释变量均不相关。用豪斯曼检验(Hausman,1978)可以判断到底使用 FE 还是 RE。原假设是"随机效应模型为正确模型",即检验原假设"$H_0 : u_i$ 与 X_{it} 不相关"。

对于该面板数据进行 Hausman 检验,如图 5-3 所示。

```
. hausman FE RE, constant sigmamore

            ──── Coefficients ────
                (b)          (B)         (b-B)       sqrt(diag(V_b-V_B))
                FE           RE          Difference      Std. err.

    lngreen
        L1.   -.2017064    -.1925166    -.0091898       .0170328
      lnsave  -.0400437     .0911313    -.131175        .0918637
        ltdr
        L1.   -.0006506    -.0038869     .0032363       .0013382
        loar  -.0815002    -.0793963    -.0021039       .0090815
         cir  -.0254718    -.0180493    -.0074225       .0030876
         car  -.0702749    -.0628746    -.0074003       .0082899
        nint  -.0182624    -.0205797     .0023173       .0008994
       _cons   11.66644     10.16571     1.500729       1.197768

                    b = Consistent under H0 and Ha; obtained from xtreg.
        B = Inconsistent under Ha, efficient under H0; obtained from xtreg.

Test of H0: Difference in coefficients not systematic

    chi2(8) = (b-B)'[(V_b-V_B)^(-1)](b-B)
            =  17.19
Prob > chi2 = 0.0282
(V_b-V_B is not positive definite)
```

图 5-3 Hausman 检验

由于 p 值为 0.0282,因此拒绝原假设,应使用固定效应模型,而不是随机效应模型。但是很多时候计算出的统计量可能为负,这时候使用 sigmamore 或者 stigmaless 选项可以大大减少出现负值的可能性。结果显示采用固定效应模型进行分析。

5.3.6 组间异方差检验

对于每一个面板数据来说,必须正视三大问题(即异方差、自相关和截面相关问题),否则估计结果将没有说服力。异方差是指随机扰动项的方差与自变量有关系,从而影响到估计系数的无偏和有效性。对于组内异方差一般都不进行检验,而默认其存在。在此我们为了对数据了解得更透彻以及为了检验的完整性,也进行了组内异方差检验(图 5-4)。

```
. qui reg nim L.lngreen lnsave L.ltdr loar cir car nint

. estat imtest, white

White's test
H0: Homoskedasticity
Ha: Unrestricted heteroskedasticity

   chi2(35) =  86.93
Prob > chi2 = 0.0000

Cameron & Trivedi's decomposition of IM-test
```

Source	chi2	df	p
Heteroskedasticity	86.93	35	0.0000
Skewness	15.89	7	0.0261
Kurtosis	1.42	1	0.2337
Total	104.24	43	0.0000

图 5-4　组内异方差 white 检验

而对于面板数据还可能存在组间异方差,其检验可以分为两个步骤进行:

- xtreg y x control，fe (先要运行固定效应模型)
- xttest3 (检验组间异方差,原假设是同方差,P 值小于 0.1,说明存在组间异方差,见图 5-5)

```
. qui xtreg nim L.lngreen lnsave L.ltdr loar cir car nint, fe

. xttest3

Modified Wald test for groupwise heteroskedasticity
in fixed effect regression model

H0: sigma(i)^2 = sigma^2 for all i

chi2 (23) =     62.74
Prob>chi2 =      0.0000
```

图 5-5　组间异方差检验

我们得到的 p 值为 0.0000,因此很显然存在组间异方差。

5.3.7 组内自相关检验

自相关问题主要出现在面板数据或者时间序列数据中,即考虑到个体随机扰动项第一期的数据可能与第二期或者第三期有一定相关性。"组内相关但是组间不相关"是指 A 个体有一定相关性,B 个体有一定相关性,但是 A、B 之间的随机扰动项是不相关的。在面板数据中出现的异方差、自相关问题往往直接运用聚类标准误即可解决。比如 cluster（ind）意思是采用行业内部聚类标准误,即用来表示可以允许行业内部存在相关性,但是行业之间是不存在相关性的。

对于 T 较大的面板而言,往往无法完全反映时序相关性,此时便可能存在序列相关,在多数情况下被设定为 AR（1）过程。使用 Wooldridge-Drukker（WD）（Drukker 2003；Wooldridge 2010)提出的检验方法,它仅限于检验一阶自相关 AR（1）,并假设方差随时间不变。

```
. xtserial nim lngreen lnsave ltdr loar cir car nint

Wooldridge test for autocorrelation in panel data
H0: no first order autocorrelation
    F(  1,     22) =     130.415
           Prob > F =       0.0000
```

图 5-6 xtserial 检验一阶自相关

使用 xtserial 对整个固定效应模型中的组内自相关进行一阶序列自相关检验后,结果显示拒绝原假设(见图 5-6),即组内一阶序列自相关存在。

5.4.8 截面相关检验(组间同期相关)

在检查面板数据模型中所有选定变量之间的关系时,横截面依赖是一个关键问题,忽略它可能会导致严重的估计偏差和大小失真(Pesaran,2006)[①]。检验面板中是否存在截面依赖关系,通常使用 Breusch-Pagan LM 检验和 Pesaran CD 检验(它们的原假设 null hypothesis 都是"不存在截面相关")。对于 RE 模型,可以采用 Breusch-Pagan LM 检验[②],如图 5-7所示,拒绝原假设显示存在截面相关。

---

① Pesaran，M. H. Estimation and Inference in Large Heterogeneous Panels with a Multifactor Error Structure[J]. *Econometrica*，2006，74(4).

② Shahbaz，M. ，et al. How Financial Inclusion Affects the Collaborative Reduction of Pollutant and Carbon Emissions：The Case of China[R]. 2022.

```
. qui xtreg nim L.lngreen lnsave L.ltdr loar cir car nint

. xttest0
```

Breusch and Pagan Lagrangian multiplier test for random effects

nim[id,t] = Xb + u[id] + e[id,t]

Estimated results:

	Var	SD = sqrt(Var)
nim	.1914513	.4375515
e	.0566386	.2379888
u	.0818796	.2861461

Test: Var(u) = 0

chibar2(01) =　235.13
Prob > chibar2 =　0.0000

图 5-7　Breusch-Pagan LM 截面相关检验

对于 FE 模型,可以利用 xttest2 命令来检验截面相关性,即判断同一个时间截面上,同期的各个分组之间是否存在相关性(如图 5-8 所示)。

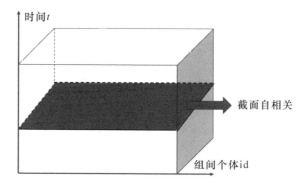

图 5-8　组间同期相关示意图

在进行界面同期相关检验时,可以采用以下方式:

- 命令组 1:

xtreg y $x_1 \cdots x_n$ i. time, fe (LM 检验,只适用于长面板;原假设 H_0:无同期相关);

xttest2。

- 命令组 2:

xtreg y $x_1 \cdots x_n$ 。

Cross-Sectional Dependence test in panel data models(以下适用于各

种情况）：

xtcsd，pes（适用于平衡、非平衡及动态面板，但未考虑时间效应），这是Pesaran（2004）提出的检验方法；

xtcsd，fri（只适用于平衡面板）；

xtcsd，fre（只适用于平衡面板，考虑了时间效应）。

对于不同的面板类型来说，估计方法不尽相同，如表 5-6、表 5-7 所示：

表 5-6　截面相关的检验方式(1)

Test	long panels	short panels
截面相关	xttest2	xtcsd
自相关	xtserial	xtserial
异方差	xttest3	xttest3

表 5-7　短面板 xtcsd 的使用方式

xtcsd	balanced	unbalanced	dynamic	common
pes	+	+	+	--------
fri	+	N/A	--------	--------
fre	+	--------	--------	+

注：p 值$<\alpha$ 时，表示拒绝 H_0，即认为存在截面自相关。

当不同的方法出现矛盾时，应该观察数据的种类再进行判断。这里我们采用第二组命令进行检验，结果如图 5-9 所示。

```
. qui xtreg nim L.lngreen lnsave L.ltdr loar cir car nint

. xtcsd, pes


Pesaran's test of cross sectional independence =      9.838, Pr = 0.0000

. xtcsd, fre


  Frees' test of cross sectional independence =      2.552
|---------------------------------------------------------|
  Critical values from Frees' Q distribution
                  alpha = 0.10 :    0.2559
                  alpha = 0.05 :    0.3429
                  alpha = 0.01 :    0.5198
```

图 5-9　同期截面相关检验

在 Pesaran 检验方法中 Pr 数值表示在此检验方法下的整体检验水平,一般 Pr<0.05 说明具有显著的同期相关性。同时 fre 检验中的检验值 2.552 > 95% critical value 0.3429,也表明是拒绝原假设,即扰动项中存在截面相关性。

另外,Pesaran (2015)[1]提出了 CD(cross sectional dependence)弱相关的测试方法。通过 xtcd2 命令的检验(该命令的原假设是"H₀: errors are weakly cross-sectional dependent.",所谓的存在弱相关其实也是等价于表明不存在截面相关性),检验结果如图 5-10 所示,也可以发现 p 值为 0.000 拒绝原假设,即数据存在组间相关性。

```
. qui xtreg nim L.lngreen lnsave L.ltdr loar cir car nint, fe

. xtcd2
Pesaran (2015) test for weak cross-sectional dependence.
Residuals calculated using  predict, e from xtreg.
(23 missing values generated)

H0: errors are weakly cross-sectional dependent.
        CD = 8.614
    p-value = 0.000
```

图 5-10　Pesaran (2015)提出的 CD(cross sectional dependence)弱相关检验

总之,通过以上进行的同期截面相关检验后发现数据存在组间相关性和组间异方差,因此在进行固定效应分析时将考虑采用对组内自相关、组间相关和异方差进行修正的稳健标准误来进行参数估计。

Hoechle(2007)[2]认为,使用 Driscoll-Kraay 标准误可以同时解决组间异方差、组内自相关、组间同期相关问题。因此,在使用通常的聚类稳健标准误的同时,还将使用 Driscoll-Kraay 标准误进行参数显著性检验。

对于不同的面板数据来说,截面自相关的存在与否决定着估计的方法,影响着估计的精度。事实上还有其他的一些方式可以用来处理组内、组间相关性问题,总结如表 5-8 所示。

---

① Pesaran, M. H. Testing Weak Cross-Sectional Dependence in Large Panels[J]. *Econometric Reviews*,2015,34(6-10).

② HOECHLE D. Robust Standard Errors for Panel Regressions with Cross-Sectional Dependence [J]. *The Stata Journal*: *Promoting Communications on Statistics and Stata*,2007,7(3).

表 5-8 处理组间异方差、组内相关性、组间相关性的一些方法

命令	选项	适用下述情形的稳健标准误	备注
reg, xtreg	vce(robust)	heteroskedastic	
reg, xtreg	cluster()	heteroskedastic and autocorrelated	
xtregar		autocorrelated with AR(1)[a]	
newey		heteroskedastic and autocorrelated of type MA(q)[b]	
xtgls	panels(), corr()	heteroskedastic, contemporaneously cross-sectionally correlated, and autocorrelated of type AR(1)	$N < T$ required for feasibility; tends to produce optimistic SE estimates
xtpcse	correlation()	heteroskedastic, contemporaneously cross-sectionally correlated, and autocorrelated of type AR(1)	large-scale panel regressions with xtpcse take a lot of time
xtscc		heteroskedastic, autocorrelated with MA(q), and cross-sectionally dependent	

[a] AR(1) refers to first-order autoregression.
[b] MA(q) denotes autocorrelation of the moving average type with lag length q.

在表 5-8 中 Beck 和 Katz（1995）引入的 PCSE（Panel Corrected Standard Errors，面板校正标准误）方法是面板数据模型估计方法的一个创新，可以有效地处理复杂的面板误差结构，如同步相关、异方差、序列相关等，在样本量不够大时尤为有用。另外，对于短面板可以考虑采用 Driscoll and Kraay（1998）[①]提出的空间自相关稳健的 DK 标准误进行参数估计。这类非参数化估计方法放松了组间相关和异方差的约束要求，比较适合短面板数据的分析。总之，从表 5-8 中可以看到 xtgls、xtpcse、xtscc 三种方法是最为普遍采用的修正方式，特别是 xtscc 还可以处理 N＞T（短面板）的情况。

5.3.9 短面板和长面板命令总结

为了更好地理解数据的处理方式和参数估计时标准误的使用，下面将

---

① Driscoll，John C. and Aart C. Kraay. Consistent Covariance Matrix Estimation with Spatially Dependent Panel Data[J]. *Review of Economics and Statistics*，1998(80).

之后要用到的估计方法进行总结。

（1）短面板数据(short panels)

```
# 不存在截面自相关、存在异方差(短面板不考虑自相关)
xtreg depvar varlist, i.state cluster(state)
# 存在截面自相关、存在异方差,用 xtscc 命令代替 xtreg 命令即可,但是会降低参
数估计的精度
xtscc depvar varlist, i.state
```

```
# 输出对比结果
# 存在截面相关和异方差(短面板不考虑自相关)
xtreg depvar varlist, fe
est store Dris_Kraay
# 不存在截面相关,但存在异方差
xtreg dep varlist, fe robust
est store White
# 不存在截面相关和异方差
xtreg dep varlist, fe cluster(i)
est store Rogers

# 表格打印输出对比
esttab Dris_Kraay Rogers White, b(%9.2f) p mtitle(Dris_Kraay Rogers White)
* 输出 csv 文件
esttab Dris_Kraay Rogers White using tab.csv , b(%9.2f) p mtitle(Dris_Kraay
Rogers White)
```

（2）长面板数据(long panels)

a）xtpcse 命令

```
# 异方差、自相关和截面相关
# 三大问题都不考虑
xtpcse depvar varlist, independent
# 仅考虑异方差
xtpcse depvar varlist, hetonly
# 考虑异方差和截面相关
xtpcse depvar varlist

# 考虑自相关
xtpcse depvar varlist, corr(ar1)
xtpcse depvar varlist, corr(psar1)
xtpcse depvar varlist, corr(ind)

# 三大问题都考虑
xtpcse depvar varlist, corr(ar1)
```

b）xtgls 命令

```
# 异方差、自相关和截面相关
# 不存在三大问题
xtgls depvar varlist, panels(iid)
# 仅考虑异方差
xtgls depvar varlist, panels(heteroskedastic)
# 考虑异方差和截面相关
xtgls depvar varlist, panels(correlated)

# 考虑自相关
xtpcse depvar varlist, corr(ar1)
xtpcse depvar varlist, corr(psar1)
xtpcse depvar varlist, corr(ind)

# 都考虑
xtgls depvar varlist, panels(correlated) corr(ar1)
```

5.4 绿色信贷与财务指标关系

5.4.1 绿色信贷与财务指标 NIM

绿色信贷占比，即商业银行年末绿色信贷余额占该行贷款总额的比率。为了研究绿色信贷占比与商业银行业绩之间的相关关系，综合以上数据检验情况，采用四种模型对面板数据进行回归，结果如表 5-9 所示。

表 5-9 四类模型对 NIM 回归结果

VARIABLES	（1）xtreg(nim)	（2）xtscc(nim)	（3）xtgls(nim)	（4）xtpcse(nim)
L. lngreen	-0.180^{**}	-0.180^{***}	-0.077^{*}	-0.067^{*}
	(0.062)	(0.024)	(0.034)	(0.028)
lnsave	0.832^{***}	0.832^{***}	0.102^{*}	0.081^{*}
	(0.170)	(0.125)	(0.048)	(0.035)
L. ltdr	0.008^{**}	0.008^{*}	-0.009^{**}	-0.007^{*}
	(0.002)	(0.003)	(0.003)	(0.003)

续表

	(1)	(2)	(3)	(4)
loar	−0.112*	−0.112**	−0.080*	−0.083*
	(0.050)	(0.028)	(0.031)	(0.040)
cir	−0.026**	−0.026***	−0.011	−0.009+
	(0.008)	(0.004)	(0.007)	(0.005)
car	−0.014	−0.014	−0.027	−0.038+
	(0.030)	(0.010)	(0.022)	(0.020)
nint	−0.014**	−0.014**	−0.016***	0.017***
	(0.004)	(0.004)	(0.002)	(0.003)
Constant	5.051	0.000	10.191**	10.687**
	(4.810)	(0.000)	(3.214)	(3.965)
Observations	230	230	230	230
R-squared	0.660			0.786
Number of id	23		23	23
i. year FE	YES			
Company FE	YES			
Number of groups		23		

Robust standard errors in parentheses
*** $p<0.001$, ** $p<0.01$, * $p<0.05$, + $p<0.1$

可以看出四个模型对绿色信贷占比的回归结果均显著(同时也说明此回归分析的稳健性较好),表明绿色信贷在该银行的贷款总额中的占比越高,则对银行净息差 NIM 就会带来负向影响。也就是说绿色信贷将会给银行的息差盈利水平带来负面影响。

同时我们对银行的"绿色信贷占比(lngreen)"按照不同滞后期(分别是无滞后、滞后 1 年、滞后 2 年和滞后 3 年)进行回归,如表 5-10、表 5-11 所示,同样发现会对银行盈利水平带来显著负向影响。

表 5-10　模型 XTREG 对不同滞后期的绿色信贷占比回归结果

	（1）	（2）	（3）	（4）
VARIABLES	xtreg（nim）	xtreg（nim）	xtreg（nim）	xtreg（nim）
lngreen	-0.190^{**}			
	（0.052）			
ltdr	0.013^{**}			
	（0.005）			
L. lngreen		-0.180^{**}		
		（0.062）		
L. ltdr		0.008^{**}		
		（0.002）		
L2. lngreen			-0.145^{**}	
			（0.043）	
L2. ltdr			0.006^{*}	
			（0.003）	
L3. lngreen				-0.081^{*}
				（0.037）
L3. ltdr				0.005
				（0.004）
Constant	0.209	5.051	3.203	1.516
	（6.504）	（4.810）	（3.212）	（3.475）
Observations	253	230	207	184
R-squared	0.690	0.660	0.659	0.631
Number of id	23	23	23	23
i. year FE	YES	YES	YES	YES
Company FE	YES	YES	YES	YES

Robust standard errors in parentheses

*** $p<0.001$, ** $p<0.01$, * $p<0.05$, $+$ $p<0.1$

表 5-11 模型 XTSCC 对不同滞后期的绿色信贷占比回归结果

VARIABLES	(1) xtscc(nim)	(2) xtscc(nim)	(3) xtscc(nim)	(4) xtscc(nim)
lngreen	−0.190***			
	(0.027)			
ltdr	0.013*			
	(0.005)			
L. lngreen		−0.180***		
		(0.024)		
L. ltdr		0.008*		
		(0.003)		
L2. lngreen			−0.145**	
			(0.033)	
L2. ltdr			0.006+	
			(0.003)	
L3. lngreen				−0.081**
				(0.022)
L3. ltdr				0.005+
				(0.003)
Constant	0.209	0.000	0.000	1.516
	(2.519)	(0.000)	(0.000)	(1.160)
Observations	253	230	207	184
Number of groups	23	23	23	23

Robust standard errors in parentheses
*** $p < 0.001$, ** $p < 0.01$, * $p < 0.05$, + $p < 0.1$

因此,可以得出绿色信贷占比的提高会给银行财务业绩带来负面影响,这样验证了"研究假设 1b:绿色信贷的发展,会降低商业银行业绩"。从数值上衡量,绿色信贷每上升 1%,就会带来 0.2% 的 NIM 的下降。

除了 NIM 净息差之外,还可以继续考察银行其他的财务指标是否也同时受到了负向影响。目前,我国商业银行盈利能力的主要指标是以总资产收益率(ROA)、净资产收益率(ROE)、净利润、成本收入比和非利息收入占比来衡量的(即表 5-12 中的效益性指标族)。

表 5-12　2023 年商业银行主要监管指标情况（季度）

单位：亿元、%

时间 项目	一季度	二季度	三季度	四季度
（一）信用风险指标				
正常类贷款	1852724	1895363	1926979	1948366
关注类贷款	41624	42240	43880	44632
pdo　不良贷款余额	31170	32001	32246	32256
其中：次级类贷款	14897	15074	13677	13187
可疑类贷款	11874	11998	11919	11413
损失类贷款	4399	4930	6649	7656
正常类贷款占比	96.22%	96.23%	96.20%	96.20%
关注类贷款占比	2.16%	2.14%	2.19%	2.20%
npl　不良贷款率	1.62%	1.62%	1.61%	1.59%
其中：次级类贷款率	0.77%	0.77%	0.68%	0.65%
可疑类贷款率	0.62%	0.61%	0.60%	0.56%
损失类贷款率	0.23%	0.25%	0.33%	0.38%
贷款损失准备	63974	65963	67034	66170
pcr　拨备覆盖率	205.24%	206.13%	207.89%	205.14%
贷款拨备率	3.32%	3.35%	3.35%	3.27%
（二）流动性指标				
流动性比例	62.97%	64.37%	65.15%	67.88%
ltdr　存贷比（人民币）*	77.57%	77.69%	78.20%	78.69%
人民币超额备付金率	1.95%	1.78%	1.48%	2.23%
流动性覆盖率**	149.46%	150.86%	143.54%	151.60%
（三）效益性指标				
ni　净利润(本年累计)	6679	12529	18616	23775
资产利润率	0.81%	0.75%	0.74%	0.70%
资本利润率	10.32%	9.67%	9.45%	8.93%
nim　净息差	1.74%	1.74%	1.73%	1.69%
nint　非利息收入占比	22.41%	21.80%	20.62%	19.93%
cir　成本收入比	29.05%	30.28%	31.59%	35.26%
（四）资本充足指标* **				
核心一级资本净额	216332	216704	222119	227981
一级资本净额	246954	248211	255058	262142
资本净额	306091	309036	316552	325693
信用风险加权资产	1906928	1954946	1989711	2006892
市场风险加权资产	26012	25515	26270	25001
操作风险加权资产	121541	121550	121552	124377
应用资本底线后的风险加权资产合计	2059535	2107539	2143168	2162983
核心一级资本充足率	10.50%	10.28%	10.36%	10.54%
一级资本充足率	11.99%	11.78%	11.90%	12.12%
car　资本充足率	14.86%	14.66%	14.77%	15.06%
l-loar　杠杆率	6.74%	6.63%	6.73%	6.79%
（五）市场风险指标				
累计外汇敞口头寸比例	1.39%	1.44%	1.73%	1.40%

注:1. 自 2016 年起,存贷比披露口径改为境内口径。

2. 自流动性覆盖率为资产规模在 2000 亿元以上的商业银行汇总数据。

3. 2014 年第二季度起,工商银行、农业银行、中国银行、建设银行、交通银行和招商银行等六家银行经核准开始实施资本管理高级方法,其余银行仍沿用原方法。

4. 自 2019 年起,邮政储蓄银行纳入"商业银行合计"汇总口径。

数据来源:国家金融监督管理总局官网

http://www.cbirc.gov.cn/cnviewpages/ItemDetail.html? docId = 1109305&itemId = 954&generaltype=0

5.6.2　绿色信贷与财务指标 ROA

总资产收益率(ROA)是衡量银行单位资产净收益的一个指标,它反映了银行在经济资源分配方面的优势。通过对银行整体资产所产生的利润进行分析,可以有效地反映银行的资金分配情况。这一指标是衡量银行资源分配的一个关键指标,此指标值越高,相应的盈利能力越高,反之则越低。商业银行是一类专门从事金融产品和服务的公司,因此这一指标数值上通常不会超过 2%。其公式为:总资产收益率=(净利润/平均资产总额)×100%。

根据之前选定的控制变量,继续使用绿色信贷占比对 ROA 进行回归,结果如表 5-13 所示。

表 5 13　四类模型对 ROA 回归结果

VARIABLES	(1)	(2)	(3)	(4)
	xtreg(roa)	xtscc(roa)	xtgls(roa)	xtpcse(roa)
L. lngreen	−0.074**	−0.074***	−0.017+	−0.026+
	(0.026)	(0.007)	(0.010)	(0.013)
lnsave	0.323***	0.323**	0.024	0.022+
	(0.073)	(0.071)	(0.020)	(0.012)
L. ltdr	−0.002	−0.002+	0.001	−0.002+
	(0.001)	(0.001)	(0.001)	(0.001)
loar	−0.060***	−0.060**	−0.014	−0.036*
	(0.015)	(0.015)	(0.012)	(0.016)
cir	0.001	0.001	−0.006***	−0.007**
	(0.004)	(0.003)	(0.001)	(0.002)

续表

	（1）	（2）	（3）	（4）
car	0.014	0.014	0.006	0.011
	(0.012)	(0.009)	(0.008)	(0.010)
nint	0.004*	0.004*	0.002+	0.003+
	(0.002)	(0.001)	(0.001)	(0.001)
Constant	3.260*	0.000	2.228+	4.460**
	(1.306)	(0.000)	(1.265)	(1.612)
Observations	230	230	230	230
R-squared	0.764			0.844
Number of id	23		23	23
i. year FE	YES			
Company FE	YES			
Number of groups		23		

Robust standard errors in parentheses

*** $p < 0.001$, ** $p < 0.01$, * $p < 0.05$, + $p < 0.1$

从四个方程中都可以看到,绿色信贷对于商业银行的总资产收益率（ROA）显示出显著的负面影响,从而导致绿色信贷占比高的商业银行该项财务指标值出现显著下降。从数值上衡量,绿色信贷每上升1%,就会带来0.07%的ROA的下降。

5.6.3 绿色信贷与财务指标 ROE

净资产收益率（ROE）是指以股权结构为基础的资本结构,以股权结构为基础,对其进行价值评估。这是投资者在投资中获取收益的能力。ROE既能反映银行的盈利能力,又能反映各银行的运营能力,是衡量银行整体实力的一个重要指标。净资产收益率与银行的盈利能力呈正相关,较高的净资产收益率表示资产收益较高,表明其盈利能力较强。其公式为:净资产收益率＝（净利润/平均净资产）×100%。

根据之前选定的控制变量,继续使用绿色信贷占比对 ROE 进行回归,结果如表 5-14 所示。

表 5-14　四类模型对 ROE 回归结果

VARIABLES	(1) xtreg(roe)	(2) xtscc(roe)	(3) xtgls(roe)	(4) xtpcse(roe)
L. lngreen	−0.972*	−0.972***	−0.151	−0.202
	(0.390)	(0.145)	(0.186)	(0.197)
lnsave	4.613**	4.613***	0.172	0.077
	(1.319)	(0.612)	(0.191)	(0.205)
L. ltdr	−0.071**	−0.071***	−0.045***	−0.061***
	(0.020)	(0.012)	(0.013)	(0.014)
loar	0.360	0.360+	0.238	0.368
	(0.276)	(0.189)	(0.149)	(0.233)
cir	−0.084	−0.084	−0.038+	−0.073*
	(0.051)	(0.056)	(0.021)	(0.029)
car	0.275	0.275**	0.016	0.211
	(0.163)	(0.073)	(0.120)	(0.129)
nint	0.047*	0.047*	0.021	0.024
	(0.021)	(0.018)	(0.014)	(0.019)
Constant	−58.477*	0.000	−0.844	−12.492
	(25.501)	(0.000)	(15.313)	(22.949)
Observations	230	230	230	230
R-squared	0.885			0.890
Number of id	23		23	23
i. year FE	YES			
Company FE	YES			
Number of groups		23		

Robust standard errors in parentheses

*** $p < 0.001$, ** $p < 0.01$, * $p < 0.05$, + $p < 0.1$

从前两个方程中可以看到,绿色信贷对于商业银行的 ROE 显示出显著的负面影响。虽然后面两个模型并不显著,但是其符号也是负向的,从某种程度上均支持这样的观点:绿色信贷占比高的商业银行,盈利性财务指标值一般会出现显著下降。从数值上衡量,绿色信贷每上升 1%,就会带来 1%的 ROE 的下降。

由于后面两个模型不显著,因此修改其回归方程的选项,采用下式对 roe 进行回归:

xtgls roe L. lngreen lnsave L. ltdr loar cir car nint i. year,panels (correlated) corr(psar1)

这时可以发现绿色信贷占比的效果非常显著(图 5-11)。

```
. xtgls roe L.lngreen lnsave L.ltdr loar cir car nint i.year, panels(correlated) corr(psar1)

Cross-sectional time-series FGLS regression

Coefficients:  generalized least squares
Panels:        heteroskedastic with cross-sectional correlation
Correlation:   panel-specific AR(1)

Estimated covariances      =        276        Number of obs      =        230
Estimated autocorrelations =         23        Number of groups   =         23
Estimated coefficients     =         17        Time periods       =         10
                                               Wald chi2(16)      =    2924.02
                                               Prob > chi2        =     0.0000
```

roe	Coefficient	Std. err.	z	P>|z|	[95% conf. interval]	
lngreen						
L1.	-.8053002	.151964	-5.30	0.000	-1.103144	-.5074563
lnsave	.2991781	.4251748	0.70	0.482	-.5341492	1.132505
ltdr						
L1.	-.0794231	.0154991	-5.12	0.000	-.1098008	-.0490454
loar	.2707079	.1782529	1.52	0.129	-.0786613	.6200771
cir	-.0901089	.0354237	-2.54	0.011	-.1595382	-.0206797
car	.2138242	.1000206	2.14	0.033	.0177874	.409861

图 5-11 考虑 panel-specific AR1 加入 corr(psar1)选项进行回归

同样,考虑对 xtpcse 也加入了 panel-specific AR1 autocorrelation structure 进行了回归选项的调整。另外,考虑到 xtpcse 本质上只是修正后的 OLS,只针对 heteroskedasticity 和 cross section dependence 做出了修正,而 xtscc 既可以修正 OLS 又可以实现固定效应,而且针对 heteroskedasticity-autocorrelation-cross section dependence 同时调整,因此对 xtpcse 加入了时间和个体固定效应 i. id。即采用下式进行回归:

xtpcse roe L. lngreen lnsave L. ltdr loar cir car nint i. year i. id, corr (psar1)

这时可以发现绿色信贷占比的效果非常显著(图 5-12)。

```
. xtpcse roe L.lngreen lnsave L.ltdr loar cir car nint i.year i.id, corr(psar1)
note: estimates of rho outside [-1,1] bounded to be in the range [-1,1].

Prais-Winsten regression, correlated panels corrected standard errors (PCSEs)

Group variable:    id                Number of obs      =         230
Time variable:     year              Number of groups   =          23
Panels:            correlated (balanced)    Obs per group:
Autocorrelation:   panel-specific AR(1)                   min =          10
                                                          avg =          10
                                                          max =          10

Estimated covariances      =     276    R-squared          =      0.9710
Estimated autocorrelations =      23    Wald chi2(35)      = 1413711.21
Estimated coefficients     =      38    Prob > chi2        =      0.0000
```

	Panel-corrected					
roe	Coefficient	std. err.	z	P>|z|	[95% conf. interval]	
lngreen L1.	-.6026946	.1919454	-3.14	0.002	-.9789007	-.2264885
lnsave	4.685345	.8141178	5.76	0.000	3.089703	6.280987
ltdr L1.	-.0520172	.0164823	-3.16	0.002	-.0843218	-.0197125

图 5-12　加入 corr(psar1)选项和个体固定效应 i.id 进行回归

综上所述,通过绿色信贷占比对商业银行财务指标的回归,可以发现绿色信贷的占比扩大对于中国的商业银行普遍具有负向的业绩拉动效应,因此从财务盈利角度,商业银行开展绿色信贷是要付出业绩代价的。

综上所述,研究假设"1b：绿色信贷的发展,会降低商业银行业绩"基本得到证实。

5.6.4　稳健性检验

5.6.4.1　替换变量

考虑到在回归中使用了效益性指标,为防止内生性,现将效益型指标"成本收入比 cir"和"非利息收入占比 nint"去掉,再进行双向固定效应模型回归,发现结果依然是负向显著。为防止组间相关和异方差的估计干扰,再采用 xtscc 命令进行估计,结果如表 5-15 所示。

表 5-15　稳健性检验:替换变量

VARIABLES	(1)	(2)	(3)
	xtscc(nim)	xtscc(nim)	xtscc(nim)
L. lngreen	−0.150***	−0.077***	−0.913***
	(0.021)	(0.010)	(0.167)
lnsave	0.569***	0.370**	4.860***
	(0.085)	(0.080)	(0.632)
L. ltdr	0.008+	−0.001	−0.071***
	(0.004)	(0.001)	(0.015)
loar	−0.121*	−0.058**	0.398+
	(0.037)	(0.018)	(0.199)
car	−0.023+	0.015	0.259**
	(0.011)	(0.009)	(0.074)
Constant	0.000	0.000	0.000
	(0.000)	(0.000)	(0.000)
Observations	230	230	230
Number of groups	23	23	23

Robust standard errors in parentheses

*** $p<0.001$, ** $p<0.01$, * $p<0.05$, + $p<0.1$

可以看到绿色信贷依然对商业银行业绩带来显著的负向影响。再一次证实了当前阶段要实施绿色信贷,商业银行是要付出业绩代价的。这也能解释央行为推行绿色信贷所释放的一系列扶植政策,比如 2021 年 11 月 8 日晚中国央行发布消息,中国人民银行创设推出碳减排支持工具这一结构性货币政策工具,以稳步有序、精准直达方式,支持清洁能源、节能环保、碳减排技术等重点领域的发展,并撬动更多社会资金促进碳减排。人民银行通过碳减排支持工具向金融机构提供低成本资金,引导金融机构在自主决策、自担风险的前提下,向碳减排重点领域内的各类企业一视同仁提供碳减排贷款,贷款利率应与同期限档次贷款市场报价利率(LPR)大致持平。碳减排支持工具目前发放对象为 21 家全国性金融机构及 2 家外资金融机构,明确支持清洁能源、节能环保、碳减排技术三个重点减碳领域。人民银行通过"先贷后借"的直达机制,对金融机构向碳减排重点领域内相关企业发放符合条件的碳减排贷款,按贷款本金的 60% 提供资金支持,利率为 1.75%,期限 1 年,可展期 2 次。金融机构要向人民银行提供合格质押品。

央行通过为开展绿色信贷的商业银行提供优惠资金支持,设置专项绿色信贷资金或特殊优惠利率,鼓励商业银行大力发展绿色信贷业务。此外,今后还可以通过绿色证券化、绿色债券等市场机制来降低商业银行的融资成本,从而鼓励商业银行推广绿色信贷产品。

5.6.4.2　增加时间

考虑到之前使用的是 2012—2022 年的数据,现在加入 2023 年年报披露数据,使用同样的回归方程对 nim 进行回归(表 5-16),可以看到绿色信贷对商业银行业绩带来显著的负向影响这一结论依然稳健。

表 5-16　稳健性检验:增加时间

VARIABLES	(1) xtscc(nim)	(2) xtscc(nim)	(3) xtscc(nim)	(4) xtscc(nim)
lngreen	−0.130*			
	(0.049)			
ltdr	0.011+			
	(0.005)			
L. lngreen		−0.166***		
		(0.025)		
L. ltdr		0.009*		
		(0.003)		
L2. lngreen			−0.114**	
			(0.027)	
L2. ltdr			0.008*	
			(0.003)	
L3. lngreen				−0.079**
				(0.020)
L3. ltdr				0.005*
				(0.002)

续表

	（1）	（2）	（3）	（4）
Constant	6.683	0.000	4.291*	0.000
	(4.302)	(0.000)	(1.664)	(0.000)
Observations	276	253	230	207
Number of groups	23	23	23	23

Robust standard errors in parentheses

*** $p<0.001$, ** $p<0.01$, * $p<0.05$, + $p<0.1$

5.6.4.3 增加银行

考虑到之前使用的是 2012—2022 年一共 23 家银行的数据,现在加入更多上市商业银行,总数达到 43 家,已有和增加的银行分别如表 5-17 所示。

表 5-17　43 家银行列表

银行类型	原有 23 家银行列表			
国有商业银行	工商银行	中国银行	建设银行	农业银行
	邮储银行	交通银行		
全国性商业银行	兴业银行	浦发银行	平安银行	民生银行
	招商银行	中信银行	光大银行	华夏银行
未上市商业银行	广发银行	渤海银行		
城市商业银行	江苏银行	南京银行	北京银行	上海银行
	宁波银行	青岛银行	贵阳银行	
银行类型	增加的 20 家银行列表			
城市商业银行	兰州银行	郑州银行	苏州银行	杭州银行
	西安银行	厦门银行	长沙银行	齐鲁银行
	成都银行	重庆银行		
农村商业银行	江阴银行	张家港行	青农商行	无锡银行
	渝农商行	常熟银行	瑞丰银行	沪农商行
	紫金银行	苏农银行		

基于以上 43 家银行 2012—2022 年的数据,使用同样的回归方程对 nim 进行回归(表 5-18)。

表 5-18　稳健性检验:增加银行

VARIABLES	(1) xtscc(nim)	(2) xtscc(nim)	(3) xtscc(nim)	(4) xtscc(nim)
lngreen	−0.168***			
	(0.030)			
ltdr	0.015**			
	(0.004)			
L. lngreen		−0.166***		
		(0.024)		
L. ltdr		0.010*		
		(0.003)		
L2. lngreen			−0.133**	
			(0.027)	
L2. ltdr			0.007*	
			(0.003)	
L3. lngreen				−0.073**
				(0.020)
L3. ltdr				0.005+
				(0.003)
Constant	0.898	4.543*	3.580+	1.247
	(1.911)	(1.953)	(1.704)	(1.157)
Observations	316	271	284	200
Number of groups	45	39	36	33

Robust standard errors in parentheses
*** $p<0.001$, ** $p<0.01$, * $p<0.05$, + $p<0.1$

可以看到绿色信贷对商业银行业绩带来显著的负向影响这一结论依然稳健。

另外,也可以观察到滞后一期的绿色信贷余额对商业银行业绩影响最为显著,负向影响效应也最大。

5.6.5 异质性分析

经过上述分析,我们实证了绿色信贷对于商业银行绩效总体上呈现负面影响。考虑到不同规模的商业银行可能在绿色信贷方面存在业绩的异质性,我们对商业银行的类型进行分类比较,结果如表 5-19 所示。

表 5-19　按银行类型对 ROA 回归

	(1)	(2)	(3)	(4)
VARIABLES	roa	roa	roa	roa
	所有银行不分类	国有大型银行	全国性股份制银行	城商行农商行
L. lngreen	−0.077***	−0.018+	−0.058**	−0.091***
	(0.010)	(0.010)	(0.017)	(0.010)
lnsave	0.370**	0.463**	0.620**	0.115
	(0.080)	(0.131)	(0.143)	(0.119)
L. ltdr	−0.001	0.009*	−0.003	−0.002
	(0.001)	(0.003)	(0.002)	(0.003)
loar	−0.058**	−0.122***	−0.042	−0.030+
	(0.018)	(0.022)	(0.045)	(0.014)
car	0.015	−0.020	0.033	0.018
	(0.009)	(0.014)	(0.023)	(0.016)
2013. year	2.674	6.988*	0.917**	0.000
	(1.795)	(2.541)	(0.226)	(0.000)
2014. year	2.588	6.872*	0.774**	−0.020
	(1.795)	(2.549)	(0.194)	(0.016)
2015. year	2.437	6.688*	0.583**	−0.102**
	(1.795)	(2.550)	(0.172)	(0.030)
2016. year	2.308	6.524*	0.458*	−0.213**
	(1.804)	(2.554)	(0.158)	(0.061)
2017. year	2.213	6.445*	0.373*	−0.293***
	(1.801)	(2.561)	(0.128)	(0.061)

续表

	(1)	(2)	(3)	(4)
2018. year	2.178	6.344*	0.329**	−0.269**
	(1.801)	(2.572)	(0.094)	(0.076)
2019. year	2.122	6.258*	0.221**	−0.240+
	(1.800)	(2.574)	(0.054)	(0.108)
2020. year	2.008	6.128*	0.066+	−0.313*
	(1.806)	(2.580)	(0.030)	(0.134)
2021. year	1.984	6.095*	0.037*	−0.324+
	(1.806)	(2.588)	(0.014)	(0.145)
2022. year	1.957	6.015*	0.000	−0.288
	(1.813)	(2.604)	(0.000)	(0.169)
Constant	0.000	0.000	−2.129	2.574
	(0.000)	(0.000)	(4.553)	(1.972)
Observations	230	60	100	70
Number of groups	23	6	10	7

Robust standard errors in parentheses

*** $p<0.001$, ** $p<0.01$, * $p<0.05$, + $p<0.1$

通过对 roa 分类回归,我们可以注意到位于商业银行头部地位的国有大型银行的绿色信贷在滞后一年的时间里系数虽然还是负值,但显著性已经开始下降,这可以被解读为绿色信贷对于银行的资产收益率负向影响效应正在减弱(表 5-19 中方程 2 中系数为负值−0.018,不过显著性已减弱,由三颗星变为一个加号),其他两类银行仍表现出绿色信贷对 roa 指标值的负面影响(表 5-19 中方程 3 和 4 中系数显著为−0.058 和−0.091)。

而如果用 roe 指标来替换 roa 指标,则上述趋势就更为明显,从而进一步证实了我们的异质性推断结论,即绿色信贷对于国有大型银行的业绩负面影响正在好转,当然对于全国性股份制银行的业绩拖累也在改善。

通过对 roe 分类回归,根据表 5-20 我们可以注意到位于商业银行头部地位的国有大型银行的绿色信贷在滞后一年的时间里系数已经成为正值,解读为开始向着促进提升银行的净资产收益率的方向转变了(表 5-20 中方程 2 中系数为 0.044,不过并不显著),也就是显现出能正向提升业绩的趋势与可能。而与之完全相反,城商行等中小地区性银行则会由于绿色信贷的实施导致 roe 指标值的下滑(表 5-20 中方程 4 中系数显著为 -1.345),而处于中间梯队的全国性股份制银行则表现得较为中性(表 5-20 中方程 3 中系数为 -0.669,不显著地依然为负值,这可解读为其正处于负效益向正效益转变的中间阶段)。

表 5-20 按银行类型对 ROE 回归(23 家银行)

VARIABLES	(1) roe 所有银行不分类	(2) roe 国有大型银行	(3) roe 全国性股份制银行	(4) roe 城商行农商行
L. lngreen	-0.913^{***}	0.044	-0.669	-1.345^{***}
	(0.167)	(0.167)	(0.432)	(0.118)
lnsave	4.860^{***}	-12.887^{*}	6.358^{**}	4.833^{*}
	(0.632)	(5.460)	(1.858)	(1.658)
L. ltdr	-0.071^{***}	0.096^{*}	-0.088^{*}	-0.035
	(0.015)	(0.038)	(0.034)	(0.020)
loar	$0.398+$	0.229	0.146	0.444
	(0.199)	(0.302)	(0.492)	(0.460)
car	0.259^{**}	-0.599^{**}	0.439	0.457^{**}
	(0.074)	(0.136)	(0.369)	(0.100)
2013. year	-65.940^{*}	$146.860+$	13.092^{***}	0.000
	(22.537)	(66.869)	(2.370)	(0.000)
2014. year	-67.779^{*}	$146.711+$	10.265^{***}	-1.032^{**}
	(22.573)	(67.176)	(1.977)	(0.305)
2015. year	-70.401^{*}	$144.967+$	7.194^{**}	-3.037^{**}
	(22.607)	(67.490)	(1.759)	(0.760)
2016. year	-72.317^{*}	$144.266+$	5.576^{**}	-5.202^{***}
	(22.704)	(67.918)	(1.552)	(1.033)
2017. year	-73.168^{*}	$144.891+$	4.610^{**}	-5.896^{**}
	(22.696)	(68.298)	(1.294)	(1.457)

续表

	（1）	（2）	（3）	（4）
2018. year	−73.686*	145.584＋	4.070**	−6.697**
	(22.716)	(68.702)	(0.979)	(1.841)
2019. year	−74.298**	146.337＋	2.949**	−7.602**
	(22.719)	(69.008)	(0.699)	(2.163)
2020. year	−76.001**	146.401＋	0.735＋	−9.257**
	(22.793)	(69.422)	(0.366)	(2.418)
2021. year	−76.037**	117.944＋	0.582"	−9.564**
	(22.812)	(69.792)	(0.206)	(2.745)
2022. year	−76.571**	148.851＋	0.000	−9.772*
	(22.894)	(70.348)	(0.000)	(3.011)
Constant	0.000	0.000	−68.706	−70.706＋
	(0.000)	(0.000)	(58.932)	(36.731)
Observations	230	60	100	70
Number of groups	23	6	10	7

Robust standard errors in parentheses

*** $p<0.001$，** $p<0.01$，* $p<0.05$，＋ $p<0.1$

　　将银行数量增加到 43 家,特别是增加了城商行农商行样本数量后,得到的结果(表 5-21)仍然显著且结论保持不变。

表 5-21　按银行类型对 ROE 回归(43 家银行)

VARIABLES	（1）	（2）	（3）	（4）
	roe	roe	roe	roe
	所有银行不分类	国有大型银行	全国性股份制银行	城商行农商行
L. lngreen	−0.785**	0.084	−0.748	−1.199***
	(0.193)	(0.196)	(0.429)	(0.138)
lnsave	5.570***	−12.817*	6.983**	5.934**
	(0.698)	(5.439)	(1.786)	(1.402)

续表

	(1)	(2)	(3)	(4)
L. ltdr	−0.062***	0.095*	−0.082*	−0.025
	(0.013)	(0.041)	(0.033)	(0.017)
loar	0.252	0.255	0.118	0.368
	(0.167)	(0.323)	(0.504)	(0.333)
car	0.206**	−0.597**	0.392	0.450***
	(0.063)	(0.135)	(0.381)	(0.092)
year	Fixed Effects			
bank	Fixed Effects			
Constant	−60.585**	0.000	−65.012	−63.168+
	(18.239)	(0.000)	(59.365)	(28.912)
Observations	271	60	100	89
Number of groups	39	6	10	14

Robust standard errors in parentheses

*** $p<0.001$, ** $p<0.01$, * $p<0.05$, + $p<0.1$

　　如果从生息资产的生息角度来看,净息差 NIM(Net Interest Margin) 就等于利息收入减去利息支出,再除以整个生息资产,它反映了银行主营业务的经营能力。在银行业规模扩张受到限制的条件下,提高净息差和增加非息收入是提升商业银行盈利水平的两个主要路径。从表 5-22 回归结果可以看到,绿色信贷对于城商行的净息差具有显著的负向影响作用,也就是说绿色信贷的执行影响到了城商行的生息资产净收入。结合之前的分析,国有大型银行的生息收入并未受到显著影响(回归结果不显著),再叠加其中间收入的增加,是完全有理由实现 roe 和 roa 的正增长的。

表 5-22　按银行类型对净息差 NIM 回归

	(1)	(2)	(3)	(4)
VARIABLES	nim	nim	nim	nim
	所有银行不分类	国有大型银行	全国性股份制银行	城商行农商行
L. lngreen	−0.150***	−0.001	0.006	−0.152***
	(0.021)	(0.026)	(0.045)	(0.017)

续表

	（1）	（2）	（3）	（4）
lnsave	0.569***	0.800	2.131**	0.208＋
	(0.085)	(0.735)	(0.489)	(0.108)
L.ltdr	0.008＋	−0.015**	−0.001	0.013＋
	(0.004)	(0.003)	(0.003)	(0.006)
loar	−0.121*	−0.171***	−0.257**	−0.005
	(0.037)	(0.017)	(0.077)	(0.035)
car	−0.023＋	−0.021	−0.137*	0.032
	(0.011)	(0.016)	(0.051)	(0.028)
2013.year	7.487*	10.669	2.073***	0.000
	(3.097)	(8.029)	(0.353)	(0.000)
2014.year	7.469*	10.641	1.942***	−0.022
	(3.088)	(8.071)	(0.313)	(0.017)
2015.year	7.297*	10.390	1.728***	−0.203***
	(3.079)	(8.122)	(0.271)	(0.040)
2016.year	6.938＋	9.955	1.372***	−0.522***
	(3.081)	(8.189)	(0.241)	(0.054)
2017.year	6.663＋	9.876	0.961**	−0.719***
	(3.064)	(8.241)	(0.221)	(0.076)
2018.year	6.612＋	9.938	0.792**	−0.728***
	(3.045)	(8.298)	(0.184)	(0.109)
2019.year	6.647＋	9.761	0.821***	−0.776***
	(3.021)	(8.344)	(0.110)	(0.153)
2020.year	6.608＋	9.681	0.684***	−0.744**
	(3.015)	(8.406)	(0.067)	(0.185)
2021.year	6.396＋	9.560	0.348***	−0.925**
	(3.005)	(8.458)	(0.033)	(0.209)

续表

	（1）	（2）	（3）	（4）
2022. year	6. 267＋	9. 454	0. 000	－0. 925**
	（3. 006）	（8. 534）	（0. 000）	（0. 240）
Constant	0. 000	0. 000	5. 418	－0. 507
	（0. 000）	（0. 000）	（5. 797）	（3. 069）
Observations	230	60	100	70
Number of groups	23	6	10	7

Robust standard errors in parentheses

*** $p < 0.001$, ** $p < 0.01$, * $p < 0.05$, ＋ $p < 0.1$

另外，再从表 5-23 回归结果可以看到，绿色信贷对全国性股份制银行的非利息收入会带来显著的负面影响，因此总体上会影响其整体业绩。但是绿色信贷对其他两种类型银行的非利息收入并无显著影响。

表 5-23 按银行类型对非利息收入 nInt 回归

VARIABLES	（1）	（2）	（3）	（4）
	nint	nint	nint	nint
	所有银行不分类	国有大型银行	全国性股份制银行	城商行农商行
L. lngreen	－0. 412	－1. 248	－3. 696**	－1. 317
	（0. 846）	（2. 008）	（1. 054）	（0. 920）
lnsave	11. 695＋	－10. 971	－7. 279＋	0. 277
	（5. 375）	（24. 080）	（3. 754）	（10. 737）
L. ltdr	0. 009	0. 693*	0. 099	－0. 399
	（0. 093）	（0. 229）	（0. 114）	（0. 238）
loar	0. 687	－0. 533	4. 446**	0. 306
	（1. 062）	（1. 137）	（1. 255）	（1. 040）
car	0. 169	－1. 594	1. 574	1. 553＋
	（0. 466）	（1. 153）	（0. 973）	（0. 725）
2013. year	－163. 581＋	168. 597	－16. 992*	0. 000
	（73. 093）	（282. 583）	（6. 811）	（0. 000）

续表

	（1）	（2）	（3）	（4）
2014. year	－161.651＋	169.934	－11.442＋	3.919*
	(72.897)	(283.369)	(6.197)	(1.541)
2015. year	－160.060＋	171.220	－6.985	5.828
	(72.706)	(284.513)	(5.734)	(3.324)
2016. year	－157.291＋	175.785	－3.291	11.104＋
	(72.698)	(286.283)	(5.210)	(5.570)
2017. year	－155.668＋	175.483	2.406	11.947
	(72.481)	(287.775)	(4.175)	(6.538)
2018. year	－153.925＋	174.168	8.475*	16.956＋
	(72.315)	(289.068)	(2.885)	(8.765)
2019. year	－156.471＋	177.170	2.157	26.406＋
	(71.946)	(290.151)	(1.946)	(12.076)
2020. year	－163.773*	173.545	－4.761**	20.968
	(71.880)	(291.759)	(1.116)	(14.407)
2021. year	－162.338*	176.876	－2.653**	23.574
	(71.697)	(293.094)	(0.769)	(16.116)
2022. year	－164.482*	174.167	0.000	23.868
	(71.735)	(295.164)	(0.000)	(18.228)
Constant	0.000	0.000	－349.351*	－21.078
	(0.000)	(0.000)	(113.793)	(77.374)
Observations	230	60	100	70
Number of groups	23	6	10	7

Robust standard errors in parentheses

*** $p < 0.001$，** $p < 0.01$，* $p < 0.05$，+ $p < 0.1$

　　总结来看,结论有两点:第一,绿色信贷对不同类型银行的效益性指标有不同影响。对于国有大型银行和全国性股份制银行影响不显著,随着绿色信贷规模的扩大、业务的熟练以及政策的扶植,有对业绩向正向影响发展的趋势。对于城商行农商行则有显著负面影响。第二,绿色信贷对国有大型银行的净息差 NIM 和非利息收入 nint 影响均不显著,而对全国性股份制银行会显著负向影响其非利息收入 nint,对城商行农商行则显著负向影响其净息差 NIM。

5.6.6　机制分析

总体来看绿色信贷对于商业银行的经营影响是复杂的、多方面的,很难用一个简单的结论"提高"或"降低"来进行断言,用与经营业绩无关这样的结论来逃避更是错误的,事实上绿色信贷业务的影响是全方位的,而且对于不同禀赋的银行,在不同的时期均会带来不同的业绩表现。

国有大型商业银行相对中小银行会有更多的机会盈利,尤其是中间业务。实力雄厚的大型银行在绿色信贷审核的过程中会衍生出自己的账户管理、融资租赁、基金信托、财务顾问等配套业务。绿色信贷在我国尚属于新兴的产品,在绿色信贷具体实施过程中大型银行反而可能会促使其业务模式的创新以及金融产品的创新,从而拓宽中间业务的收入来源,增加中间业务收入,逐步优化商业银行的盈利结构。

另外,大型银行可将盈利性很强的中间业务与绿色信贷业务进行有机结合,创新出绿色信贷衍生产品,提高商业银行盈利性。比如:银行可以通过融资租赁的方式向低碳企业提供动力设备、发行绿色信用卡、提供环保咨询服务、开发绿色信贷资产证券化产品等。

以上这些绿色信贷衍生服务,中小型银行难以凭借其有限的资本和人力资源进行及时布局,因而会导致绿色信贷业务上付出的成本暂时还将持续高于各项投入。虽然我们有理由相信,长远来看随着时间的流逝会逐步摊薄其短期内集中支付的门槛成本,因而绿色信贷业务是终将会带来正向收益的,然而绿色信贷与中小型银行短期业绩表现的确是呈现显著负相关性的。

第6章 VAR 与 PVAR 模型分析

以上为了缓解内生性,我们采用了绿色信贷占比的滞后项进行回归,下面将采用另外一种方式来应对内生性问题,即假定绿色信贷占比会对商业银行的财务业绩产生影响,同时商业银行的财务业绩状况也会反过来对商业银行发放绿色信贷的比例或占比带来影响。为此,可以建立面板向量自回归 PVAR 模型来对商业银行与绿色信贷的关系进行研究。

6.1 VAR 模型

传统的经济计量方法(如多元线性回归模型、联立方程模型等结构性方法)是以简单的经济理论为基础来描述变量间的关系,人为地决定某些变量的内生或外生性,这使得模型的估计和推断变得不可靠。为了克服这些不足,Sims(1980)[①] 提出非限制性向量自回归模型(Unrestricted Vector Auto-regression),又称为简约式(Reduced Form)VAR 模型,该模型及以后的拓展形式在整个计量经济学体系中占据着重要地位,至今在宏观经济计量方面有着广泛的应用。作为 2011 年诺贝尔经济学奖获得者之一,Sims 的获奖理由就是开创性地利用 VAR 模型对宏观经济中的因果关系进行了实证研究,并对实证宏观计量经济的发展作出了重要贡献。

VAR 模型以多方程联立的形式出现,系统内每个方程右边的变量是相同的,包括所有内生变量的滞后值,然后通过模型中所有内生当期变量对它们的若干滞后值进行回归,进而估计出全部内生变量的动态关系。向量自回归模型通常用于描述多变量时间序列之间的变动关系,不需要经济理论

---

① Sims, C. A. Macroeconomics and Reality[J]. *Econometrica*, 1980, 48(1).

作为基础,从数据出发建立模型,是一种非结构化的模型。模型描述的是在同一样本期间内的若干变量可以作为它们过去值的线性函数(如图 6-1 所示)。

$$Y_t = \Phi_0 + \Phi_1 Y_{t-1} + \cdots + \Phi_p Y_{t-p} + BX_t + \varepsilon_t, \quad t = 1, 2, \cdots, T$$

其中

$$Y_t = \begin{pmatrix} y_{1t} \\ y_{2t} \\ \vdots \\ y_{kt} \end{pmatrix}, \quad \varepsilon_t = \begin{pmatrix} \varepsilon_{1t} \\ \varepsilon_{2t} \\ \vdots \\ \varepsilon_{kt} \end{pmatrix}, \quad \Phi_0 = \begin{pmatrix} \phi_{10} \\ \phi_{20} \\ \vdots \\ \phi_{k0} \end{pmatrix}$$

$$\Phi_i = \begin{pmatrix} \phi_{11}(i) & \phi_{12}(i) & \cdots & \phi_{1k}(i) \\ \phi_{21}(i) & \phi_{22}(i) & \cdots & \phi_{2k}(i) \\ \vdots & \vdots & \ddots & \vdots \\ \phi_{k1}(i) & \phi_{k2}(i) & \cdots & \phi_{kk}(i) \end{pmatrix}, \quad i = 1, 2, \cdots, p$$

图 6-1　VAR 模型

注:其中 Y_t 表示 k 维内生变量列向量,$Y_{t-i}(i=1,2,\cdots,p)Y_{t-i}(i=1,2,\cdots,p)$ 为滞后的内生变量。X_t 表示 d 维外生变量列向量,它可以是常数变量、线性趋势项或者其他非随机变量。B 为 k × d 维的待估矩阵。T 为样本数目,p 是滞后阶数。$\varepsilon_t \sim N(0, \Sigma)$ 为 k 维白噪声向量,它们相互之间可以同期相关,但不与自己的滞后项相关(各 ε_t 独立同分布,而 ε_t 中的分量不要求相互独立),也不与上式中右边的变量相关。Σ 是 ε_t 的协方差矩阵,是一个 k × k 的正定矩阵。

与早期的结构性模型比较,VAR 模型的优点在于:第一,不以严格的经济理论为依据,而是让数据关系说明一切;第二,解释变量中不包括任何当期变量,只要样本足够大,就不存在因参数过多产生模型不可识别的问题;第三,无需事先区分变量的外生性和内生性。

VAR 模型的渊源,既可以看成是联立方程模型的全部变量内生化,也可以看作 AR 模型的矩阵化/多维化。VAR 模型是 AR 模型的推广,而 ARMA 模型包含 AR 模型,如果扰动项没有滞后最好用 VAR 模型,如果扰动项有滞后,则用 ARMA 模型。

由于简约式的 VAR 模型事前不考虑结构性的经济冲击,难以与实际经济情况相吻合,使得人们不断对这种方法质疑。为了解决这一问题,计量经济学家提出了很多方法。Blanchard 和 Quah(1990)对 VAR 模型进行修正,提出结构向量自回归模型(Structural VAR,SVAR)。自此,VAR 模型可被分为两大类,分别是无约束的 VAR 模型和有约束的结构 VAR 模型(SVAR)。VAR 模型只能描述各个内生变量 y_t 的动态形成过程,着重的是内生变量的"跨期"相关性,并不考虑内生变量的"同期"相关性,因此无法呈现内生变量之间的"因果关系"。而采用有约束的结构型 SVAR 模型,则可以根据相关理论设定变量之间的因果关系。

总结起来,VAR 模型有以下特点:

- 不以严格的经济理论为依据。在建模过程中只需明确两件事:①共有哪些变量是相互有关系的,把有关系的变量包括在 VAR 模型中;②确定滞后期 p。使模型能反映出变量间相互影响的绝大部分。

- VAR 模型对参数不施加零约束。对无显著性的参数估计值并不从模型中剔除,不分析回归参数的经济意义。

- VAR 模型的解释变量中不包括任何当期变量,所有与联立方程模型有关的问题(主要是参数估计量的非一致性问题)在 VAR 模型中都不存在。

- VAR 模型的另一个特点是有相当多的参数需要估计。比如一个 VAR 模型含有三个变量,最大滞后期 p=3,则有 27 个参数需要估计。当样本容量较小时,多数参数的估计量误差较大。

- 无约束 VAR 模型的应用之一是预测。由于在 VAR 模型中每个方程的右侧都不含有当期变量,这种模型用于样本外一期预测的优点是不必对解释变量在预测期内的取值做任何预测。

- 用 VAR 模型做样本外近期预测非常准确。做样本外长期预测时,则只能预测出变动的趋势,而对短期波动预测不理想。

SVAR 模型的提出是为了减轻 VAR 的维度灾难问题,即纳入模型的研究对象过多时,待估参数也会呈指数增长。SVAR 通过添加约束条件来减少待估参数,其中最常见的一种就是假定参数矩阵为下三角矩阵,此时,SVAR 模型又称为递归的 SVAR 模型,而且是恰好识别的。

简单而言 SVAR 模型与 VAR 模型在模型设定形式上的区别是:VAR 模型只包含变量的滞后项,而 SVAR 模型还包含了变量的当期项。SVAR 模型的优势是可以避免联立方程模型可能产生的偏倚问题(如图 6-2 所示)。

图 6-2　联立方程模型、VAR 模型和 SVAR 模型

VAR 模型主要用来处理平稳性数据,传统的理论要求对于非平稳的时间序列经过差分再建立 VAR 模型,这样通常会损失掉许多信息,同时也会使得分析结果难以得到解释,但根据 Engle 和 Granger 的协整理论,只要各变量之间存在协整关系也可以直接建立 VAR 模型。Engle 和 Granger 将协整与误差修正模型结合起来,建立了向量误差修正模型(VEC),可以较好地克服 VAR 模型的不足。

无约束的 VAR 模型建模过程大致是:数据平稳性检验(ADF 检验/PP 检验) — 确定滞后期(简称"定阶") — 参数估计 — 模型稳定性检验(如果所有数据都平稳,这一步可以不做) — 格兰杰因果检验(如果是在经济分析的基础上构建 VAR 模型,这一步也可以不做) — 脉冲响应方差分解(协整检验—VECM)。在这里确定 VAR 模型滞后期十分关键。目前的 Eviews6.0 软件有 5 种方法可以确定模型的滞后期,分别是 LR、FPE、AIC、SC、HQ,如果出现检验结果不一致时,一般选取次数最多的最优滞后阶数。一般来说,我们做回归看的是回归系数,但 VAR 模型的重点却不在于此,而在于考察扰动项对因变量的影响。

VAR 模型在批判中逐步向结构式、非线性、空间计量以及利用贝叶斯统计推断技术的方向演变。进入 21 世纪之后,时变参数的 TVP-VAR 模型、基于动态随机一般均衡的 DSGE-VAR 模型,以及处理大规模变量的 FAVAR 模型等成为宏观计量经济分析的前沿。

6.2 VAR 与 TVP、DSGE

随着时代发展,VAR 模型还有许多的变形,比如 TVP-SV-VAR 模型,它的全称是 Time Varying Parameter-Stochastic Volatility-Vector Auto Regression,从名称也可以看出,相比 VAR 模型,TVP-SV-VAR 模型多了时变参数和随机波动两个因素,其解析表达式如图 6-3 所示。

因为存在随机波动,极大似然估计法失效。TVP-SV-VAR 模型的采用贝叶斯框架下的 MCMC[①] 进行参数估计。

再来看 DSGE 模型和 VAR 模型的关系。SVAR 和 VAR 模型相比,多了一个约束条件;而 SVAR 又是 DSGE 模型的特例,即 DSGE 模型最简单

[①] Nakajima J. Time-Varying Parameter VAR Model with Stochastic Volatility:An Overview of Methodology and Empirical Applications[J]. *Monetary and Economic Studies*,2011,(29).

(Regression)

$$y_t = x_t'\beta + z_t'\alpha_t + \varepsilon_t, \quad \varepsilon_t \sim N(0, \sigma_t^2), \qquad t = 1,\ldots,n,$$

(Time-varying coefficients)

$$\alpha_{t+1} = \alpha_t + u_t, \quad u_t \sim N(0, \Sigma), \qquad t = 0,\ldots,n-1,$$

(Stochastic volatility) $\quad \sigma_t^2 = \gamma \exp(h_t),$

$$h_{t+1} = \phi h_t + \eta_t, \quad \eta_t \sim N(0, \sigma_\eta^2), \qquad t = 0,\ldots,n-1,$$

图 6-3　TVP-SV-VAR 模型

的模型体现。简单地说 DSGE 模型是 structure form,而 VAR 模型则是 reduced form。DSGE 一般是指动态随机一般均衡模型。“一般均衡”指模型所关心的市场全部出清,故而达到一般均衡(general equilibrium)。因此,DSGE 是一种用于经济学或金融学的建模框架。除了很特别的例子,该模型试图寻找的均衡没有显性解,一些数值方法是必需的。其中一种最简单的数值方法,就是将模型的解近似成线性的。此时,DSGE 模型的解可以局部近似地表达成状态变量的线性随机差分方程 LSDE(linear stochastic difference equations),而此 LSDE 正是 VAR 模型。因此,VAR 模型可以用来检验 DSGE 模型推理出的 LSDE 是否为数据所支持,也可以用来帮助 DSGE 模型确定其原始参数。所以,VAR 模型可以认为是沟通 DSGE 模型和数据之间的桥梁。

VAR model 和 DSGE model 确实都可以演化为线性随机差分方程组 LSDE。但二者还是有所区别的。首先, VAR model 的 shock 是 state variables's shocks。例如,如果 VAR 的状态向量里是两个变量投资 investment 和房价 house price,那么说冲击就是对投资和房价的冲击。但是在 DSGE model 中,投资和房价都是内生性变量,整个模型的外生冲击可能只是技术冲击或者货币政策冲击。所以说即使二者最后都能写成线性随机差分方程组,但二者并不能直接比较,因为冲击其实是不同的。但我们前面说到了,DSGE model 的目的就是解释或者拟合 VAR model 体现的事实。如果不能直接比较那么怎么办呢? 一个办法就是模拟运行 DSGE 模型,得到模拟输出的数据。比如得到 simulated house price and investment data。然后用模拟输出的数据去建立 VAR 模型,再把用此模拟数据建立的 VAR 模型预测结果跟用实际数据建立的 VAR 模型预测结果比较就可以了。因此,并不是必须线性化 DSGE model 的解。

VAR model 现在一般用于论文的实证部分,作为典型事实来推动后面的 DSGE model 的建立。例如:Liu,Wang and Zha(2013)就首先用 VAR model 发现投资对于房价的冲击反应明显,而消费对其反应不明显。他们认为其他的 DSGE model(或者称为经济学理论)不能拟合这样的事实,然后他们就提出了自己的 DSGE model 来解释或者说拟合事实。

6.3　PVAR 模型与 GMM 广义矩估计

为了克服 VAR 模型对数据量的限制和空间个体的异质性影响,计量经济学家们对 VAR 模型进行了改进,提出了基于面板数据的向量自回归(Panel Data Vector Autoregression,PVAR)模型。PVAR 不仅继承了传统 VAR 的优良特性,更重要的是由于面板分析的引进使得 PVAR 具有两方面的优点:一是对数据的长度要求降低,只要 $T \geqslant m+3$(T 为时间序列的长度,m 为滞后项的阶数)便可以对方程的参数进行估计,当 $T \geqslant (2m+2)$ 时,即可在稳态下估计滞后项的参数;二是该模型能够控制由于空间变动造成的不可观测的个体异质性,个体效应允许不可观察的个体差异,时间效应则可以捕捉到个体在横截面上可能受到的共同冲击。这使得 VAR 模型摆脱了对单纯个体时间序列数据的依赖并向空间计量进一步拓展,为宏观经济研究提供了一个相当灵活的分析框架。

早期的面板数据向量自回归模型是 Chamberlain(1983)基于简单混合数据的研究,之后 Holtz-Eakin 等(1988)利用两阶段最小二乘法研究了一类时变系数的 PVAR 模型。而对 PVAR 模型的深入拓展则是从 Pesaran 和 Smith(1995)的开创性研究开始,他们的研究表明,可以通过对 PVAR 模型中每个变量的个体平均时间序列数据建立时间序列向量自回归模型的方法估计模型参数,并且证实这种估计是一致的。在进行模型估计时,Arellano 和 Bover(1995)提出采用"组内均值差分法"去除时间效应,采用"前向均值差分法"去除个体效应。后来 Mccuskey 和 Kao(1998)、Westerlund(2005)等学者对该模型不断拓展,使 PVAR 逐渐成为一个兼具时序分析与面板数据分析优势的成熟模型。

面板向量自回归模型(Panel Vector Autoregression,简称 PVAR) 最

早是由 Holtz Eakin et al.(1988)[①]提出的,模型沿袭了 Sims(1980)提出的向量自回归(Vector Autoregression,简称 VAR)模型的优点,亦即事先无需设定变量之间的因果关系,而是将各个变量都视为内生变量,分析各个变量及其滞后变量对模型中其他变量的影响。

建立面板向量自回归 PVAR(Panel VAR)模型的前提是所有变量都是平稳的,根据之前对数据平稳性的检验,此前提条件已经满足,可以进行下一步建模。为了验证起见,进行了协整检验,检验结果(图 6-4、图 6-5)也说明序列是平稳的。

```
. xtcointtest kao nim lngreen lnsave ltdr loar cir car nint, demean lags(aic 2)

Kao test for cointegration

H0: No cointegration                    Number of panels    =     23
Ha: All panels are cointegrated         Number of periods   =      9

Cointegrating vector: Same
Panel means:          Included          Kernel:         Bartlett
Time trend:           Not included      Lags:           1.43 (Newey-West)
AR parameter:         Same              Augmented lags: 2 (AIC)

Cross-sectional means removed

                                        Statistic       p-value

Modified Dickey-Fuller t                -1.8542         0.0319
Dickey-Fuller t                         -3.7629         0.0001
Augmented Dickey-Fuller t               -3.7136         0.0001
Unadjusted modified Dickey-Fuller t     -2.9420         0.0016
Unadjusted Dickey-Fuller t              -4.2943         0.0000
```

图 6-4　xtcointtest kao vars，demean lags(aic 2)协整检验

```
. xtcointtest pedroni nim lngreen lnsave ltdr loar cir car nint, trend demean ar(panels)

Pedroni test for cointegration

H0: No cointegration                    Number of panels    =     23
Ha: All panels are cointegrated         Number of periods   =     10

Cointegrating vector: Panel specific
Panel means:          Included          Kernel:         Bartlett
Time trend:           Included          Lags:           2.00 (Newey-West)
AR parameter:         Panel specific    Augmented lags: 1

Cross-sectional means removed

                                        Statistic       p-value

Modified Phillips-Perron t               9.1559         0.0000
Phillips-Perron t                      -28.1327         0.0000
Augmented Dickey-Fuller t              -16.9565         0.0000
```

图 6-5　xtcointtest pedroni vars，trend demean ar(panels) 协整检验

---

① Holtz-Eakin，D.，W. Newey and H. S. Rosen. Estimating Vector Autoregressions with Panel Data[J]. *Econometrica*,1988,56(6).

下面将建立 PVAR 模型,首先要确定滞后阶数,如图 6-6 所示。

```
. pvarsoc nim lngreen,maxlag(3) pvaropts(instl(1/4))
Running panel VAR lag order selection on estimation sample
...

Selection order criteria
Sample: 2016 - 2021                          No. of obs     =      138
                                             No. of panels  =       23
                                             Ave. no. of T  =    6.000

  lag     CD          J        J pvalue     MBIC       MAIC       MQIC

   1    .9625476   24.4341    .0177443   -34.69294    .4341001  -13.84066
   2    .9722579    7.929641  .4403731   -31.48839   -8.070359  -17.58687
   3    .8845363    2.161851  .7060194   -17.54716   -5.838149  -10.5964
```

图 6-6　确定滞后阶数

根据 MBIC、MAIC 和 MQIC 三列中的最小数值来确定阶数。MBIC 列中最小值为第 1 行的 -34.69,MAIC 列中最小值为第 2 行的 -8.07,MQIC 列中最小值为第 2 行的 -17.58。因此选择 nim 和 lngreen 互相影响的滞后阶数为 2。

之后通过下式:

pvar nim lngreen, lags(2) exog(lnsave ltdr loar cir car nint) instl(1/4) vce(r) overid

来进行模型的系数估计,其中 overid 选项表示要进行过度识别检验(如图 6-7 所示)。

广义矩估计(Generalized Method of Moment,简称 GMM)是一种构造估计量的方法,类似于极大似然法(MLE)。MLE 通过假设随机变量服从特定的分布,进而将待估参数嵌入似然函数,通过极大化联合概率密度函数得到参数的估计值。GMM 则是以随机变量遵循特定矩的假设,而不是对整个分布的假设,这些假设被称为矩条件。这使得 GMM 比 MLE 更稳健,但会导致估计量的有效性有所降低(估计出的标准误比较大)。OLS 估计可以视为矩估计的一个特例。

GMM 估计中,假设待估参数的个数为 k,矩条件的个数为 l,当 $k = l$ 时,即待估参数个数等于矩条件个数时,我们称其为"恰好识别(just or exactly identified)";当 $k < l$ 时,即待估参数个数小于矩条件个数时,我们称其为"过度识别(over identified)"。GMM 是矩估计(MM)的推广,在恰好识别情况下,目标函数的最小值等于 0,GMM 估计量与 MM 估计量等价;然而在过度识别情况下,MM 就不再适用,然而 GMM 仍可以有效地组

. pvar nim lngreen, lags(2) exog(lnsave ltdr loar cir car nint) instl(1/4) vce(r

Panel vector autoregresssion

GMM Estimation

Final GMM Criterion Q(b) =　　 .0695
Initial weight matrix: **Identity**
GMM weight matrix:　　**Robust**

					No. of obs	=	138
					No. of panels	=	23
					Ave. no. of T	=	6.000

	Coefficient	Std. err.	z	P>|z|	[95% conf. interval]	
nim						
nim						
L1.	.2122438	.1507376	1.41	0.159	-.0831966	.5076841
L2.	-.2325304	.106609	-2.18	0.029	-.4414801	-.0235806
lngreen						
L1.	-.1086409	.0762574	-1.42	0.154	-.2581027	.0408208
L2.	-.1386327	.0572613	-2.42	0.015	-.2508628	-.0264026
lnsave	.0207757	.2384867	0.09	0.931	-.4466496	.488201
ltdr	-.000672	.0087321	-0.08	0.939	-.0177867	.0164427
loar	-.1951158	.09361	-2.08	0.037	-.378588	-.0116435
cir	-.0507796	.0193892	-2.62	0.009	-.0887818	-.0127773
car	-.140857	.0430389	-3.27	0.001	-.2252116	-.0565024
nint	-.0162083	.0055242	-2.93	0.003	-.0270355	-.0053811
lngreen						
nim						
L1.	.3713362	.3875378	0.96	0.338	-.3882239	1.130896
L2.	-.1766798	.2972685	-0.59	0.552	-.7593153	.4059557
lngreen						
L1.	.8822666	.2575364	3.43	0.001	.3775045	1.387029
L2.	.069308	.1062288	0.65	0.514	-.1388967	.2775127
lnsave	.1435259	.6832293	0.21	0.834	-1.195579	1.482631
ltdr	.0081241	.0184143	0.44	0.659	-.0279673	.0442155
loar	.2977149	.2746598	1.08	0.278	-.2406084	.8360383
cir	.1357735	.0763277	1.78	0.075	-.013826	.285373
car	.2250671	.1248498	1.80	0.071	-.0196339	.4697682
nint	-.0144963	.013992	-1.04	0.300	-.0419202	.0129276

Instruments : l(1/4).(nim lngreen) lnsave ltdr loar cir car nint

Test of overidentifying restriction:
　Hansen's J chi2(8) = 9.5887637 (p = 0.295)

图 6-7　VAR 模型的系数估计

合矩条件,因此 GMM 比 MM 更有效。在计量经济学方法研究以及应用
中,一般需要过度识别来进行工具变量的外生性检验。这样的过度识别检
验,也称为 Sargen-Baseman 检验。该检验的原假设为"所有有效的工具变
量的个数与内生解释变量一样多,或者说等价于假设所有的工具变量都是
外生的"。若 Sargen-Baseman 检验的统计量对应的 p 值大于 0.05,则认为
所有的工具变量都是外生的,也就是工具变量有效。反之则提示工具变量
无效(因为原假设是所有工具变量是外生的,如果 p 值小于 0.05,则拒绝原

假设,则工具变量为内生)。

从图 6-7 的结果可以看到 L2. lngreen 对 nim 的负向相关是显著的(p value＝0.015),而反之 nim 滞后项对 lngreen 的相关性则是不显著的(p value＝0.338 和 0.552)。而且 Sargen-Baseman 检验的统计量 p value＝0.295,表示所有的工具变量均为外生的,也就是说回归是有效的。

6.3.1 Granger 因果检验

VAR 模型可以用来检验变量之间是否存在因果关系,Granger 因果检验正是基于 VAR 模型来定义的。传统的 Granger 因果关系检验分为基于水平 VAR 模型的因果关系检验和基于差分 VAR 模型的因果关系检验。基于水平 VAR 模型进行多变量系统的因果关系检验因未考虑变量的非稳定性和变量系统的协整性而存在一定的问题;基于差分 VAR 模型来进行因果关系检验容易使信息丧失且首先要求检验变量的平稳性和协整关系,使其在实证检验中的应用受到限制。当研究者并不关注变量的协整性而只关注其因果关系,或者协整性不存在但需要研究其因果关系时,就需要一种新的检验方法。Toda 和 Yamamoto(1995)提出的"基于扩展 VAR 模型(Lag-Augmented VAR,LA-VAR)的因果关系检验"可以不考虑单位根的个数和变量的协整性,这在后来的因果关系检验中得到应用。

我们采用下述命令进行 Granger 因果检验:pvargranger,可以得到结果如图 6-8 所示。

```
. pvargranger

panel VAR-Granger causality Wald test
  Ho: Excluded variable does not Granger-cause Equation variable
  Ha: Excluded variable Granger-causes Equation variable
```

Equation \ Excluded	chi2	df	Prob > chi2
nim			
lngreen	9.090	2	0.011
ALL	9.090	2	0.011
lngreen			
nim	0.933	2	0.627
ALL	0.933	2	0.627

图 6-8 Granger 因果检验:NIM 与绿色信贷

可以得到结论,绿色信贷是 nim 净息差的格兰杰原因。而 nim 不是绿色信贷的格兰杰原因。也就是再次印证了绿色信贷会带来对银行财务业绩的影响。

6.3.2　模型稳定性检验

我们采用下述命令进行模型稳定性检验：pvarstable，graph，可以得到结果如图 6-9 所示。

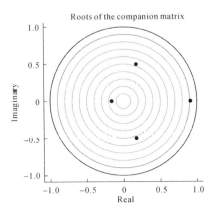

图 6-9　VAR 模型稳定性检验

可以看出单位根位于单位圆之内，表示该模型的稳定性检验可以通过。

6.3.3　脉冲响应函数

我们采用下述命令进行脉冲响应函数的图形绘制：pvarirf，得到的结果如图 6-10 所示。

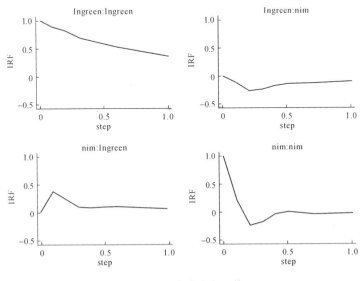

图 6-10　脉冲响应函数

125

可以看到在图注中显示是按照 impulse:response 的次序来显示冲击和响应的。在右上角 lngreen:nim 图中,随着 lngreen 的冲击,nim 的响应从 0 开始下降,之后缓慢回升到一个稳定的负值水平。也就是说 lngreen 绿色信贷占比对商业银行净息差具有负向影响。

6.3.4 方差分解

接下来可以采用方差分解,命令为:pvarfevd, mc(200) porder(nim lngreen),得到的结果如图 6-11 所示。

```
. pvarfevd, mc(200) porder(nim lng

Forecast-error variance decomposit
```

Response variable and Forecast horizon	Impulse variable	
	nim	lngreen
nim		
0	0	0
1	1	0
2	.9448069	.0551931
3	.7211415	.2788584
4	.5988929	.4011072
5	.5508277	.4491723
6	.5248377	.4751624
7	.5028417	.4971583
8	.4839664	.5160336
9	.4694202	.5305798
10	.4585782	.5414218
lngreen		
0	0	0
1	.1210985	.8789015
2	.0853594	.9146407
3	.0782627	.9217373
4	.0794636	.9205364
5	.0806202	.9193798
6	.0805414	.9194586
7	.0801705	.9198295
8	.0799723	.9200277
9	.0799115	.9200885
10	.0798763	.9201236

图 6-11 方差分解

可以看到 lngreen 对 nim 的方差贡献为 54.14%(第 10 期右上角数据),而 nim 对 lngreen 的方差贡献为 7.98%(第 10 期左下角数据)。因此可以得到的结论依然是绿色信贷对商业银行利润产生较为明显的影响。

总之,对数据建立 VAR 模型的时候,可以有两种选择:1)全部用 level 平稳的原始数据,即零阶单整 I(0) 的数据;2)或者全部用一阶差分后平稳的数据,即 I(1) 一阶单整的数据。也就是说建立 VAR 模型可以采用两套数据,均可以建立 VAR 模型,不是一定要用 level 的数据或者必须要用一阶差分后的数据[即建立 VAR 模型可以全用 I(0) 也可以全用 I(1) 的数据,取决于自己的选择]。所以,我们既可以用一阶差分后的平稳序列建立 VAR 模型,也可以用一阶单整并且通过 johansen 协整检验的原序列 level 建立 VAR 模型。

另外,如果数据一阶差分后全都平稳的话,才可以做协整检验,而且在协整检验时必须用 level 的数据(即差分前的原数据)进行协整检验。一阶差分后都平稳的话,如果原数据通过了协整检验,依然可以用原数据进行 VAR 建模。因此可以归纳为"存在协整可用 VAR 或 VECM 建模,而不存在协整则只能用 VAR 进行建模"(图 6-12)。

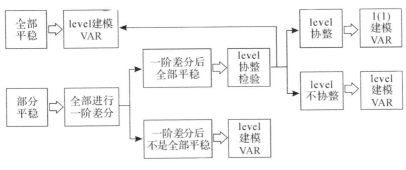

图 6-12　VAR 建模的规则

6.4　门槛回归

为了进一步考察绿色信贷规模的增大是否会对商业银行的盈利带来不同的影响,我们引入门槛回归来研究绿色信贷规模是否存在门槛效应。

使用门槛数为 1 时,可以观察到,绿色金融规模逐步扩大,对商业银行效益的影响在逐步减小(如图 6-13 所示具体运行结果,如表 6-1 所示汇总结果)。

```
. xthreg nim lnsave ltdr loar car, rx(L.lngreen) qx(L.lngreen) thnum(1)
Estimating the threshold parameters:  1st ...... Done
```

Threshold estimator (level = 95):

model	Threshold	Lower	Upper
Th-1	-5.6083	-5.6930	-5.3497

```
Fixed-effects (within) regression        Number of obs    =      230
Group variable: id                       Number of groups =       23

R-sq:  Within  = 0.3173                  Obs per group: min =       10
       Between = 0.0306                                 avg =     10.0
       Overall = 0.0033                                 max =       10

                                         F(6,201)         =    15.57
corr(u_i, Xb) = -0.7538                  Prob > F         =   0.0000
```

nim	Coefficient	Std. err.	t	P>|t|	[95% conf. interval]	
lnsave	-.2229489	.1134102	-1.97	0.051	-.4465753	.0006775
ltdr	.0004712	.0030384	0.16	0.877	-.0055201	.0064624
loar	-.0915543	.0462085	-1.98	0.049	-.1826699	-.0004387
car	-.0755262	.0259986	-2.91	0.004	-.1267912	-.0242613
_cat#cL.lngreen						
0	-.179074	.0379705	-4.72	0.000	-.2539456	-.1042024
1	-.1283994	.051519	-2.49	0.014	-.2299864	-.0268124
_cons	13.41596	4.665694	2.88	0.004	4.215978	22.61595
sigma_u	.54499073					
sigma_e	.27754006					
rho	.79406537	(fraction of variance due to u_i)				

```
F test that all u_i=0: F(22, 201) = 10.27          Prob > F = 0.0000
```

```
. xthreg roa lnsave ltdr loar car, rx(L.lngreen) qx(L.lngreen) thnum(1)
Estimating the threshold parameters:  1st ...... Done
```

Threshold estimator (level = 95):

model	Threshold	Lower	Upper
Th-1	-6.3487	-6.5521	-6.3213

```
Fixed-effects (within) regression        Number of obs    =      230
Group variable: id                       Number of groups =       23

R-sq:  Within  = 0.5674                  Obs per group: min =       10
       Between = 0.0174                                 avg =     10.0
       Overall = 0.0266                                 max =       10

                                         F(6,201)         =    43.95
corr(u_i, Xb) = -0.6417                  Prob > F         =   0.0000
```

roa	Coefficient	Std. err.	t	P>|t|	[95% conf. interval]	
lnsave	-.1015617	.0428798	-2.37	0.019	-.1861136	-.0170098
ltdr	-.0063651	.0011398	-5.58	0.000	-.0086127	-.0041175
loar	-.0547814	.0171987	-3.19	0.002	-.0886944	-.0208684
car	-.0242857	.0097725	-2.49	0.014	-.0435554	-.005016
_cat#cL.lngreen						
0	-.1007858	.0155625	-6.48	0.000	-.1314725	-.070099
1	-.0714628	.0150277	-4.76	0.000	-.1010949	-.0418307
_cons	7.610066	1.749579	4.35	0.000	4.160182	11.05995
sigma_u	.27974087					
sigma_e	.10458232					
rho	.87737229	(fraction of variance due to u_i)				

```
F test that all u_i=0: F(22, 201) = 28.69          Prob > F = 0.0000
```

```
. xthreg roe lnsave ltdr loar car, rx(L.lngreen) qx(L.lngreen) thnum(1)
Estimating the threshold parameters: 1st ...... Done

Threshold estimator (level = 95):
```

model	Threshold	Lower	Upper
Th-1	-6.3487	-6.5521	-6.3213

```
Fixed-effects (within) regression          Number of obs      =        230
Group variable: id                         Number of groups   =         23

R-sq:  Within  = 0.7775                     Obs per group: min =         10
       Between = 0.0326                                    avg =       10.0
       Overall = 0.2694                                    max =         10

                                            F(6,201)           =     117.05
corr(u_i, Xb)  = -0.6959                    Prob > F           =     0.0000
```

roe	Coefficient	Std. err.	t	P>|t|	[95% conf. interval]
lnsave	-2.174252	.6050338	-3.17	0.002	-3.526648	-.8218566
ltdr	-.1272846	.0182316	-6.98	0.000	-.1632343	-.0913349
loar	.3850949	.2750905	1.40	0.163	-.1573385	.9275283
car	-.3436283	.1563091	-2.20	0.029	-.6518442	-.0354123
_cat#cL.lngreen						
0	-1.295239	.2489205	-5.20	0.000	-1.786069	-.8044086
1	-.7154164	.2403654	-2.98	0.003	-1.189378	-.241455
_cons	12.54296	27.98427	0.45	0.654	-42.63744	67.72335
sigma_u	4.2391615					
sigma_e	1.6727792					
rho	.86526875	(fraction of variance due to u_i)				

```
F test that all u_i=0: F(22, 201) = 21.41          Prob > F = 0.0000
```

图 6-13　门限数为 1 时对 nim、roa、roe 效益指标的影响

表 6-1　门限数为 1 时对 nim、roa、roe 效益指标的影响汇总表

nim						
_cat＃cL. lngreen	Coefficient	Std. err.	t	P>|t|	[95% conf. interval]	
0	−0.1791	0.0380	−4.7200	0.0000	−0.2539	−0.1042
1	−0.1284	0.0515	−2.4900	0.0140	−0.2300	−0.0268
roa						
_cat＃cL. lngreen	Coefficient	Std. err.	t	P>|t|	[95% conf. interval]	
0	−0.1008	0.0156	−6.4800	0.0000	−0.1315	−0.0701
1	−0.0715	0.0150	−4.7600	0.0000	−0.1011	−0.0418
roe						
_cat＃cL. lngreen	Coefficient	Std. err.	t	P>|t|	[95% conf. interval]	
0	−1.2952	0.2489	−5.2000	0.0000	−1.7861	−0.8044
1	−0.7154	0.2404	−2.9800	0.0030	−1.1894	−0.2415

从汇总结果中可以看到,绿色信贷规模增大,对 nim、roa、roe 三类效益指标负向影响均减小,推断可能是绿色信贷产生了规模效应带来的集约效果。

可以采用类似的方式进行门限数为 2 的测试,结果如表 6-2 所示。

表 6-2　门限数为 2 时对 nim、roa、roe 效益指标的影响汇总

nim						
_cat # cL. lngreen	Coefficient	Std. err.	t	P>|t|	[95% conf. interval]	
0	−0.2071	0.0394	−5.2600	0.0000	−0.2847	−0.1294
1	−0.1472	0.0516	−2.8600	0.0050	−0.2489	−0.0456
2	−0.1927	0.0577	−3.3400	0.0010	−0.3065	−0.0788
roa						
_cat # cL. lngreen	Coefficient	Std. err.	t	P>|t|	[95% conf. interval]	
0	−0.0861	0.0146	−5.9100	0.0000	−0.1149	−0.0574
1	−0.0483	0.0190	−2.5400	0.0120	−0.0859	−0.0108
2	−0.0642	0.0215	−2.9900	0.0030	−0.1067	−0.0218
roe						
_cat # cL. lngreen	Coefficient	Std. err.	t	P>|t|	[95% conf. interval]	
0	−1.4852	0.2652	−5.6000	0.0000	−2.0081	−0.9623
1	−0.9451	0.2654	−3.5600	0.0000	−1.4685	−0.4218
2	−1.2290	0.3527	−3.4800	0.0010	−1.9246	−0.5335

从汇总结果同样可以看出绿色信贷并不存在门限效应。也就是说商业银行的效益性指标随着绿色信贷规模增加基本呈现单边下降趋势,只不过下降的趋势随绿色信贷额度增加表现出先减缓再加大的波动走势。

另外,使用商业银行的大小(资产)、拨备覆盖率、贷款余额等指标作为门限标准进行检验,均未发现有门限效应。可以解读为在现阶段,无论银行大小以及经营差异,绿色信贷业务基本上还是会显著影响商业银行效益性业绩,因此也证明了中央银行给予商业银行绿色信贷补贴政策的必要性和正确性。

第7章 业绩与绿色信贷(二)：综合指标 CAMELS

美国金融机构统一评级制度(Uniform Financial InstitutionsRating System)是由美国联邦金融机构检查委员会(FFIEC)于 1979 年 11 月颁布实施的。这套评级制度包括五个基本项目,即：资本充足率(Capital Adequacy)；资产质量(Assets quality)；管理能力(Management)；盈利性(Earning)；流动性(Liquidity)。通过以上五个方面评价以衡量金融机构的资信等级。由于这五个项目的第一个字母组成 CAMEL 一词,因此,也被称为"骆驼评级制度"。

一是资本充足率。参照《巴塞尔协议》精神,把资本分为核心资本和附属资本两部分,要求在 1992 年底,资本总额与总资产之比达到 8%。

二是资产质量。即把资产乘以一定风险权数,求得加权风险资产,再与资本相比,以反映金融机构的风险状况。此比例小于 5% 为最好,其次为 5%~15%,再次为 15%~30%,30%~50% 为差,大于 50% 为最差。

三是管理能力。不作定量描述,主要对管理者能力、管理系统的效率和执法情况等进行主观评价。

四是盈利性。以税后净收益与总资产之比衡量,并根据金融机构资产规模大小加以区别。例如,小于 1 亿美元总资产的银行,此比例达到 1.15% 以上为 1 等,达到 0.95% 为 2 等,达到 0.75% 为 3 等,小于 0.75% 为 4 等,净亏损则为 5 等。

五是流动性。主要观察短期投资、主要存款、贷款与租赁、变动债务等与总资产的比例。

1986 年 7 月 12 日美国联邦金融机构检查委员会又提出了修改建议,并征求各方面意见。1996 年 12 月批准了修改建议,并定于 1997 年元旦起施行。此次修改主要内容如下：

一是增加市场风险敏感性(Sensitivity to Market Risks)评级项目。这样,连同原来5个项目,共有6个评级项目。这里市场风险包括利率风险、价格风险、股价风险和外汇风险等。指标体系改称CAMELS体系。

二是强调风险管理(Risk Manangement)的重要性,要求每一评级项目中都要对风险的管理过程(包括识别、衡量、监控等)加以详细评估和说明。

三是对综合评级,要求在各项目评估基础上对管理、营运、财务及遵纪守法等各方面情况进行综合评价,对风险管理的质量作总体评述,以便求得总评结果,反映金融机构在总体上的经营水平和资信级别。综合评级分为5级,A级最好,其次为B、C、D,最差为E级。

美国多年坚持对金融机构的资信评级制度,对于评价和督促金融机构的安全性和稳健性发挥了重要作用,也为监管机构提供了需要特别关注的金融机构的重要信息,因而这项制度被看作美国金融系统比较有效的内部监管工具。

7.1　综合业绩指标

除了采用单独的财务指标来表示商业银行业绩,考虑到考核的全面性以及角度的多样性,以往也有很多研究采用了各类综合性指标来作为商业银行业绩的度量,我们这里考虑采用美国的商业银行新CAMELS评级标准,从以下四个维度八项指标来综合考核商业银行业绩,如表7-1所示。

表7-1　商业银行新CAMELS评级标准

一级指标	二级指标	符号	说明	性质
盈利性变量	加权平均净资产收益率	roe	净利润/平均股东权益	正向
	平均资产收益率	roa	净利润/总资产	正向
	成本收入比	cir	(营业费用+折旧)/营业收入	负向
安全性变量	资本充足率	car	总资产/加权风险资产	正向
	不良贷款率	npl	不良贷款/总贷款余额	负向
	拨备覆盖率	pcr	实际计提贷款损失准备/不良贷款	正向
流动性变量	资产负债率	loar	负债总额/资产总额	负向
规模性变量	资产规模	size	资产总额的对数	正向

由于指标数量较多,我们将采用主成分分析法(PCA),对指标进行主成分提取并进行权重设置和计算。

主成分分析(PCA:Principal Component Analysis)是一种统计过程,它使用正交变换将一组可能相关变量(实体,每个实体具有不同的数值)的观察值转换为一组称为主成分的线性不相关变量的值。如果有带 p 个变量的 n 个观测值,那么不同主成分的数量为 min(n—1,p)。这种变换以使得第一主成分具有最大可能的方差定义(即尽可能多地占数据中的可变性),并且在与前面的分量正交的约束下,每个后续分量又具有最大可能的方差。结果向量(每个向量是变量的线性组合,包含 n 个观察值)是不相关的正交基集。

7.2　PCA 主成分分析与 EFA/CFA 因子分析

主成分分析(PCA:Principle Component Analysis)与探索性(EFA:Exploratory Factor Analysis)或验证性(CFA:Confirmatory Factor Analysis)因子分析的关键逻辑区别是:主成分分析中的主成分变量(简写为 PC)和探索式因子分析 EFA(或结构方程模型 SEM:Structure Equation Model 中的 CFA)中的因子变量(Factor,简写为 F)都是将原来的 n 个观测变量 X_n 整合成为少于原有数量的新变量,可以说都是对数据中多变量的精简和降维。

但在 PCA 中,每个主成分 PC 是由观测变量 X_n 整合出来的,即 PC 是观测变量 X_n 的线性组合,即:

$$PC_i = w_1 X_1 + w_2 X_2 + \cdots + w_n X_n \quad i < n$$

而在 EFA/CFA 因子分析中,与 PCA 恰恰相反,观测变量 X_n 是因子变量 F 的线性组合,即:

$$X_i = g_1 F_1 + g_2 F_2 + \cdots + g_n F_n \quad (i = 1\cdots n)(i = 1\cdots n)$$

此处写的有多个因子来表示每一个观测变量 X_i($i = 1\cdots n$),当然更常见的是某一个观测变量 X_i 只有一个因子变量 F_1 来解释它(图 7-1)。

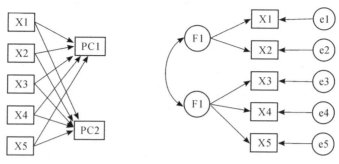

X1
X2
X3
X4
X5
PC1
PC2
F1
F1
e1
e2
e3
e4
e5
Principle Component Analysis
Exploratory Factor Analysis
Confirmatory Factor Analysis

图 7-1 PCA 和 EFA/CFA 区别

7.3 美国新 CAMELS 指标

根据美国的新 CAMELS 指标，采用主成分分析，分析结果显示可以选取其中三个成分进行指标构造，累积占比达到 78.5%（如图 7-2 所示）。

```
. pca roe roa cir car npl pcr loar size

Principal components/correlation                 Number of obs    =        253
                                                 Number of comp.  =          8
                                                 Trace            =          8
    Rotation: (unrotated = principal)            Rho              =     1.0000
```

Component	Eigenvalue	Difference	Proportion	Cumulative
Comp1	3.07977	1.05977	0.3850	0.3850
Comp2	2.02	.840022	0.2525	0.6375
Comp3	1.17997	.427141	0.1475	0.7850
Comp4	.752834	.265534	0.0941	0.8791
Comp5	.4873	.183865	0.0609	0.9400
Comp6	.303435	.163076	0.0379	0.9779
Comp7	.140359	.10403	0.0175	0.9955
Comp8	.0363296	.	0.0045	1.0000

图 7-2 主成分分析

之后进行 KMO 检验（图 7-3 所示），检验值 0.57 大于 0.5，可以进行因子分析。

Kaiser-Meyer-Olkin measure of sampling adequacy

Variable	kmo
roe	0.5095
roa	0.4201
cir	0.6612
car	0.6107
npl	0.8241
pcr	0.6865
loar	0.5348
size	0.6140
Overall	0.5702

图 7-3　KMO 检验

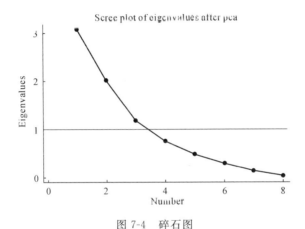

图 7-4　碎石图

根据主成分分析以及碎石图(图 7-4)可以得到综合业绩公式如下:

Bank performance $= (c1 \times 0.3850 + c2 \times 0.2525 + c3 \times 0.1475)/0.7850$

其中系数 $c1$、$c2$、$c3$ 的值通过下述命令(图 7-5)生成:

```
. predict c1 c2 c3,score
(5 components skipped)

Scoring coefficients
    sum of squares(column-loading) = 1
```

Variable	Comp1	Comp2	Comp3	Comp4	Comp5	Comp6	Comp7	Comp8
roe	0.4480	0.3405	-0.2261	0.2728	0.1069	0.0959	0.1807	-0.7103
roa	0.1904	0.5898	-0.2913	0.1690	-0.0437	0.3869	-0.2190	0.5504
cir	0.2503	-0.2618	0.6437	0.3170	-0.0943	0.5612	-0.1705	-0.0325
car	-0.3461	0.4284	0.3716	-0.1358	-0.0022	0.2187	0.7013	0.0242
npl	-0.3872	-0.2400	-0.2765	0.2053	0.7221	0.3890	0.0236	-0.0252
pcr	0.3373	0.2284	0.3543	-0.5177	0.6129	-0.1207	-0.2225	0.0300
loar	0.4743	-0.2537	-0.0040	0.3277	0.2272	-0.2861	0.5296	0.4350
size	-0.3032	0.3318	0.3311	0.6005	0.1705	-0.4802	-0.2608	-0.0124

```
. gen perf = (c1*0.3850+c2*0.2525+c3*0.1475)/0.7850
```

图 7-5　PCA 系数

得到主成分权重 $c1$、$c2$、$c3$，然后按照上述公式用权重乘以各主成分值（图 7-5 最后一行），即在 stata 软件中执行：

$$gen\ perf = (c1 \times 0.3850 + c2 \times 0.2525 + c3 \times 0.1475)/0.7850$$

可以计算得到总分 $perf$（该总分 $perf$ 可以用来综合表示银行业绩）。再对综合业绩 $perf$ 进行回归，如表 7-2 所示。

表 7-2　针对 CAMELS 标准的回归

VARIABLES	(1) xtreg(perf)	(2) xtscc(perf)	(3) xtgls(perf)	(4) xtpcse(perf)
L. lngreen	−0.284**	−0.284***	−0.100***	−0.182**
	(0.056)	(0.085)	(0.048)	(0.016)
lnsave	1.489***	1.489***	0.009	1.139***
	(0.204)	(0.382)	(0.223)	(0.017)
L. ltdr	−0.017**	−0.017***	−0.026***	−0.016***
	(0.004)	(0.006)	(0.003)	(0.002)
loar	0.114	0.114	0.152***	0.141**
	(0.049)	(0.073)	(0.067)	(0.041)
car	0.144*	0.144***	0.119***	0.091**
	(0.028)	(0.055)	(0.028)	(0.021)
2014. year	−0.742***	−26.282**	−0.529***	−0.646***
	(0.045)	(0.096)	(6.683)	(0.027)
2015. year	−1.543***	−27.083**	−1.180***	−1.388***
	(0.081)	(0.153)	(6.677)	(0.029)
2016. year	−1.886***	−27.426**	−1.309***	−1.713***
	(0.102)	(0.176)	(6.693)	(0.037)
2017. year	−1.987***	−27.527**	−1.315***	−1.755***
	(0.131)	(0.193)	(6.675)	(0.034)
2018. year	−2.034***	−27.574**	−1.173***	−1.773***
	(0.160)	(0.239)	(6.662)	(0.035)

续表

	(1)	(2)	(3)	(4)
2019. year	−2.177***	−27.717**	−1.049***	−1.855***
	(0.196)	(0.289)	(6.651)	(0.035)
2020. year	−2.462***	−28.002**	−1.163***	−2.133***
	(0.221)	(0.336)	(6.665)	(0.044)
2021. year	−2.386***	−27.926**	−0.868***	−2.030***
	(0.247)	(0.373)	(6.664)	(0.047)
2022. year	−2.405***	−27.945**	−0.812***	−2.046***
	(0.265)	(0.434)	(6.675)	(0.047)
2. id				−0.025
				(0.110)
3. id				−0.366
				(3.055)
4. id				−0.193
				(0.119)
5. id				2.413***
				(0.384)
6. id				2.072***
				(0.517)
7. id				0.906***
				(0.216)
8. id				1.759***
				(0.415)
9. id				2.349**
				(0.814)
10. id				1.369***
				(0.359)

续表

	（1）	（2）	（3）	（4）
11. id				2.464***
				（0.453）
12. id				1.349***
				（0.347）
13. id				1.960***
				（0.390）
14. id				2.587***
				（0.513）
15. id				3.472***
				（0.711）
16. id				1.339***
				（0.275）
17. id				3.540
				（2.908）
18. id				4.336***
				（0.662）
19. id				2.849***
				（0.557）
20. id				3.045***
				（0.553）
21. id				4.614***
				（0.658）
22. id				4.612***
				（0.918）
23. id				5.109***
				（0.878）

续表

	(1)	(2)	(3)	(4)
2013. year		−25.540**		
		(6.688)		
Constant	−25.540**	0.000	−13.345***	−26.050***
	(7.340)	(0.000)	(4.010)	(5.410)
Observations	230	230	230	230
R-squared	0.803			0.865
Number of id	23		23	23
Number of groups		23		

Robust standard errors in parentheses
*** $p<0.001$, ** $p<0.01$, * $p<0.05$, + $p<0.1$

在以上四个方程中,所有回归都很显著,基本可以得到结论绿色信贷降低了商业银行的综合绩效。

综上所述,研究假设"1b:绿色信贷的发展,会降低商业银行业绩"得到证实。而这一研究结论也与史灿(2021)[8]、朱天(2022)[9]、史玥(2022)[16]的研究结论保持一致。

7.4　综合指标一

根据陈昆、孙秀冰等(2021)[15]的研究,我们也同样定义业绩型的被解释变量,如表 7-3 所示。

表 7-3　商业银行业绩指标

	变量	含义
1	总资产收益率(ROA)	净利润/资产总额
2	不良贷款率(NPLR)	不良贷款/贷款总额
3	净利润增速(NPGP)	本年净利润增长额/上年净利润

数据来源:陈昆,孙秀冰,于慧林.绿色信贷对商业银行经营绩效的影响[J].区域金融研究,2021(03).

我们采用几乎同样的方式对这三个商业银行绩效指标进行研究,首先构造同样的 PVAR 方程组:

$$ROA_{i,t} = \alpha_1 X_{i,t-1} + \beta_{11} lngreen_{i,t} + \beta_{12} Ctrl_{i,t} + u_i + \varepsilon_{i,t} \cdots(1)$$

$$NPL_{i,t} = \alpha_2 X_{i,t-1} + \beta_{21} lngreen_{i,t} + \beta_{22} Ctrl_{i,t} + u_i + \varepsilon_{i,t} \cdots(2)$$

$$NPGP_{i,t} = \alpha_3 X_{i,t-1} + \beta_{31} lngreen_{i,t} + \beta_{32} Ctrl_{i,t} + u_i + \varepsilon_{i,t} \cdots(3)$$

其中 $X_{i,t-1}$ 表示所有被解释变量的一阶滞后项,分别是 $ROA_{i,t-1}$、$NPL_{i,t-1}$、$NPGP_{i,t-1}$,而 $Ctrl_{i,t}$ 表示控制变量(按照参考文献控制变量定义为:资本充足率 car,成本收入比 cir,存贷比 ltdr,银行存款总额 lnsave),u_i 是个体 i 的固定效应,$\varepsilon_{i,t}$ 是模型的随机扰动项。但是考虑到绿色信贷余额同样会受到 $X_{i,t-1}$ 的影响,因此加入了第四个方程:

$$lngreen_{i,t} = \alpha_4 X_{i,t-1} + \beta_{41} lngreen_{i,t-1} + \beta_{42} Ctrl_{i,t} + u_i + \varepsilon_{i,t} \cdots(4)$$

同时将方程(1)(2)(3)中的 $lngreen$ 均滞后一阶,对控制变量也均滞后一阶,形成 4 个变量的 PVAR 模型如下:

$$ROA_{i,t} = \alpha_1 X_{i,t-1} + \beta_{12} Ctrl_{i,t-1} + u_i + \varepsilon_{i,t} \cdots(1)$$

$$NPL_{i,t} = \alpha_2 X_{i,t-1} + \beta_{22} Ctrl_{i,t-1} + u_i + \varepsilon_{i,t} \cdots(2)$$

$$NPGP_{i,t} = \alpha_3 X_{i,t-1} + \beta_{32} Ctrl_{i,t-1} + u_i + \varepsilon_{i,t} \cdots(3)$$

$$lngreen_{i,t} = \alpha_4 X_{i,t-1} + \beta_{42} Ctrl_{i,t-1} + u_i + \varepsilon_{i,t} \cdots(4)$$

在单位根检验通过,不存在单位根各变量平稳的前提下采用系统 GMM 进行模型估计,步骤如图 7-6、图 7-7 所示。

```
. pvarsoc roa npl npgp lngreen,maxlag(3) pvaropts(instl(1/4))
Running panel VAR lag order selection on estimation sample
...

Selection order criteria
Sample: 2017 - 2021                          No. of obs      =      115
                                             No. of panels   =       23
                                             Ave. no. of T   =    5.000
```

lag	CD	J	J pvalue	MBIC	MAIC	MQIC
1	.9998037	61.89279	.0858107	-165.864	-34.10721	-87.58661
2	.9998576	41.01019	.1320427	-110.8276	-22.98981	-58.64274
3	.9997771	12.61366	.7007676	-63.30525	-19.38634	-37.21281

图 7-6　模型根据 MBIC、MAIC、MQIC 最小原则选取一阶滞后

从图 7-7 中 Sargen-Baseman 检验的统计量对应的 p 值等于 0.163,大于 0.05,则认为所有的工具变量都是外生的,也就是工具变量有效。从结果中发现绿色信贷对于不良贷款率有显著正向影响,系数等于 0.1351 且 p 值等于 0.000,这一点与参考文献实证结论完全一致。同时还发现改良后的模型显示出,绿色信贷对于商业银行 roa 负向影响显著,系数等于 -0.04431 且 p 值等于 0.049。

```
. pvar roa npl npgp lngreen,lags(1) exog(L.car L.cir L.ltdr L.lnsave) instl(1/4)

Panel vector autoregresssion

GMM Estimation

Final GMM Criterion Q(b) =         .5
Initial weight matrix: Identity
GMM weight matrix:     Robust
                                              No. of obs       =       115
                                              No. of panels    =        23
                                              Ave. no. of T    =     5.000

-----------------------------------------------------------------------------
             | Coefficient  Std. err.      z    P>|z|     [95% conf. interval]
-------------+---------------------------------------------------------------
roa          |
         roa |
         L1. |   .7085983   .0900402     7.87   0.000     .5321227    .8850739
             |
         npl |
         L1. |   .1450809   .0456483     3.18   0.001     .0556118      .23455
             |
        npgp |
         L1. |  -.0902598   .0779365    -1.16   0.247    -.2430125     .062493
             |
     lngreen |
         L1. |  -.0443738   .0225471    -1.97   0.049    -.0885653   -.0001823
             |
         car |
         L1. |   .0142321   .0063269     2.25   0.024     .0018316    .0266326
             |
         cir |
         L1. |   .0050826   .0036184     1.40   0.160    -.0020094    .0121746
             |
        ltdr |
         L1. |  -.0009276   .0009288    -1.00   0.318     -.002748    .0008928
             |
      lnsave |
         L1. |   .0762088   .0533988     1.43   0.154    -.0284509    .1808685
-------------+---------------------------------------------------------------
npl          |
         roa |
         L1. |   .3299348   .2075482     1.59   0.112    -.0768522    .7367218
             |
         npl |
         L1. |   .8386706   .1364916     6.14   0.000      .571152    1.106189
             |
        npgp |
         L1. |  -.0220741   .2024546    -0.11   0.913    -.4188778    .3747296
             |
     lngreen |
         L1. |    .135134   .0384323     3.52   0.000     .0598081    .2104598
             |
         car |
         L1. |   .0097367   .0140956     0.69   0.490    -.0178901    .0373635
             |
         cir |
         L1. |   .0081592   .0090837     0.90   0.369    -.0096445     .025963
             |
        ltdr |
         L1. |   .0036285   .0020672     1.76   0.079    -.0004232    .0076801
             |
      lnsave |
         L1. |  -.3919538   .1134003    -3.46   0.001    -.6142144   -.1696933
-------------+---------------------------------------------------------------
npgp         |
         roa |
         L1. |  -.1165753   .1111488    -1.05   0.294     -.334423    .1012724
             |
         npl |
         L1. |   .0962605   .0538382     1.79   0.074    -.0092603    .2017814
             |
        npgp |
         L1. |  -.0137996   .1082636    -0.13   0.899    -.2259923    .1983932
             |
     lngreen |
         L1. |  -.0656068   .0265134    -2.47   0.013    -.1175721   -.0136416
             |
         car |
         L1. |   .0202729   .0087448     2.32   0.020     .0031335    .0374123
             |
         cir |
         L1. |   .0056713   .0045603     1.24   0.214    -.0032667    .0146092
             |
        ltdr |
         L1. |  -.0022897   .0012636    -1.81   0.070    -.0047662    .0001869
             |
      lnsave |
         L1. |   .1012539   .0670479     1.51   0.131    -.0301575    .2326653
-------------+---------------------------------------------------------------
lngreen      |
         roa |
         L1. |  -2.493992   .7551638    -3.30   0.001    -3.974086   -1.013898
             |
         npl |
         L1. |   .2365994    .392597     0.60   0.547    -.5328765    1.006075
             |
        npgp |
         L1. |   1.191569   .8362038     1.42   0.154    -.4473607    2.830498
             |
     lngreen |
         L1. |   .9777805   .1980016     4.94   0.000     .5897046    1.365856
             |
         car |
         L1. |   .0940568   .0597202     1.57   0.115    -.0229926    .2111062
             |
         cir |
         L1. |   .0601618   .0349388     1.72   0.085    -.0083171    .1286407
             |
        ltdr |
         L1. |  -.0320201   .0077544    -4.13   0.000    -.0472183   -.0168218
             |
      lnsave |
         L1. |    1.35668   .3957676     3.43   0.001     .5809892     2.13237
-----------------------------------------------------------------------------
Instruments : l(1/4).(roa npl npgp lngreen) L.car L.cir L.ltdr L.lnsave

Test of overidentifying restriction:
  Hansen's J chi2(48) = 57.535295 (p = 0.163)
```

图7-7　绿色信贷对于商业银行不良贷款率有显著正向影响

事实上由于 roa 的视角实际上是从资产负债表的左侧去看,从资产的角度衡量回报,而并不关注资本结构,而 roe 的视角则是从股东的角度看问题,单纯从股权的角度衡量回报,而不考虑公司的资本结构及负债情况,更容易反映出银行类金融机构的盈利能力。因为从经营模式来看,银行是典型的负债经营企业,经营模式是通过存贷款赚息差,这种经营模式意味着 roe 远大于 roa,也就是说 roe 变动范围更广,更容易反映出盈利的波动。当 roa 指标不太敏感时,对银行采用 roe 指标进行同样步骤的分析,如图 7-8所示。

```
. pvar roe npl npgp lngreen,lags(1) exog(L.car L.cir L.ltdr L.lnsave) instl(1/4) vce

Panel vector autoregresssion

GMM Estimation

Final GMM Criterion Q(b) =        .4
Initial weight matrix: Identity
GMM weight matrix:     Robust
                                              No. of obs     =       115
                                              No. of panels  =        23
                                              Ave. no. of T  =     5.000
```

		Coefficient	Std. err.	z	P>|z|	[95% conf.	interval]
roe							
roe	L1.	.9348218	.1103094	8.47	0.000	.7186193	1.151024
npl	L1.	-1.185863	.7859246	-1.51	0.131	-2.726247	.3545208
npgp	L1.	-.6694926	1.486674	-0.45	0.652	-3.583319	2.244334
lngreen	L1.	-.9037852	.3332113	-2.71	0.007	-1.556867	-.250703
car	L1.	.0046834	.1363644	0.03	0.973	-.262586	.2719527
cir	L1.	.0817868	.061319	1.33	0.182	-.0383962	.2019698
ltdr	L1.	-.0142666	.0205931	-0.69	0.488	-.0546283	.0260951
lnsave	L1.	1.642185	.7889765	2.08	0.037	.0958199	3.188551
npl							
roe	L1.	.0333966	.0131067	2.55	0.011	.0077079	.0590853
npl	L1.	.7610816	.1015917	7.49	0.000	.5619656	.9601977
npgp	L1.	-.4756987	.1131857	-4.20	0.000	-.6975386	-.2538588
lngreen	L1.	.0849641	.0406767	2.09	0.037	.0052392	.164689
car	L1.	.0265263	.0148212	1.79	0.073	-.0025227	.0555753
cir	L1.	.0119459	.0077037	1.55	0.121	-.0031531	.0270448
ltdr	L1.	.0016821	.00263	0.64	0.522	-.0034725	.0068368
lnsave	L1.	-.014114	.0873712	-0.16	0.872	-.1853585	.1571305
npgp							
roe	L1.	.0118799	.0078843	1.51	0.132	-.0035731	.0273329
npl	L1.	-.0022463	.0536531	-0.04	0.967	-.1074046	.1029119
npgp	L1.	-.2393362	.1340736	-1.79	0.074	-.5021157	.0234433
lngreen	L1.	-.0513542	.0284645	-1.80	0.071	-.1071436	.0044352
car	L1.	.0333056	.0088735	3.75	0.000	.0159138	.0506973
cir	L1.	.0132263	.0043752	3.02	0.003	.0046511	.0218015
ltdr	L1.	-.0022652	.0015845	-1.43	0.153	-.0053709	.0008404
lnsave	L1.	.1337371	.0605618	2.21	0.027	.0150381	.252436
lngreen							
roe	L1.	-.1213719	.045502	-2.67	0.008	-.2105541	-.0321896
npl	L1.	.0205275	.3235984	0.06	0.949	-.6137137	.6547687
npgp	L1.	.3339329	.6198262	0.54	0.590	-.8809041	1.54877
lngreen	L1.	.8825255	.2017692	4.37	0.000	.4870652	1.277986
car	L1.	.0002062	.0701111	0.00	0.998	-.1372092	.1376215
cir	L1.	.0745132	.0303908	2.45	0.014	.0149484	.134078
ltdr	L1.	-.0509934	.0119581	-4.26	0.000	-.0744308	-.027556
lnsave	L1.	2.190976	.4239022	5.17	0.000	1.360143	3.021809

```
Instruments : l(1/4).(roe npl npgp lngreen) L.car L.cir L.ltdr L.lnsave

Test of overidentifying restriction:
  Hansen's J chi2(48) = 45.967856 (p = 0.556)
```

图 7-8　绿色信贷对于商业银行 ROE 有显著负向影响

由同样的回归模型发现,绿色信贷对于商业银行 roe 负向影响显著,系数等于一0.9038 且 p 值等于 0.007。

通过以上的分析,也能得到绿色信贷将显著负向影响商业银行业绩的总体结论。

7.5 综合指标二

除了使用 ROE、ROA、NIM 作为银行的盈利或业绩指标之外,有一些参考文献讨论了商业银行的综合业绩。比如史灿(2021)通过盈利能力、经营增长、资产质量和偿付能力四个方面(表 7-4)构建商业银行综合业绩指标,对银行绩效进行综合测度,然后分析了绿色信贷对商业银行综合绩效的影响。

表 7-4　商业银行业绩指标

经营绩效指标体系		
盈利能力	营业净利率	(净利润/营业收入)×100%
	资产收益率	(净利润/总资产平均总额)×100%
	成本收入比	业务及管理费/营业收入
经营增长	利润增长率	(本年利润总额一上年利润总额)/上年利润总额×100%
	总资产增长率	(本年资产总额一上年资产总额)/上年资产总额×100%
资产质量	不良贷款率	(次级类贷款+可疑类贷款+损失类贷款)/各类贷款余额×100%
	拨备覆盖率	(贷款减值准备/次级类贷款+可疑类贷款+损失类贷款)×100%
	存贷比率	(贷款总额/存款总额)×100%
偿付能力	资本充足率	(总资本净额/应用资本底线之后的风险加权资产合计)×100%
	一级资本充足率	(一级资本净额/应用资本底线之后的风险加权资产合计)×100%
	核心一级资本充足率	(核心一级资本净额/应用资本底线之后的风险加权资产合计)×100%

数据来源:史灿.绿色信贷及绿色声誉对商业银行经营绩效的影响研究[D].贵阳:贵州大学,2021.

注:与参考文献略有不同的是,基于数据的可得性和便利性,我们在具体做法上:

1）使用净利润代替利润总额来进行利润增长率的计算；

2）不良贷款率＝（3 个月以内＋3 个月至 1 年＋1 年至 3 年＋3 年以上）/贷款总额；

3）偿付能力我们就只使用了资本充足率指标。

在一级指标层面，考虑到熵值法严重依赖样本的缺点，将根据财政部颁布的《金融企业绩效评价办法》，指定盈利能力指标的权重为 25%、经营增长指标的权重为 20%、资产质量指标的权重为 25%、偿付能力指标的权重确定为 30%。在二级指标层面，依照表 7-4 各分项指标的定义对二级指标进行综合时，则利用熵权法对二级指标进行赋权。

利用熵权法对 2012—2022 年 23 家银行的面板数据进行赋权的步骤如下：

步骤一：首先对原始指标数据分类为正向指标 type＝"P"和反向指标 type＝"N"（图 7-9）。然后求出最大值 max、最小值 min，以及差值 diff＝max－min（图 7-10）。

year	code	name	cat	营业净利率X1	资产收益率X2	成本收入比X3	利润增长率X4	总资产增长率X5	不良贷款率X6	拨备覆盖率X7	存贷比率X8
			type	P	P	N	P	P	N	P	P
2012	000045	北京银行	4	0.420027782	1.1254	25.78	30.60444434	17.09048367	0.566615935	419.9600	68.19
2013	000045	北京银行	4	0.439093702	1.0962	25.51	15.24344621	19.35722626	0.661047068	358.9100	68.74
2014	000045	北京银行	4	0.424263789	1.0937	24.65	16.19861928	14.03936497	1.317511936	324.2200	71.41
2015	000045	北京银行	4	0.382999478	1.0022	24.99	7.906174102	21.0223184	1.505822876	278.3900	75.8476
2016	000045	北京银行	4	0.377676163	0.9049	25.81	6.160042646	14.71237877	2.215895643	256.0600	78.1913
2017	000045	北京银行	4	0.374992553	0.8494	26.85	5.350666741	10.08856931	1.908456124	265.5700	84.8981
2018	000045	北京银行	4	0.362907295	0.8215	25.19	6.64654168	10.43263277	1.967410333	217.5100	91.0394
2019	000045	北京银行	4	0.342013971	0.8132	23.23	7.220539306	6.381018825	1.850251452	224.6900	94.594
2020	000045	北京银行	4	0.336645982	0.768	22.07	0.2547357	5.954388683	1.891599334	215.9500	95.7451
2021	000045	北京银行	4	0.337864957	0.7515	24.96	3.446364224	5.48083561	1.748047797	210.2200	98.4642
2022	000045	北京银行	4	0.376154264	0.7734	26.55	11.33440514	10.75506406	2.260311052	210.0400	93.9353
2012	000025	渤海银行	3	0.352990737	0.85	38.58	81.72452695	51.07821273	0.296877982	1,304.4800	66.29103978
2013	000025	渤海银行	3	0.356773004	0.88	34.74	36.63103926	20.35767694	0.567462137	852.2800	55.2792291
2014	000025	渤海银行	3	0.323086644	0.81	34.89	10.27755311	17.41201772	1.138838436	204.3900	57.8921997
2015	000025	渤海银行	3	0.307827684	0.79	33.07	13.06310335	14.55254306	2.771608693	205.1700	67.58552279
2016	000025	渤海银行	3	0.295679898	0.8	34.61	13.79834087	12.02313425	3.150454363	181.5900	72.15187549
2017	000025	渤海银行	3	0.267476463	0.73	34.22	4.331397729	17.10589637	2.519428252	185.8900	79.86387289
2018	000025	渤海银行	3	0.305046983	0.7	35.4	4.831932151	3.180236333	2.426526296	186.9600	94.53112592
2019	000025	渤海银行	3	0.288697098	0.76	29.5	15.71433414	7.973214778	3.061558516	187.7300	110.9921857
2020	000025	渤海银行	3	0.259895538	0.67	26.52	3.073567394	24.76368259	2.777369532	158.8000	118.8572515

图 7-9　指标分类为正向指标 P 和反向指标 N

2014	000015	中信银行	3	0.332387184	1.0657	30.32	4.373442103	13.66645492	3.471078309	181.2600	76.7802
2015	000015	中信银行	3	0.28759629	0.9014	27.85	0.689921359	23.76228462	2.961902578	167.8100	79.4521
2016	000015	中信银行	3	0.271724075	0.7561	27.56	0.110206037	15.78898665	3.257657335	155.5000	79.0794
2017	000015	中信银行	3	0.273617173	0.7387	29.92	2.613315465	-4.271739405	2.882910075	169.4400	93.8154
2018	000015	中信银行	3	0.275249615	0.7727	30.57	5.825831429	6.851781825	2.675941661	157.9800	99.7785
2019	000015	中信银行	3	0.261184323	0.7645	27.7	7.973377997	11.27000548	2.601534222	175.2500	98.989
2020	000015	中信银行	3	0.254361144	0.6946	26.65	1.098093644	11.26932154	2.03339498	171.6800	98.7834
2021	000015	中信银行	3	0.275605332	0.7249	29.2	13.81934911	7.079105347	1.861070365	180.0700	102.5205
2022	000015	中信银行	3	0.297787996	0.7589	30.53	11.65900988	6.274602493	1.595044376	201.1900	101.0477
			max	0.473252214	1.7566	66.47	81.72452695	56.27984284	6.837591701	1304.48	118.8572515
			min	0.164860582	0.38	18.93	-36.08986964	-4.271739405	0.296877982	132.44	26.43
			diff	0.308391633	1.3766	47.54	117.8143966	60.55158225	6.540713719	1172.04	92.42725152

图 7-10　每一列指标求出最大值 max、最小值 min，以及差值 diff＝max－min

步骤二：定义 EXCEL 公式变量 type、max、min、diff。

选择变量名称和变量值，比如 max 作为变量名称，则 max 之后的数值列为其变量值。用鼠标全部选中之后，点击菜单"公式"—"根据所选内容创建"，即可得到变量（图 7-11）。

图 7-11 按图中数字顺序操作定义 EXCEL 公式变量 max、min、diff，type 也按同样方法定义

步骤三:利用 EXCEL 公式对每一列指标进行标准化(图 7-12)。

1				=IF(type="P",(E3−min)/diff,(max−E3)/diff)							
A	B	C	D	E	F	G	H	I	J	K	L
2022	000015	中信银行	3	0.297787996	0.7589	30.53	11.65900988	6.274602493	1.595044376	201.1900	101.0477
			max	0.473252214	1.7566	66.47	81.72452695	56.27984284	6.837591701	1304.48	118.8572515
			min	0.164860582	0.38	18.93	-36.08986964	-4.271739405	0.296877982	132.44	26.43
			diff	0.308391633	1.3766	47.54	117.8143966	60.55158225	6.540713719	1172.04	92.42725152
标准化											
2012	000045	北京银行	4	0.827412851	0.541479006	0.855910812	0.56609647	0.352793805	0.958760185	0.24531586	0.451814798
2013	000045	北京银行	4	0.88923658	0.520267325	0.86159024	0.435713439	0.390228707	0.94432273	0.21626395	0.457765424
2014	000045	北京银行	4	0.841148655	0.518451257	0.879680269	0.443820878	0.302406052	0.843956792	0.163639228	0.486653008
2015	000045	北京银行	4	0.707343759	0.451984147	0.872529397	0.373436208	0.417727446	0.815166212	0.124526467	0.534665822

图 7-12 标准化公式＝IF(type＝"P"，(E3−min)/diff，(max−E3)/diff)

步骤四:对标准化后的每一列指标平移后求占比(图 7-9)。

考虑到标准化之后的数值必然有一个 0 和一个 1，在之后的对数运算中为了不出现 0 值，可以采用平移的处理方式，即对所有数值加上一个极小的数值，比如 0.000001(图 7-13)。

L7				=E261+0.000001							
A	B	C	D	E	F	G	H	I	J	K	L
平移											
2012	000045	北京银行	4	0.827413851	0.541480006	0.855911812	0.56609747	0.352794805	0.958761185	0.24531686	0.451815799
2013	000045	北京银行	4	0.88923758	0.520268325	0.86159124	0.435714439	0.390229707	0.94433273	0.21626495	0.457766424
2014	000045	北京银行	4	0.841149655	0.518452257	0.879681269	0.443821878	0.302406052	0.843957792	0.163630228	0.486654008
2015	000045	北京银行	4	0.707344759	0.451985147	0.872529397	0.373436208	0.417728446	0.815167212	0.124527467	0.53466582
2016	000045	北京银行	4	0.690083217	0.381302758	0.855280784	0.358615172	0.313520771	0.706605242	0.105475216	0.560023062
2017	000045	北京银行	4	0.68138126	0.340986036	0.83340445	0.351745248	0.126244	0.753609213	0.113589273	0.632586077
2018	000045	北京银行	4	0.642193241	0.32071871	0.868322414	0.36274454	0.242841428	0.744595791	0.072583847	0.899030766

图 7-13 平移

平移之后就可以求占比，也就是求 P_{ij}，即把每一列指标数值除以该列指标值的总和(图 7-14)。

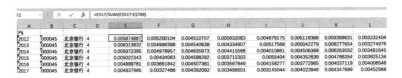

	A	B	C	D	E	F	G	H	I	J	K	L
72						=E517/SUM(E$517:E$769)						
Pij												
2012	000045	北京银行	4	0.005874867	0.005200104	0.004510707	0.005632083	0.004679175	0.005119368	0.009389631	0.003232404
2013	000045	北京银行	4	0.006313832	0.004996398	0.003195775	0.004540638	0.004334907	0.00517568	0.005042279	0.003274976
2014	000045	北京银行	4	0.005972395	0.004978957	0.004635973	0.004415568	0.004010861	0.004506368	0.006263032	0.003481645
2015	000045	北京银行	4	0.005022343	0.00434063	0.004598282	0.003715303	0.0055404	0.004352639	0.004766354	0.003825134
2016	000045	北京银行	4	0.004899781	0.003661842	0.004507381	0.003567849	0.004158227	0.003772965	0.004037119	0.004006646
2017	000045	北京银行	4	0.004837995	0.00327466	0.004392092	0.003499501	0.003145044	0.004023946	0.004347689	0.00452568

图 7-14 求占比 P_{ij}

步骤五:求 K 值。K＝1/ln(n),其中会用到一个参数 n。这个 n 值是面板数据的总行数,即等于总个体数×总时间序列数。比如有 20 家银行 11 年的面板数据,则 n＝23×11＝253。

f_x		=1/LN(COUNT(E772:E1024))						
	D	E	F	G	H	I	J	K	L
行 2		0.005052403	0.003305355	0.004277911	0.003425241	0.002731985	0.004686173	0.001838311	0.004750261
行 3		0.00428388	0.004997095	0.003875506	0.003195775	0.002472499	0.004527179	0.005088354	0.003661858
行 3		0.004949973	0.005743554	0.003886592	0.005289508	0.005977053	0.00408524	0.002422548	0.003620625
行 3		0.003857067	0.004783622	0.004007424	0.003416978	0.003929179	0.002748286	0.001594362	0.003897321
行 3		0.002825821	0.003637425	0.004281236	0.003105919	0.00614056	0.003163956	0.001155123	0.004104137
行 3		0.002460386	0.00262377	0.004313384	0.003056964	0.004394096	0.002922514	0.000753113	0.004075289
行 3		0.002503972	0.002502389	0.004051766	0.003268342	1.32632E-08	0.00324477	0.001208354	0.005215916
行 3		0.002541557	0.002739582	0.00397971	0.003539626	0.002436499	0.003397403	0.000834103	0.005677485
行 3		0.002217723	0.002682377	0.004297865	0.003720978	0.003404263	0.003458146	0.001398092	0.005616374
行 3		0.002060629	0.002194737	0.004414263	0.003140387	0.003404113	0.003921951	0.001281506	0.00560046
行 3		0.002549747	0.002406117	0.004131582	0.004214648	0.002486292	0.00406263	0.0015555	0.005889727
行 3		0.003060471	0.00264331	0.003984144	0.004032215	0.002310074	0.004279802	0.002245219	0.005775726
k		0.180721058							
ej		0.9831695	0.981989809	0.995484479	0.994641534	0.978989577	0.99512276	0.928624023	0.989364881
gj		0.0168305	0.018010191	0.004515521	0.005358466	0.021010423	0.00487724	0.071375977	0.010635119
W		0.427645318	0.457620027	0.114734655	0.203211673	0.796788327	0.056132281	0.821467872	0.122399847

图 7-15 求 K 值

步骤六:根据下述公式(1)和公式(2)求 e_j 和 g_j。

$$e_j = -1 \times K \times \sum_i^n P_{ij} \times \ln P_{ij} \quad (1) \quad \text{EXCEL 公式请参考图 7-17。}$$

$$g_j = 1 - e_j \quad (2) \quad \text{EXCEL 公式请参考图 7-17。}$$

$\checkmark$	f_x	=-1*E1026*SUMPRODUCT(E772:E1024,LN(E772:E1024))							
	C	D	E	F	G	H	I	J	K	L
中国银行	2		0.005052403	0.003305355	0.004277911	0.003425241	0.002731985	0.004686173	0.001838311	0.004750261
中信银行	3		0.00428388	0.004997095	0.003875506	0.003195775	0.002472499	0.004527179	0.005088354	0.003661858
中信银行	3		0.004949973	0.005743554	0.003886592	0.005289508	0.005977053	0.00408524	0.002422548	0.003620625
中信银行	3		0.003857067	0.004783622	0.004007424	0.003416978	0.003929179	0.002748286	0.001594362	0.003897321
中信银行	3		0.002825821	0.003637425	0.004281236	0.003105919	0.00614056	0.003163956	0.001155123	0.004104137
中信银行	3		0.002460386	0.00262377	0.004313384	0.003056964	0.004394096	0.002922514	0.000753113	0.004075289
中信银行	3		0.002503972	0.002502389	0.004051766	0.003268342	1.32632E-08	0.00324477	0.001208354	0.005215916
中信银行	3		0.002541557	0.002739582	0.00397971	0.003539626	0.002436499	0.003397403	0.000834103	0.005677485
中信银行	3		0.002217723	0.002682377	0.004297865	0.003720978	0.003404263	0.003458146	0.001398092	0.005616374
中信银行	3		0.002060629	0.002194737	0.004414263	0.003140387	0.003404113	0.003921951	0.001281506	0.00560046
中信银行	3		0.002549747	0.002406117	0.004131582	0.004214648	0.002486292	0.00406263	0.0015555	0.005889727
中信银行	3		0.003060471	0.00264331	0.003984144	0.004032215	0.002310074	0.004279802	0.002245219	0.005775726
	k		0.180721058							
	ej		0.9831695	0.981989809	0.995484479	0.994641534	0.978989577	0.99512276	0.928624023	0.989364881
	gj		0.0168305	0.018010191	0.004515521	0.005358466	0.021010423	0.00487724	0.071375977	0.010635119
	W		0.427645318	0.457620027	0.114734655	0.203211673	0.796788327	0.056132281	0.821467872	0.122399847

图 7-16 求 e_j

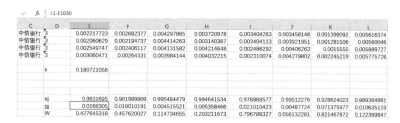

图 7-17　求 g_j

步骤七：计算最终熵值法权重。

比如第 1—3 列指标都属于同一个一级指标的二级指标，则对这三列进行操作(图 7-18)。

图 7-18　按一级指标分段计算二级指标的熵值法权重

经过上述步骤之后，最终赋权结果如表 7-5 所示。

表 7-5　经济绩效指标体系权重

一级指标(权重)	二级指标	二级指标权重
盈利能力 25%	营业净利率	42.8%
	资产收益率	45.8%
	成本收入比	11.4%
经营增长 20%	利润增长率	20.3%
	总资产增长率	79.7%
资产质量 25%	不良贷款率	5.6%
	拨备覆盖率	82.2%
	存贷比率	12.2%
偿付能力 30%	资本充足率	100.0%

利用各级指标权重,最终可以形成商业银行综合业绩指标作为被解释变量,建立回归方程(1)进行实证。

$$syn_{it} = c + \alpha \ln(green)_{it} + \beta Ctrl_{it} + \gamma_i + \delta_t + \varepsilon_{it} \quad (1)$$

其中 syn 表示利用熵权法合成之后的商业银行综合业绩指标,i 和 t 分别代表银行和时间,$\ln(green)$ 代表商业银行的绿色信贷余额。经过双向固定效应回归得到如表 7-6 的结果。

从表 7-6 可以观察到随着绿色信贷的实施,滞后一期对商业银行业绩的影响开始显现,负向影响效果非常显著。

表 7-6 按绿色信贷滞后期对商业银行综合业绩指标 syn 回归(23 家银行 2012—2022 年)

VARIABLES	(1) xtscc(syn)	(2) xtscc(syn)	(3) xtscc(syn)	(4) xtscc(syn)
lngreen	−5.415*			
	(1.962)			
ltdr	−1.168*			
	(0.477)			
L. lngreen		−6.282**		
		(1.780)		
L. ltdr		−0.538***		
		(0.102)		
L2. lngreen			−4.899**	
			(0.988)	
L2. ltdr			−0.430*	
			(0.133)	
L3. lngreen				−3.873***
				(0.694)
L3. ltdr				−0.277*
				(0.099)
Constant	155.102	0.000	0.000	−298.687**
	(164.924)	(0.000)	(0.000)	(66.824)
Observations	253	230	207	184

续表

	(1)	(2)	(3)	(4)
Number of groups	23	23	23	23

Robust standard errors in parentheses

*** $p<0.001$, ** $p<0.01$, * $p<0.05$, + $p<0.1$

如果按银行的不同类型来观察,如表 7-7 所示,对于银行业绩的影响按照国有大型商业银行<全国性股份制银行<城商行农商行的顺序,对业绩的负向影响逐渐加大。事实上仅对于城商行农商行才有显著的负向影响,而对国有大型商业银行、全国性股份制银行基本已经不构成负面业绩影响。这也说明大型银行或全国性银行已经开始克服绿色信贷带来的成本冲击,逐步摆脱了绿色信贷的对业绩的负面拖累,而这也与我们在第 5 章的结论保持高度一致。

表 7-7　按银行类型对商业银行综合业绩指标 *syn* 回归(23 家银行 2012—2022 年)

VARIABLES	(1)	(2)	(3)	(4)
	syn	syn	syn	syn
	所有银行不分类	国有大型银行	全国性股份制银行	城商行农商行
L. lngreen	−6.177**	−3.090	−4.542	−10.496*
	(1.743)	(2.041)	(2.651)	(3.453)
lnsave	30.252***	13.178	−19.459	37.025*
	(5.233)	(20.625)	(30.539)	(16.257)
L. ltdr	−0.540***	0.240	−0.459*	−1.252+
	(0.109)	(0.259)	(0.148)	(0.602)
loar	1.501	−2.406	11.676	−1.033
	(2.516)	(1.448)	(6.859)	(2.559)
car	4.831*	2.184**	12.209+	3.269
	(1.672)	(0.608)	(5.528)	(2.833)
year	Fixed Effects			
bank	Fixed Effects			
Constant	0.000	0.000	−902.767	−53.119
	(0.000)	(0.000)	(500.356)	(268.618)

续表

	(1)	(2)	(3)	(4)
Observations	230	60	100	70
Number of groups	23	6	10	7

Robust standard errors in parentheses

*** $p < 0.001$, ** $p < 0.01$, * $p < 0.05$, + $p < 0.1$

第 8 章　效率与绿色信贷：
DEA-Malmquist

8.1　数据包络分析（DEA）、Malmquist 效率测度模型

经济学中对于技术效率进行测度的主要方法可以分为参数法和非参数法。参数法一般需要首先确定生产函数的某种具体形式，再采用 OLS 或 MLE 进行参数估计和效率测算。另外在测算过程中还需要假定其误差符合某种分布。比较有代表性的参数法有 SFA（Stochastic Frontier Analysis：随机前沿分析法），其缺点是较难寻找到合适且匹配的生产函数，常用的生产函数有柯布—道格拉斯（Cobb-Douglas）生产函数、超越对数（Translog）生产函数等。而非参数法中比较有代表性的是 DEA（Data Envelopment Analysis：数据包络分析法），这是一种确定性的前沿分析方法，由查恩斯（Charnes）和库珀（Cooper）等人于 1978 年创建，采用生产前沿面来包络所有观测点。其最大的优点是不需要预先假定生产函数的形式和进行参数估计，而采用线性规划的方法对每个部门（也称 DMU：Decision Making Units，决策单元）进行绩效的评测。DEA 通过选取决策单元的多项投入和产出数据，利用线性规划，以最优投入与产出作为生产前沿，构建数据包络曲线。其中，有效点会位于前沿面上，效率值标定为 1；无效点则会位于前沿面外，并被赋予一个大于 0 但小于 1 的相对的效率值指标。

8.2　DEA 中的 BCC 模型简介

DEA 模型是一系列模型的统称,其中又可以分为径向距离函数模型(代表性的有 CCR 模型、BCC 模型)和非径向距离函数模型(也称为超效率 DEA:Super-Efficiency DEA)。

径向距离函数模型中 CCR 模型是假设 DMU 处于固定规模报酬(Constant Returns to Scale,CRS)情形下,对于总效率的衡量。而 BCC 模型则假设 DMU 处于变动规模报酬(Variable Returns to Scale,VRS)情形下,对于纯技术和规模效率的衡量。而非径向距离函数模型(超效率 DEA)中又衍生出多种复合模型。例如超效率 DEA 模型可以结合 SBM(Slack Based Measure)、DDF(Directional Distance Function)、Cross-Efficiency、Undesirable-Output、Cross-Game Efficiency、Network SBM、Bootstrap DEA、Malmquist、Malmquist-Luenberger 等模型共同进行效率的测度。

DEA 模型在具体操作上主要细分为三种类型。一是 CCR 模型:该模型假定规模报酬不变,主要用来测量技术效率。二是 BCC 模型:该模型假定规模报酬可变,主要测算纯技术效率,即技术效率与规模效率的比值;注意到,这两类模型不能进行跨年度的效率值比较,因为每一年的效率前沿面都不同,因此不具备数值上的可比性。如果要跨年比较,则要使用 DEA-Malmquist 指数模型。三是 DEA-Malmquist 指数模型:该模型可以测算出决策单元(DMUs)的生产效率在不同时期的动态变化情况。

目前较为经典的 DEA 模型是 BCC 模型。假设有 n 个 $DMU_j (1 \leqslant j \leqslant n)$,$X = (x_1, x_2, \cdots x_m)^T$,$Y = (y_1, y_2, \cdots y_p)^T$ 分别为 m 维输入和 p 维输出向量,其中 $x_{ij} (1 \leqslant i \leqslant m)$ 为 DMU_j 的第 i 个输入值,$y_{rj} (1 \leqslant r \leqslant p)$ 为 DMU_j 的第 r 个输出值,则由规模报酬不变(CRS)构造的生产可能集为 T:

$$T = \left\{ (X,Y) \mid \sum_{j=1}^{n} X_j \lambda_j \leqslant X, \sum_{j=1}^{n} Y_j \lambda_j \geqslant Y, \lambda_j \geqslant 0, j = 1, 2, \cdots, n \right\}$$

简记 j_o 为 o,BCC 模型的对偶线性规划一般可以表达为:

$$\min \theta$$

$$s.t. \begin{cases} \sum_{j=1}^{n} \lambda_j x_{ij} \leqslant \theta_o x_{io}, i \in (1, 2, \cdots, m) \\ \sum_{j=1}^{n} \lambda_j y_{rj} \geqslant y_{r0}, r \in (1, 2, \cdots, p) \\ \sum_{j=1}^{n} \lambda_j = 1 \\ 0 \leqslant \theta \leqslant 1, \lambda_j \geqslant 0, j = 1, 2, \cdots, n \end{cases}$$

其中 θ 代表最优值向量，θ_o 表示线性规划第 j_o 个决策单元的最优值，（达到最优值时 $\theta = 1$），x_{io}，y_{ro} 代表第 j_o 个决策单元的第 i 个输入和第 r 个输出。为了利用单纯形方法来求解线性规划，这里引入非阿基米德无穷小量 ε，另外再引入松弛变量 S^-，S^+ 将不等式转化为等式，则 DEA BCC 模型一般可以表达为：

$$\min\left[\theta - \varepsilon(\hat{e}^T S^- + e^T S^+)\right]$$
$$\hat{e} = (1, 1, \cdots 1)^T \in E_m$$
$$e = (1, 1, \cdots 1)^T \in E_s$$
$$s.t. \begin{cases} \sum_{j=1}^{n} \lambda_j x_{ij} + s_i^- = \theta x_{io}, i \in (1, 2, \cdots, m) \\ \sum_{j=1}^{n} \lambda_j y_{rj} - s_r^+ = y_{ro}, r \in (1, 2, \cdots, p) \\ \sum_{j=1}^{n} \lambda_j = 1 \\ 0 \leqslant \theta \leqslant 1, \lambda_j, s_i^-, s_r^+ \geqslant 0, j = 1, 2, \cdots, n \end{cases}$$

8.3　Malmquist 模型简介

在生产率测算中，对于全要素生产率（TFP：Total Factor Productivity）或称索洛余值 Solow Surplus）的变化较常使用 Malmquist 生产率指数来衡量。1953 年瑞典经济学和统计学家 Sten Malmquist 在构造消费数量指数时首次提出了该指数，Caves、Christensen 和 Diewert 三人受到启发后，在 1982 年将这一指数应用于测算生产效率变化，提出了 CCD 型的 Malmquist 指数。在经典 CCD 模型下 Malmquist 指数可以被分解为技术效率变化（EFFCH）和技术进步变化（TECHCH）：

$$\text{TFPCH} = \text{EFFCH} \times \text{TECHCH} \tag{8 1}$$

但是上式并没有考虑规模经济的影响。其中，TECHCH 技术进步因素，是指生产率的提高是由于科技进步等原因所导致的前沿面（Frontier）移动而带来的效率提升，如图 8-1 中前沿面 VRS′移动到 VRS 所示。

而 EFFCH 技术效率是指综合技术效率，即投入对于产出的效率，也就是 DEA 模型在固定前沿面时的效率。在固定前沿面条件下，当放松规模报酬不变的假设，根据 Ray 和 Desli 的 RD Malmquist 指数分解方法，在变动规模报酬 VRS 下，技术效率变化 EFFCH 又可以进一步分解为：

$$\text{EFFCH} = \text{PECH} \times \text{SECH} \tag{8.2}$$

其中 PECH 表示纯技术效率变化，SECH 表示规模效率变化。其中纯

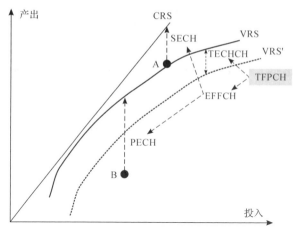

图 8-1　TFP 分解示意图

技术效率 PECH 是指与前沿面效率的差距,而规模效率则指 VRS 前沿面与 CRS 前沿面的差距。

DEA 方法还可以进行分阶段模型设计。早期运用 DEA 方法进行效率评价时,大部分是单阶段模型,将从投入至产出的全过程看作一个"黑箱",忽略系统内部结构和内在运行机理。然而"黑箱"视角下的数据包络分析(DEA)模型因忽略了生产系统的内部生产结构,无法对其真实的情况进行很好的模拟以进行更有效的测算,因此考虑内部生产运作的多阶段 DEA 模型的构建和完善逐渐成为学者关注的焦点。学者们开始尝试将单阶段模型转化成两阶段模型或多阶段模型以细化系统内部的转化过程。在两阶段 DEA 模型中,通过将第一阶段的产出当作第二阶段的投入,对模型进行优化,从而使 DEA 模型更好地贴近系统真实情况。DEA 方法还能对行业效率进行评价,比如基于两阶段分析框架应用 DEA 模型对电子商务运营效率进行研究,通过对 B2B 和 O2O 两类电商的运营效率评价,为管理者提升企业效率提供了启示。

8.4　银行效率模型

虽然对于效率的衡量有多种方式,我们这里考虑采用得到广泛使用的基于投入产出的 DEA 模型。由于目前较为经典的 DEA 模型是 BCC 模型,而且银行由于控制成本的要求,更加注重在固定成本投入下的最大化产出

（这被称为以产出为导向），因此我们采用产出导向型的 BCC DEA 来对商业银行效率进行评估。对于银行的投入一般用资本（用总资产来代表资本的投入）和人员（用人均薪酬来代表人员的投入）进行表征，而对于产出一般用存贷比（用存款与贷款的比值某种程度上可以反映银行的盈利能力，如果贷款较少而存款太多导致存贷比较低，则表明银行盈利能力较低）和净息差（也能表示银行的盈利能力，是利息净收入与生息资产的比值）来表示，如表8-1 所示。

表 8-1　DEA 模型投入产出指标

产出指标 1	产出指标 2	投入指标 1	投入指标 2
存贷比	净息差	总资产	人均薪酬
贷款/存款	净利息/生息资产	资产总额	员工费用/员工总数

由于数据的可得性，我们采用 2012—2021 年的数据对 23 家银行进行 DEA 数据包络模型的测算。对于投入产出指标数量与 DMU 个数之间一般有经验公式：

$$\max\{p \times q, 3 \times (p + q)\}$$

其中 p 为投入指标个数，q 为产出指标个数。而本次评估中 $p=2$，$q=2$，因此 DMU 个数应该为 12 个，而本次使用的银行个数为 23 个，可以认为满足使用 DEA 模型的条件。

测算的结果以 2021 年为例，如图 8-2 所示。

事实上每年都有效率值的排名，但是由于各年前沿面的不同，各个年份的数值无法进行有意义的跨年份比较。另外，由于多家银行均达到完全效率值 1，因此对于处于完全效率的商业银行也无法进行更进一步的效率区分。因此我们采用 SBM 模型进行求解，得到分年度的各家商业银行超效率值，如图 8-3 所示。

虽然无法横向跨年进行比较，但从每一年中的相对排名可以看出，贵阳银行的效率在 2012—2014 年是最高的。同理可以对图 8-3 中每年的前三名进行汇总，如表 8-2 所示。

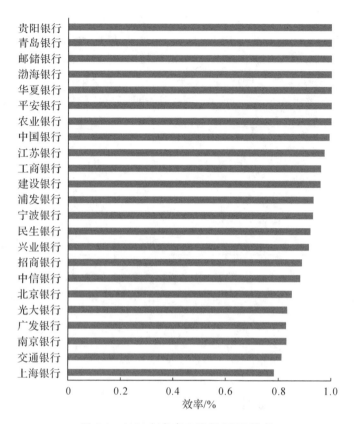

图 8-2　2021 年各商业银行 VRS 效率

表 8-2　效率值逐年相对排序前三名

效率前三甲	2012	2013	2014	2015	2016	2017	2018	2019	2020	2021
1	贵阳银行	贵阳银行	贵阳银行	广发银行	广发银行	华夏银行	华夏银行	华夏银行	华夏银行	华夏银行
2	青岛银行	交通银行	青岛银行	青岛银行	华夏银行	光大银行	青岛银行	青岛银行	广发银行	渤海银行
3	邮储银行	邮储银行	广发银行	贵阳银行	青岛银行	交通银行	光大银行	广发银行	青岛银行	青岛银行

　　根据一些参考文献的做法[18]，也可以采用 tobit 模型对 DMU 的效率值(或者非效率值)进行线性回归分析。虽然对上述做法在学术界有一定争议，我们此处也不妨同样进行类似的 Tobit 回归分析。

　　通过对商业银行效率的 BCC DEA 测算，我们得到各银行在不同年份

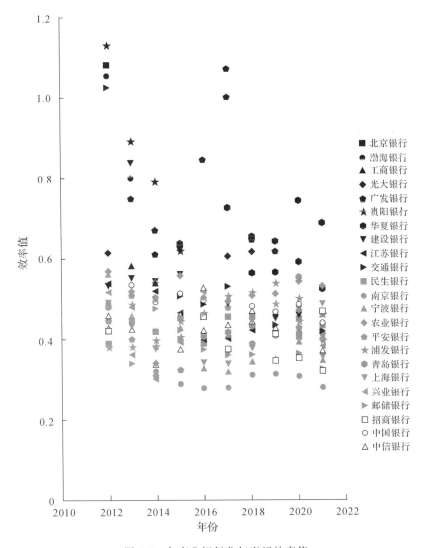

图 8-3　各商业银行分年度超效率值

的效率值。然后应用 Tobit 模型对效率值进行回归。由于 Tobit 模型要求
值域范围是[0，1)，而 DEA 效率取值范围是(0，1]，所以将效率值 eff 转换
为无效率值 ineff＝1— eff，这样取值范围就可以满足回归要求了，回归方
程如下：

Tobit＝ineff lngreen lnloan loar nint car cat1 cat3 i. year

其中 ineff 代表非效率(或称低效率，是高效率的反义)，lngreen 是解释
变量绿色信贷对数值，其他的为控制变量，lnloan 代表总的贷款规模对数，

loar 是资产负债率，nint 是非利息收入，包括中间业务以及咨询投资等表外收入，car 表示资本充足率。另外控制变量中还加入了银行类型，因为不同类型的银行有着不同的效率风格，样本中所有的银行被分为三类，cat1 表示国有大型商业银行，cat2 表示全国性商业银行，cat3 表示城市商业银行。为防止多重共线性，3 个分类变量中只加入 2 个（分别是 cat1 和 cat3）作为控制变量。

回归结果如表 8-3 所示，方程（1）（2）是以 cat1、cat3 为回归变量，即以 cat2 为基准的回归结果，可以看到 cat3 显著地为正值（0.142148 和 0.156248），这表明 cat3 所代表的城商行在效率上显著低于比较基准 cat2 全国性股份制银行，而 cat1 系数不显著，即 cat1 国有大型商业银行的效率与 cat2 全国性股份制银行没有显著区别（如图 8-4 所示）。

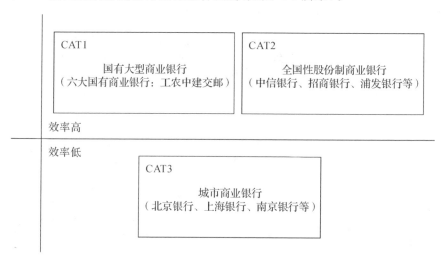

图 8-4　绿色信贷对不同类型银行的效率影响

继续观察方程（3）（4）是以 cat1、cat2 为回归变量，即以 cat3 为基准的回归结果，结果全部显著为负，说明以 cat1、cat2 为代表的国有大型商业银行、全国性股份制银行的非效率全部低于城商行，注意这里是对"非效率"的回归，所以"非效率低"就是"效率高"。可以看出结论与方程（1）（2）是完全一致的。同样考察方程（5）（6），以 cat1 代表国有大型商业银行作为比较基准，可以看到 cat3 显著地为正值（0.201630 和 0.219541），这同样表明 cat3 所代表的城商行在效率上显著低于比较基准 cat1 国有大型商业银行。

表 8-3 TOBIT DEA 回归结果

VARIABLES	(1) ineff	(2) ineff	(3) ineff	(4) ineff	(5) ineff	(6) ineff
lngreen	0.021947*		0.021947*		0.021947*	
	(0.010875)		(0.010875)		(0.010875)	
L. lngreen		0.017647		0.017647		0.017647
		(0.011992)		(0.011992)		(0.011992)
lnloan	0.015959	0.025669	0.015959	0.025669	0.015959	0.025669
	(0.027640)	(0.030662)	(0.027640)	(0.030662)	(0.027640)	(0.030662)
loar	0.006303	0.008085	0.006303	0.008085	0.006303	0.008085
	(0.012420)	(0.013832)	(0.012420)	(0.013832)	(0.012420)	(0.013832)
nint	0.005377***	0.005358***	0.005377***	0.005358***	0.005377***	0.005358***
	(0.001387)	(0.001488)	(0.001387)	(0.001488)	(0.001387)	(0.001488)
car	−0.009477	−0.009215	−0.009477	−0.009215	−0.009477	−0.009215
	(0.008645)	(0.009289)	(0.008645)	(0.009289)	(0.008645)	(0.009289)
cat1	−0.059482	−0.063293	−0.201630**	−0.219541**		
	(0.048465)	(0.055810)	(0.071666)	(0.080224)		
cat2			−0.142148***	−0.156248***	0.059182	0.063293
			(0.038840)	(0.042206)	(0.048465)	(0.055810)
cat3	0.142148***	0.156248***			0.201630**	0.219541**
	(0.038840)	(0.042206)			(0.071666)	(0.080224)
Constant	−0.849277	−1.094948	−0.707129	−0.938700	−0.908759	−1.158241
	(1.285962)	(1.427892)	(1.280550)	(1.417543)	(1.304991)	(1.450881)
Observations	230	207	230	207	230	207

Standard errors in parentheses

*** $p<0.001$，** $p<0.01$，* $p<0.05$，+ $p<0.1$

综上所述，可以看出绿色信贷对于非效率有促进作用，或者说能导致商业银行经营效率的降低。因此"研究假设 2：绿色信贷的发展，会降低商业银行经营效率"得到证实(请参考本书第 5.1.2 节 研究假设 2)。

具体来分析，城市商业银行相比国有大型商业银行和全国性股份制商业银行而言，其效率是显著偏低的，这应该与其绿色信贷流程方面缺乏成熟的经验以及相应的人才有关。而国有大型商业银行和全国性商业银行之间效率高低的差别并不显著。

8.5　Malmquist 指数的计算及分解

正如之前提及的,DEA BCC 效率值并不适合跨年度进行互相比较。为了实现效率值能够跨年度比较,则需要进行对 Malmquist 指数的计算,然后我们尝试以 M 指数进行效率的线性回归分析[19]。根据计算得到的 M 指数,按指数值进行前三名的逐年排序,如表 8-4 所示。

表 8-4　MI 值逐年相对排序前三名

MI前三甲	2013	2014	2015	2016	2017	2018	2019	2020	2021
1	招商银行	广发银行	兴业银行	广发银行	青岛银行	贵阳银行	招商银行	华夏银行	平安银行
2	民生银行	宁波银行	渤海银行	平安银行	华夏银行	渤海银行	上海银行	宁波银行	贵阳银行
3	建设银行	农业银行	光大银行	华夏银行	广发银行	南京银行	宁波银行	平安银行	北京银行

MI 绘制折线图分别如图 8-5、图 8-6、图 8-7、图 8-8 所示。

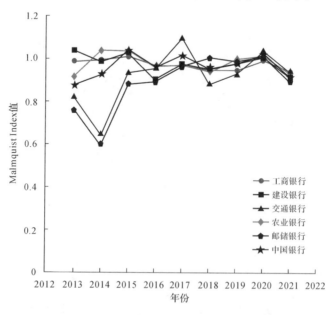

图 8-5　六大国有商业银行分年度 Malmquist Index 值

其中可以看出 2022 年工商银行的 MI 指数最高。

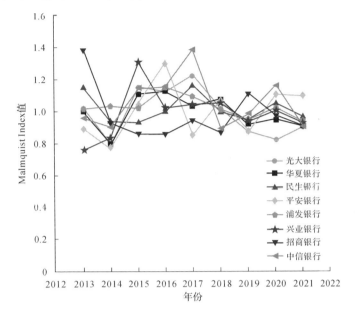

图 8-6　八家全国性股份制商业银行分年度 Malmquist Index 值

其中可以看出 2022 年平安银行 MI 指数最高。

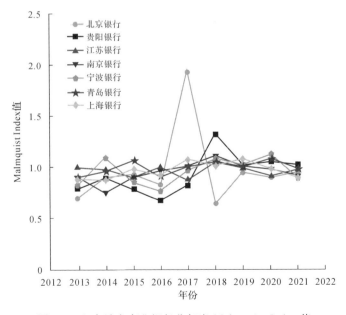

图 8-7　七家城市商业银行分年度 Malmquist Index 值

其中可以看出 2022 年贵阳银行 MI 指数最高。

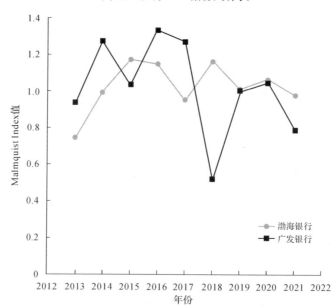

图 8-8　两家未上市商业银行 Malmquist Index 值

其中可以看出 2022 年渤海银行 MI 指数最高。

Malmquist 指数即全要素生产率变化（TFPCH）由技术效率变化（EFFCH，即公式 8.1 等号右边的第一部分）和技术水平变化（TECHCH，即公式 8.1 等号右边的第二部分）组成，而参考公式 8.2 技术效率变化又可进一步化解为纯技术效率变化（PCH）和规模效率变化（SECH）。EFFCH 代表当 DMU 从 t 期到 $t+1$ 期时与最佳状态的接近水平，大于 1 时，技术效率有所提高。TECHCH 表示生产前沿面的变化，当其大于 1 时，表明技术水平有所提升。同理，当 TFPCH 小于 1 时，表明全要素生产率下跌。我们计算并分解 M 指数，如图 8-9 所示。

有一大批学者，比如段进东、王雯佳（2017），认为 Malmquist 指数更为关注效率动态变化，通过将时间维度加入 DEA 模型中，使原先的截面数据演化为面板数据，从而提高分析结果的稳健性。因此，在得到 M 指数之后，提取其各项分解效率值，然后进行线性回归分析。

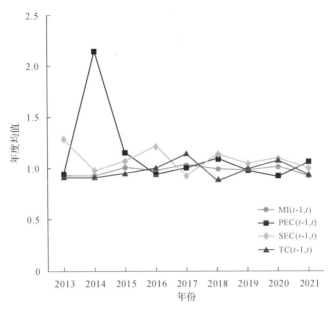

图 8-9　各商业银行 Malmquist 指数年度均值及其分解

首先进行 hausman 检验，命令如下所示：

```
qui xtreg mi lngreen lnsave ltdr loar car,fe
est store FE
qui xtreg mi lngreen lnsave ltdr loar car,re
est store RE
hausman FE RE
```

检验结果如图 8-10 所示。

```
. hausman FE RE

                 ——— Coefficients ———
              (b)        (B)        (b-B)      sqrt(diag(V_b-V_B))
              FE         RE         Difference  Std. err.

   lngreen   .0415358   .0136668   .027869     .0154205
   lnsave    -.0810725  -.0195174  -.0615552   .0638037
   ltdr      .000878    .0013471   -.000469    .0011563
   loar      .0001522   .001419    -.0012668   .0162581
   car       .0011703   -.0018611  .0030314    .009247

                 b = Consistent under H0 and Ha; obtained from xtreg.
        B = Inconsistent under Ha, efficient under H0; obtained from xtreg.

Test of H0: Difference in coefficients not systematic

    chi2(5) = (b-B)'[(V_b-V_B)^(-1)](b-B)
            =    3.71
Prob > chi2 = 0.5916
```

图 8-10　Hauseman 检验

由于 p 值大于 0.05,因此检验结果拒绝原假设"采用固定效应"模型,而支持采用随机效应模型。下面再来检验是使用随机效应还是混合回归,采用如下命令:

```
xtreg mi lngreen lnsave ltdr loar car, re robust
estimates store RE
xttest0
```

检验结果如图 8-11 所示。

```
. xttest0

Breusch and Pagan Lagrangian multiplier test for random effects

        mi[id,t] = Xb + u[id] + e[id,t]

    Estimated results:
                            Var        SD = sqrt(Var)

                mi       .0132621         .1151613
                 e       .0138718         .1177786
                 u              0                0

    Test: Var(u) = 0
                        chibar2(01) =        0.00
                    Prob > chibar2 =      1.0000
```

图 8-11　随机效应和混合回归的检验

由于 LM 检验无法拒绝"不存在个体随机效应"的假设,说明不存在个体随机效应,应该使用混合回归。使用混合回归模型对 malmquist 指数进行回归,stata 中的回归命令为:

reg mi lngreen L. lngreen L. lngdp lnsize L. lnsave L. lnloan npl lnpdo car cir nint,r

结果如表 8-5 所示。

表 8-5　绿色信贷对 malmquist 指数进行回归

VARIABLES	(1)	(2)	(3)	(4)
	mi	mi	mi	mi
	所有银行不分类	国有大型银行	全国性股份制银行	城商行农商行
lngreen	-0.038^*	0.033^*	-0.021	-0.037
	(0.018)	(0.015)	(0.036)	(0.031)

续表

	（1）	（2）	（3）	（4）
L. lngreen	0.037*	−0.104*	0.018	0.035
	(0.017)	(0.050)	(0.034)	(0.026)
L. lngdp	0.099	0.075	0.382	0.060
	(0.085)	(0.116)	(0.232)	(0.202)
lnsize	0.121	0.044	0.147	−0.023
	(0.142)	(0.302)	(0.203)	(0.209)
L. lnsave	0.005	−0.035	0.266	0.209
	(0.113)	(0.232)	(0.288)	(0.265)
L. lnloan	−0.127	0.084	−0.431*	−0.124
	(0.097)	(0.148)	(0.201)	(0.183)
npl	0.068+	0.009	0.068	0.116
	(0.038)	(0.050)	(0.067)	(0.130)
lnpdo	0.039	0.047	0.086+	−0.020
	(0.038)	(0.048)	(0.051)	(0.059)
car	0.002	0.008	0.000	0.042
	(0.013)	(0.015)	(0.014)	(0.038)
cir	−0.000	−0.001	−0.004	0.003
	(0.002)	(0.003)	(0.006)	(0.004)
nint	−0.000	−0.002	−0.001	−0.005
	(0.001)	(0.002)	(0.002)	(0.004)
Constant	0.180	0.074	−1.651	−0.803
	(0.636)	(0.847)	(1.911)	(1.588)
Observations	184	48	80	56
R-squared	0.102	0.231	0.190	0.223

Robust standard errors in parentheses

*** $p < 0.001$, ** $p < 0.01$, * $p < 0.05$, + $p < 0.1$

从回归方程（1）可以看到当期的绿色信贷对整个商业银行的
malmquist 指数是呈显著的负向影响的，这也与我们之前的绿色信贷会降低商业银行效率的结论一致。具体区分商业银行的类型来看,国有大型商业银行的效率正逐步从绿色信贷中受益(虽然系数不显著,但系数的符号为正,绿色信贷对效率有提升倾向)。而其他两类银行的效率仍还受到绿色信贷的拖累。这也与之前的结论保持一致。

第9章　风险与绿色信贷:KMV 模型

9.1　商业银行风险管理与模型概述

商业银行作为金融体系的核心组成部分,其风险管理水平直接影响到金融市场的稳定与健康发展。随着金融市场的不断演变和技术的进步,商业银行风险管理也经历了从传统到现代的深刻变革。风险模型作为风险管理的重要工具,在商业银行的风险识别、评估、监控和控制中发挥着关键作用。

9.1.1　商业银行风险模型的发展历程

1. 资产风险管理模式阶段

20 世纪 60 年代以前,商业银行的风险管理主要偏重于资产业务的风险管理,强调保持商业银行资产的流动性。这一阶段的风险管理理论是一种保守、消极的理论,通过加强资产分散化、抵押、资信评估、项目调查、严格审批制度等措施来减少资产业务损失的发生,确立稳健经营的基本原则。然而,这种模式限制了银行高盈利性资产的运用,减少了商业银行的盈利来源。

2. 负债风险管理模式阶段

20 世纪 60 年代以后,随着西方国家经济的快速发展,信贷资金需求大幅增加,商业银行开始变被动负债为主动负债,以扩大资金来源,满足银行的流动性需求。银行风险管理的重点转向负债业务,开辟了满足银行流动性要求的新途径,改革了长期以来仅从资产运用角度维持流动性的传统做法。

3. 资产负债风险管理模式阶段

20 世纪 70 年代,随着布雷顿森林体系的瓦解,固定汇率制度向浮动汇率制度的转变导致汇率变动不断加大,单一的资产或负债风险管理模式已无法适应复杂、多变的金融市场环境。商业银行开始从资产和负债两个方面管理风险,通过缺口管理、期限管理以及衍生工具等手段实现对银行风险的控制。这一阶段的资产负债综合管理理论更注重从资产负债平衡的角度协调银行安全性、流动性、效益性之间的矛盾。

4. 全面风险管理模式阶段

20 世纪 80 年代以后,随着银行业竞争加剧、存贷利差变窄以及金融衍生工具的广泛使用,商业银行面临的风险日益多样化、复杂化、全球化。1988 年《巴塞尔协议》的出台,标志着国际银行业的全面风险管理原则体系基本形成。进入 21 世纪,《巴塞尔新资本协议》的推出,进一步强调信用风险、市场风险、操作风险并举的全面风险管理模式,体现了面向全球的风险管理体系、全面的风险管理范围、全程的风险管理过程、全新的风险管理方法以及全员的风险管理文化。

9.1.2 商业银行风险模型的主要类型

1. 信用风险模型

信用风险是商业银行面临的主要风险之一,指借款人因各种原因未能按时足额偿还债务而使银行遭受损失的可能性。信用风险模型主要包括传统模型和现代量化模型。

(1)传统信用风险度量模型

- 专家制度模型:依赖信贷专家的主观判断和经验,对借款人的还款意愿和能力进行评估。

- Z 评分模型:通过选取一系列财务指标,如营运资本/总资产、留存收益/总资产等,计算出一个综合评分来评估借款人的信用风险。

(2)现代信用风险量化度量和管理模型

- KMV 模型:由 KMV 公司开发,通过估计企业资产的市场价值及其波动性,进而求出企业的违约距离和违约概率。

- Credit Metrics Model(信用计量模型):由 J. P. 摩根开发,通过模拟信用评级转移概率和违约概率,计算投资组合在不同信用等级下的价值分布。

- Credit Risk+(信用风险附加型):该模型主要关注违约事件发生的频率而非违约损失的大小,通过违约概率和违约损失率的乘积来估计资产组合的违约损失分布。

■ 宏观模拟模型（CPV 模型）：该模型将宏观经济因素纳入信用风险分析框架，通过模拟宏观经济情景来评估信用风险的变动情况。

2. 市场风险模型

市场风险是指由于市场价格（如利率、汇率、股票价格等）的变动导致银行遭受损失的风险。市场风险模型主要包括 VaR 模型、压力测试模型等。

（1）VaR 模型

VaR 模型是银行业中最常用的市场风险评估模型之一，用丁评估资产投资组合在给定风险水平下的最大损失。该模型基于统计学和概率论的原理，通过对历史数据进行分析和建模来评估可能的风险损失。VaR 模型可以帮助银行业确定适当的风险限制和风险管理策略，以保证资本的安全性和稳定性。

（2）压力测试模型

压力测试模型通过对不同的市场情景进行模拟和分析，评估银行业在极端情况下的风险暴露和承受能力。这种测试可以帮助银行识别潜在的风险因素和薄弱环节，并制定相应的风险管理措施。压力测试是银行业风险评估中一项重要的工具，对银行业的稳定性和可持续发展起到了关键作用。

3. 操作风险模型

操作风险是指由于内部程序、人员、系统不充足或者运行失当以及外部事件冲击等导致直接或间接损失的可能性。操作风险模型主要基于历史数据和统计分析，提供量化操作风险并制定适当控制措施的方法。操作风险模型包括但不限于内部损失数据收集与分析模型、情景分析模型等。

4. 流动性风险模型

流动性风险是指商业银行没有足够的现金来弥补客户存款的提取或满足合理的信贷需求而产生的支付风险。流动性风险模型主要通过分析银行的流动性状况，如存贷比率、流动资产比率等指标来评估银行的流动性风险水平。同时，流动性缺口分析也是评估流动性风险的重要工具之一。

9.1.3　商业银行风险模型的应用现状

1. 信用风险模型的应用

现代信用风险量化模型在商业银行中的应用日益广泛。银行通过构建信用评分模型、违约概率模型等，对借款人的信用风险进行量化评估，以制定更加精准的信贷政策和风险管理策略。同时，随着大数据和人工智能技术的发展，商业银行开始利用机器学习模型进行信用风险评估，提高评估的准确性和效率。

2. 市场风险模型的应用

VaR 模型和市场压力测试模型已成为商业银行市场风险管理的重要工具。银行通过计算投资组合的 VaR 值来设定风险限额和资本配置方案,确保在市场波动时能够保持资本充足和稳健运营。同时,通过压力测试模型对不同市场情景进行模拟和分析,银行可以评估自身在极端条件下的抗风险能力并制定相应的风险管理策略。

3. 操作风险模型的应用

操作风险模型在商业银行中的应用逐渐增多。银行通过收集和分析内部损失数据、进行情景分析等手段来量化操作风险并制定相应的控制措施。同时,随着监管要求的提高和市场竞争的加剧,商业银行越来越重视操作风险管理,不断完善操作风险管理体系和模型。

4. 流动性风险模型的应用

流动性风险模型在商业银行中的应用也日益重要。银行通过监测存贷比率、流动资产比率等指标来评估自身的流动性状况并制定相应的流动性管理策略。同时,随着金融市场的不断发展和创新业务的不断涌现,商业银行面临的流动性风险日益复杂多变,需要更加精细化的流动性风险管理模型来应对。

9.1.4 商业银行风险模型的未来趋势

1. 智能化与自动化

随着大数据、机器学习、深度学习等技术的不断发展,商业银行风险模型将更加智能化和自动化。银行将利用这些技术构建更加精准的风险评估模型和优化风险管理流程,提高风险管理的效率和准确性。同时,自动化的风险监测和预警系统也将成为未来风险管理的重要趋势之一。

2. 跨领域融合

随着金融市场的不断融合和创新业务的不断涌现,商业银行风险模型将更加注重跨领域的融合和应用。银行将结合市场、信用、操作、流动性等多种风险类型构建综合风险评估模型,以更全面地评估和管理风险。同时,银行还将加强与监管机构、第三方服务提供商等的合作与交流,共同推动风险模型的创新与发展。

3. 强调风险文化的建设

未来商业银行风险模型的发展将更加注重风险文化的建设。银行将把风险管理理念融入企业文化,通过培训、宣传等方式提高全体员工的风险意识和风险管理能力。同时,银行还将建立完善的内部控制制度和风险管理体系来保障风险管理的有效实施和持续改进。

4. 应对监管要求的挑战

随着监管要求的不断提高和复杂化,商业银行风险模型将面临更大的挑战。银行需要密切关注监管动态和政策变化,及时调整风险模型和风险管理策略,以符合监管要求并降低合规风险。同时银行还需要加强与监管机构的沟通与协作,共同推动风险管理的规范化和标准化发展。

商业银行风险模型作为风险管理的重要工具,在保障银行稳健运营和金融市场稳定发展方面发挥着关键作用。随着金融市场的不断演变和技术的进步,商业银行风险模型也经历了从传统到现代的深刻变革。未来随着智能化、自动化技术的不断发展以及跨领域融合趋势的加强,商业银行风险模型将更加精准、全面和高效地服务于银行的风险管理工作,为银行的可持续发展提供有力保障。

9.2　KMV 模型介绍

目前较流行的现代信用风险度量模型有以下几类:

● KMV 公司的预期违约率(EDF)模型;

● J.P 摩根的信用度量模型(creditmetrics);

● 瑞士信贷银行的信用风险附加模型(creditrisk+);

● 麦肯锡公司的信贷组合观点模型(credit portfolio View);

● 奥特曼死亡率模型(Altman's Mortality Rate model)。

其中 KMV 模型自出现以来就一直受到广泛的关注和应用。KMV 模型是一种用于估计借款企业违约概率的金融工具,其起源可以追溯到 20 世纪 70 年代,由美国经济学家 Robert C. Merton 提出的期权定价理论在公司价值评估中得到应用。Merton 的模型通过将公司权益和负债视为期权,公司资本作为标的资产,创造性地提出了一种评估公司信用风险的新方法。随后,在 20 世纪 80 年代初,McQuown 与 Vasicek 对 Merton 的模型进行了进一步的研究和改良,使其更适用于授信与贷款投资组合的管理。1993 年,三位创业者基于期权理论创建了 KMV 公司,并正式推出了 KMV 模型,该模型以他们名字的首字母命名。在 2002 年,KMV 公司被国际知名评级机构穆迪(Moody's)收购,进一步推动了 KMV 模型在全球范围内的应用和发展。

KMV 模型的基本原理是将公司的股权视为一份以公司资产为标的、执行价格为违约点的看涨期权。模型假设公司资产价值遵循几何布朗运动，并据此通过 Black-Scholes-Merton 期权定价模型来估计公司的股权价值及其波动性。在 KMV 模型中，违约并非简单地发生在公司市场价值低于其总负债时，而是设定了一个违约点（Default Point，DPT），该点通常被设定为公司短期负债加上一定比例的长期负债。当公司资产的市场价值降至违约点以下时，模型认为违约将发生。

KMV 模型的应用范围广泛，主要集中在以下几个方面：

上市公司信用风险评估：KMV 模型特别适用于对公开上市企业的信用风险进行量化和分析。由于模型所需的数据主要来自股票市场，而非企业的历史账面数据，因此能够更及时、准确地反映企业当前的信用状况。这使得 KMV 模型成为金融机构、投资者和评级机构评估上市公司信用风险的重要工具。

贷款组合管理：在银行业，KMV 模型被广泛应用于贷款组合的风险管理。通过计算每笔贷款的违约概率和违约损失率，银行可以更加科学地配置贷款资源，优化贷款组合结构，降低整体信用风险。

企业资本管理：KMV 模型不仅有助于评估企业的信用风险，还能为企业制定资本管理策略提供参考。通过估算企业的违约概率和可能损失，企业可以合理安排资本结构，提高资本使用效率，降低破产风险。

信用衍生品定价：随着信用衍生品市场的不断发展，KMV 模型也被应用于信用违约掉期（CDS）、信用联结票据等信用衍生品的定价。通过对基础资产违约概率的准确估算，模型为信用衍生品的合理定价提供了有力支持。

KMV 模型的优势在于其理论基础坚实、数据获取便捷且能够反映企业当前的信用状况。然而，该模型也存在一定的局限性。首先，模型的适用范围相对有限，主要适用于上市公司信用风险评估；对于非上市公司，需要借助其他会计信息或指标来替代模型中的关键变量，可能影响评估结果的准确性。其次，模型假设公司的资产价值服从正态分布，而实际中企业的资产价值可能呈现非正态的统计特征。此外，模型无法对债务的不同类型进行区分（如偿还优先顺序、担保情况等），也可能影响评估结果的精确度。

综上所述，KMV 模型作为一种创新的信用风险评估工具，在金融领域具有广泛的应用前景和重要的实践价值。随着金融市场的不断发展和技术的持续进步，KMV 模型也将不断完善和优化，以更好地服务于金融机构、企业和投资者的需求。

9.3   KMV 风险模型

KMV 模型又称为预期违约率模型(Expected Default Frequency, EDF),该模型基于 Black-Scholes-Merton 模型。Black-Scholes 期权定价模型,也称为 Black-Scholes-Merton 模型,是由费雪·布莱克(Fischer Black)、米伦·舒尔茨(Myron Scholes)和罗伯特·默顿(Robert Merton)在 1973 年共同提出的。这三位经济学家通过不同的路径独立地发现了这一模型,并几乎同时发表了相关论文。费雪·布莱克和米伦·舒尔茨主要贡献了模型的基本假设和公式推导,而罗伯特·默顿则进一步扩展了模型的应用范围,特别是在处理有派发股利的期权定价问题上进行了完善。

Black-Scholes 期权定价模型基于一系列严格的假设条件,包括市场完全有效、股票价格服从几何布朗运动、无风险利率恒定、市场无摩擦等。这些假设条件也是 Merton 模型扩展应用的基础。Black-Scholes 期权定价公式用于计算欧式期权的理论价格,公式形式为:$C = SN(d_1) - Ke^{-rt}N(d_2)$ (看涨期权)和 $P = Ke^{-rt}N(-d_2) - SN(-d_1)$ (看跌期权)。其中,C 和 P 分别表示看涨期权和看跌期权的价格,S 表示标的资产现价,K 表示行权价,t 表示到期时间,r 表示无风险利率,N 表示标准正态分布的累积分布函数,d_1 和 d_2 是根据假设条件计算出的中间变量。Merton 模型在处理有派发股利的期权时,对原公式进行了相应的调整。

为了衡量银行的信贷风险,以 Black-Scholes-Merton 期权定价公式为理论基础发展出了 KMV 模型。该模型将企业的负债看作购入一份欧式看涨期权(long call option),当企业资产的市场价值低于其负债 D 的市场价值时,将发生违约风险。那么企业资产的市场价值 V 和波动率 σ_v 将符合下述 BSM(Black-Scholes-Merton)期权定价公式:

$$\begin{cases} E = VN(d_1) - De^{-rt}N(d_2) \\ \sigma_E = \dfrac{VN(d_1)}{E}\sigma_v \end{cases} \quad (1)$$

其中 E 表示上市企业股权的市值,V 表示企业资产市场价值,$N(d_1)$ 表示正态分布累计函数,D 表示企业负债,r 表示无风险利率,τ 表示债务偿还期限,σ_E 表示企业股权市值波动率,σ_v 表示资产波动率,而 d_1 和 d_2,可以由下式给出:

$$d_1 = \frac{ln\dfrac{V}{D} + (r + \dfrac{1}{2}\sigma_v^2)\tau}{\sigma_v\sqrt{\tau}} \qquad d_2 = d_1 - \sigma_v\sqrt{\tau} \qquad (2)$$

通过求解该方程可以得到两个未知数,即企业资产的市场价值 V 和波动率 σ_v,从而可以继续求解(3)式计算出企业的违约距离(Distance to Default)并以此作为企业违约风险的度量。

当企业资产未来市场价值低于企业所需清偿的负债面值时,企业将会违约。企业资产未来市场价值的期望值到违约点之间的距离就是违约距离 DD(Distance to Default),距离越远公司发生违约的可能性越小。

$$DD = \frac{V - DP}{V\sigma_v} \tag{3}$$

上式中 DP 为 Default Point,即违约点的值,用来评估 τ 时间后违约风险的大小,一般认为是 DP=短期负债+0.5×长期负债。

通过 DD 可以利用(4)式计算出预期违约率(EDF,Expected Default Frequency):

$$EDF = N(-DD) \tag{4}$$

随着低碳经济的兴起,绿色信贷业务逐渐成为商业银行助力低碳经济发展的重要金融创新领域,参与绿色金融和绿色信贷业务本身也能给商业银行信贷降低贷款回收的环境风险。因此我们可以通过 KMV 模型计算商业银行绿色信贷的预期违约概率 EDF 来代表商业银行风险,从而研究商业银行风险与绿色信贷之间的关系。

下面以一个 KMV 模型案例来计算公司的预期违约概率。假设某公司流动负债为 1 亿元,长期负债为 5000 万元,根据上市公司的股价行情(如图 9-1 所列),可以统计计算出 E(公司的股权价值)与 σ_E(公司股权价值的波动率),之后就可以计算公司的违约率。

3	月份	总市值/元	收益率%		
4	1	129523558	-13.65		
5	2	149885462	13.58		
6	3	142316387	-5.32		
7	4	149440912	4.77		
8	5	147924524	-1.03		
9	6	130439432	-13.4		
10	7	136313024	4.31		
11	8	140972464	3.31		
12	9	148405095	5.01		
13	10	144898861	-2.42		
14	11	144904609	0		
15	12	130292794	-11.21		
16	E均值=	141276427	8.350835696	月波动率	
17			28.92814342	年化波动率	
18	某公司流动负债1亿元, 长期负债5000万元。				
19	模型违约点=	1.25	无风险利率%=	2.25	t=1

图 9-1　案例数据:某公司市值

　　其中 E 均值＝AVERAGE（B4：B15）＝141276427，月波动率＝STDEV.S（C4：C15）＝8.350835696，年化波动率＝C16 * SQRT（12）＝28.92814342。假设公司的股权价值为 12 个月的平均值，即 E＝141276427元，股权价值的年化波动率为 28.93％，KMV 模型的违约点 DP＝SD＋0.5×LD＝1.25 亿元，假设无风险利率为 $r＝2.25\%$，$t＝1$，接下来利用 scipy.optimize 中的 fsolve 函数求解 KMV 方程组中的两个未知变量 V_a 和 σ_a。注意这两个未知数数量级相差很大，可能导致计算结果不准确，做如下变换：Va＝x×E，代入方程组（图 9-2）就只需求参数 x 和 σ_a。

$$\begin{cases} E = xEN(d_1) - De^{-rt}N(d_2) \\ \sigma_E = xN(d_1)\sigma_a \\ d_1 = \dfrac{\ln(xE/D) + (r + 0.5\sigma_a^2)\tau}{\sigma_a\sqrt{\tau}} \\ d_2 = d_1 - \sigma_a\sqrt{\tau} \end{cases}$$

图 9-2　实际运算方程组

　　为求解方程组，利用下面的 Python 程序可以计算得到结果。

```python
import numpy as np
from scipy import optimize
from scipy import stats
r = 0.0225
sigma_e = 0.2893
t = 1
E = 141276427
DP = 1.25e8

def g(w):
    x, sigma_a = w
    N_d1 = stats.norm.cdf(
        (np.log(abs(x) * E/DP) + (r + 0.5 * sigma_a * * 2) * t)/(sigma_a * np.sqrt(t)))
    N_d2 = stats.norm.cdf(
        (np.log(abs(x) * E/DP) + (r - 0.5 * sigma_a * * 2) * t)/(sigma_a * np.sqrt(t)))
    # 为了防止 fsolve 迭代到负数报错，给 x 加绝对值
    e1 = E - (x * E * N_d1 - DP * N_d2 * np.exp(-r * t))
    e2 = sigma_e - sigma_a * N_d1 * x
    return [e1, e2]    # 此处返回等于 0 的式子


result = optimize.fsolve(g, [1, 0.1])
print(result)
# 输出 result: array([1.86510471, 0.15511197])
x, sigma_a = result
DD = (x * E - DP)/(x * E * sigma_a)    # 违约距离
EDF = stats.norm.cdf(-DD)
print('企业资产为{:.2f}，资产的波动率为{:.4%}'.format(x * E, sigma_a))
print('违约距离为 DD = {:.4f}，违约概率 EDF = {:.4%}'.format(DD, EDF))
```

运算结果为：企业资产为 263495329.74，资产的波动率为 15.5112%，违约距离为 DD＝3.3886，违约概率 EDF＝0.0351%。该公司的违约概率为 0.0351%，违约率较低。

有时候为了兼顾计算的简便与准确性，计算出 DD 后，从上市公司违约数据库中找 DD 等于此值的公司有多少比例是违约的，也可以算出违约概率。由于历史违约数据的积累工作滞后，确定违约距离和实际违约频率之间的映射仍然无法实现，而直接计算出来的 EDF 结果说服力较差，因此直接应用违约距离来比较上市公司的相对违约风险大小更合理。

9.4 绿色信贷与商业信用银行风险（KMV 模型）

由于我们目前有 23 家商业银行数据，可以通过其中的 20 家上市公司计算得到其市场价值。即 KMV 模型要求上市公司，所以去掉两个非上市公司再次进行回归，结果如表 9-1 所示：

表 9-1 20 家上市商业银行业绩对绿色信贷回归

VARIABLES	(1) nim	(2) roe	(3) nim	(4) roe
L. lngreen	−0.193***	−1.024***	−0.090**	−0.932***
	(0.016)	(0.141)	(0.030)	(0.173)
lnloan	0.525+	−3.498*	0.538**	−2.988**
	(0.242)	(1.166)	(0.176)	(1.005)
lnsave	0.310	8.161**	0.295	7.850***
	(0.381)	(1.868)	(0.214)	(1.213)
loar	−0.103*	0.268	−0.082**	0.259
	(0.031)	(0.179)	(0.030)	(0.169)
nint	−0.012**	0.062+	−0.019***	0.048***
	(0.003)	(0.032)	(0.002)	(0.012)
car	−0.013	0.221**	−0.026	0.096
	(0.021)	(0.046)	(0.016)	(0.093)
year	Fixed Effects			

	(1)	(2)	(3)	(4)
bank	Fixed Effects			
Constant	0.000	0.000	1.974	−58.907**
	(0.000)	(0.000)	(3.129)	(19.254)
Observations	176	176	176	176
Number of groups	22	22		
Number of id			22	22

Robust standard errors in parentheses

*** $p<0.001$, ** $p<0.01$, * $p<0.05$, + $p<0.1$

可以看到基本回归结果绿色信贷对于商业银行业绩的负向影响依然显著。下面就开始计算这二十家商业银行的违约距离 dd。以中国工商银行为例,我们在计算中使用的是一年期定期存款(整存整取)的利率作为无风险利率 r。在具体计算中我们采用的是按天数进行加权平均。即在存款期内,由于不同时间段利率不同,导致利率水平的波动。为了得到一个平均的利率,可以将时间段作为权重占比,对利率进行平均,从而得到加权平均存款利率。假设一年内有 4 次利率调整,利率 R_a 持续 38 天,利率 R_b 持续 56 天,利率 R_c 持续 150 天,利率 R_d 持续 112 天,用下列公式计算加权平均利率$= (R_a \times 38 + R_b \times 56 + R_c \times 150 + R_d \times 112)/365$。

在市值的计算中,WIND 中可供提取的数据有总市值、流通市值、自由流通市值这三种指标。根据公司股票是否可在二级市场流通,公司股本可分为流通股本和非流通股本,由此公司的市值通常又可分为总市值、流通市值、自由流通市值等。通常来讲,总股本可以分为流通股和非流通股。非流通股是指不能在交易市场上自由买卖的股票(包括国家股、国有法人股、内资及外资法人股、发起自然人股等),这类股票除了流通权与流通股不一样外,其他权利和义务都是完全一样的。非流通股不能在二级市场上自由交易,只能通过拍卖或协议转让的方式进行流通。然而,取得了流通权的股票,由于受到流通期限和流通比例的限制,也不能在二级市场上自由交易,这部分股票称为限售股。我国 A 股市场的限售股主要由两部分构成,一类是股改产生的限售股,另一类是新股 IPO 产生的限售股。具体来讲,2005年实行的股权分置改革制度赋予了以前不能上市流通的国有股、法人股等流通权,但为了减少大量股份集中上市给股市带来的冲击,对这部分股份的上市时间进行了限制。同样,对于首次公开发行的股票,自上市日起 1—3

年,原股东的限售流通股方能陆续上市流通,在此期间这些限售股不允许买卖。自由流通股本的概念是将公司总股本减去非流通股本即为公司流通股,理论上来讲所有的流通股都能够在二级市场上进行交易。然而实际上,很多持股超过一定比例的大股东及其一致行动人、公司高管等由于其战略部署等原因,不会在二级市场上进行频繁操作,因此这部分股票并不属于市场上个人或机构投资者可以直接交易的股票,自由流通股本即为将流通股本减去这些扣除数得到的股本数量。我们提取的数据为 WIND 中的"总市值1"这个指标。对于缺失数据的提取则是从年报中选择"上一年的所有者权益代替"(邮储银行)或"来自 WIND 港股中的股东权益合计"(邮储银行)或"按当年港币兑人民币中间价转换而来"(邮储银行、青岛银行)或"年报中股东权益,注意不是归母股东权益"(上海银行)或"查阅年报,用股东权益代替总市值"(江苏银行、贵阳银行、青岛银行)。

在负债的计算中,我们采用长期负债的数据而不是非流动负债。长期负债是指偿还期限在一年以上或超过一年的一个营业周期以上的债务,包括长期借款、应付债券、长期应付款等。而非流动负债除了包括以上长期负债包括的内容外,还包括其他非流动负债,如:预计负债、递延所得税负债、其他非流动性负债。即非流动负债的范围大于长期负债。长期负债数据是通过用 WIND 的两个指标"银行总资产"乘以"长期负债占比"而计算得到。

在年化波动率的计算中,我们直接提取 WIND 的波动率(年化)指标。对于有缺失的数据,我们使用行业平均值进行替代(图 9-3)。

板块	年化波动率(算术平均)[起始交易日期]2012-01-01[截止日期]2012-12-31[计算周期]日[收益率算法]对数收益率[单位]%	年化波动率(算术平均)[起始交易日期]2013-01-01[截止日期]2013-12-31[计算周期]日[收益率算法]对数收益率[单位]%	年化波动率(算术平均)[起始交易日期]2014-01-01[截止日期]2014-12-31[计算周期]日[收益率算法]对数收益率[单位]%	年化波动率(算术平均)[起始交易日期]2015-01-01[截止日期]2015-12-31[计算周期]日[收益率算法]对数收益率[单位]%	年化波动率(算术平均)[起始交易日期]2016-01-01[截止日期]2016-12-31[计算周期]日[收益率算法]对数收益率[单位]%	年化波动率(算术平均)[起始交易日期]2017-01-01[截止日期]2017-12-31[计算周期]日[收益率算法]对数收益率[单位]%	年化波动率(算术平均)[起始交易日期]2018-01-01[截止日期]2018-12-31[计算周期]日[收益率算法]对数收益率[单位]%	年化波动率(算术平均)[起始交易日期]2019-01-01[截止日期]2019-12-31[计算周期]日[收益率算法]对数收益率[单位]%	年化波动率(算术平均)[起始交易日期]2020-01-01[截止日期]2020-12-31[计算周期]日[收益率算法]对数收益率[单位]%	年化波动率(算术平均)[起始交易日期]2021-01-01[截止日期]2021-12-31[计算周期]日[收益率算法]对数收益率[单位]%
WIND多元化银行	18.4837	30.4383	30.4508	44.8330	18.8207	16.6900	24.0548	20.1553	21.6289	18.5870
WIND区域性银行	24.8676	30.8429	31.2379	51.7104	77.6934	35.3467	39.4796	37.3966	34.8518	28.2683

图 9-3　WIND 数据库中行业波动率均值

1.基准回归

一切基本数据就绪之后,可以通过 KMV 模型计算得到各商业银行在每一年的违约距离 dd。之后用绿色信贷对 dd 进行回归,结果如图 9-4 所示。

```
. xtscc dd L.lngreen lnloan lnsave loar nint car i.year,fe

Regression with Driscoll-Kraay standard errors    Number of obs    =      184
Method: Fixed-effects regression                   Number of groups =       23
Group variable (i): id                             F( 13,     7)    =  2063.35
maximum lag: 2                                      Prob > F         =   0.0000
                                                   within R-squared  =   0.4602
```

dd	Coefficient	Drisc/Kraay std. err.	t	P>|t|	[95% conf. interval]	
lngreen						
L1.	1.563239	.4651673	3.36	0.012	.4632929	2.663185
lnloan	2.766891	1.749008	1.58	0.158	-1.368856	6.902637
lnsave	-11.06418	2.798183	-3.95	0.006	-17.68083	-4.447525
loar	-1.012536	.5799399	-1.75	0.124	-2.383876	.358804
nint	-.0517257	.0474344	-1.09	0.312	-.1638904	.0604389
car	-.9236997	.2142981	-4.31	0.004	-1.430434	-.4169654
year						
2013	0	(empty)				
2014	183.0454	41.10928	4.45	0.003	85.83743	280.2534
2015	183.8037	40.98594	4.48	0.003	86.88739	280.7201
2016	187.2946	40.98245	4.57	0.003	90.3865	284.2027
2017	189.3957	40.74677	4.65	0.002	93.04485	285.7465
2018	188.9488	40.50585	4.66	0.002	93.16767	284.7299
2019	190.1257	40.2295	4.73	0.002	94.99808	285.2534
2020	190.715	40.02281	4.77	0.002	96.07613	285.3539
2021	193.7181	39.95211	4.85	0.002	99.24639	288.1899
_cons	0	(omitted)				

图 9-4 绿色信贷对 KMV 模型违约距离进行回归

可以看到滞后一年的绿色信贷能够增加 dd，也即绿色信贷可以减轻商业银行贷款的信用风险。

2.稳健性检验

(1)采用广义最小二乘法估计方法。

使用广义最小二乘法，

xtgls dd L. lngreen lnloan lnsave loar nint car i. id i. year，panels(he)
同时与其他的估计方式进行对比，回归结果如表 9-2 所示。

表 9-2　广义最小二乘法与其他估计方式对比

VARIABLES	(1) xtreg(dd)	(2) xtscc(dd)	(3) xtgls(dd)	(4) xtpcse(dd)
lngreen	1.601*	1.601*	1.291***	0.804*
	(0.660)	(0.658)	(0.347)	(0.400)
lnloan	−1.855	−1.855	−0.446	−0.605
	(6.356)	(2.960)	(2.760)	(1.645)
ltdr	0.104	0.104**	0.099*	0.080**
	(0.092)	(0.027)	(0.044)	(0.028)
loar	−1.201	−1.201+	−0.882+	−1.231*
	(0.918)	(0.607)	(0.461)	(0.579)
car	−0.919*	−0.919***	−1.052***	−0.589
	(0.405)	(0.176)	(0.246)	(0.371)
lnni	−3.880	−3.880	−4.223*	−1.752
	(4.168)	(4.116)	(1.964)	(1.811)
Constant	148.422	148.422*	112.841*	130.260*
	(91.662)	(50.295)	(49.505)	(58.261)
Observations	207	207	207	207
R-squared	0.502			0.299
Number of id	23		23	23
i. year FE	YES			
Company FE	YES			
Number of groups		23		

Robust standard errors in parentheses

*** $p<0.001$，** $p<0.01$，* $p<0.05$，+ $p<0.1$

（2）采用绿色信贷不同滞后期进行回归。

违约距离对绿色信贷不同滞后期的回归结果如表 9-3 所示。可以看到自当期开始绿色信贷对于增加商业银行违约距离就具有显著的正向影响。而且自滞后 1 年开始，显著性更为明显。可见推行绿色信贷，对于增加商业银行违约距离、降低违约概率、防范信用风险都是具有显著帮助的。

表 9-3　违约距离对绿色信贷不同滞后期的回归结果

VARIABLES	(1) xtreg(dd)	(2) xtreg(dd)	(3) xtreg(dd)	(4) xtreg(dd)
lngreen	1.601*			
	(0.658)			
L.lngreen		1.636**		
		(0.460)		
L2.lngreen			1.220**	
			(0.237)	
L3.lngreen				1.082**
				(0.186)
lnloan	−1.855	−2.827	−3.170	−4.515*
	(2.960)	(2.401)	(2.610)	(1.637)
ltdr	0.104**	0.108**	0.108***	0.088*
	(0.027)	(0.020)	(0.015)	(0.023)
loar	−1.201+	−1.147	−1.191	−0.569
	(0.607)	(0.609)	(0.861)	(1.022)
car	−0.919***	−0.853**	−0.721*	−0.813
	(0.176)	(0.214)	(0.276)	(0.595)
lnni	−3.880	−5.360	−7.530*	−7.517*
	(4.116)	(3.344)	(2.922)	(2.661)
Constant	148.422*	0.000	189.825*	0.000
	(50.295)	(0.000)	(66.113)	(0.000)
i.year FE	YES	YES	YES	YES
Company FE	YES	YES	YES	YES
Observations	207	184	161	138
Number of groups	23	23	23	23

Robust standard errors in parentheses

*** $p < 0.001$, ** $p < 0.01$, * $p < 0.05$, + $p < 0.1$

第 10 章　风险与绿色信贷:VaR 模型

　　绿色信贷是否能缓解商业银行贷款的生态风险,通过 KMV 模型我们已经给出了肯定的答案。本章我们将考察采用 Value at Risk 模型,绿色信贷是否能降低商业银行风险。

10.1　VaR 模型简介

　　VaR 模型,即 Value at Risk 模型,是一种用于评估和计量金融风险的方法。它主要应用于金融领域,特别是在度量金融机构面临的市场风险方面。VaR 模型的含义是"处在风险中的价值",它指的是在一定概率水平(置信度)下,某一金融资产或证券投资组合在未来特定时期内的最大可能损失。这个模型不仅可以帮助金融机构理解和管理市场风险,还提供了一个统一的风险度量标准,使得不同金融工具或投资组合的风险可以比较。

　　VaR 模型的计算涉及几个关键因素,包括持有期的长短、置信度的大小以及未来金融资产或组合价值的分布特征。这些因素共同影响了 VaR 值的计算结果。例如,如果金融资产或组合在单位时间内的均值为 μ,标准差为 σ,那么在一定的置信水平下,可能发生的最大损失可以通过正态分布的性质来计算。这种方法在全球范围内被广泛采用,包括各大银行、非银行金融机构、公司以及金融监管机构,用于评估和计量任何一种金融资产或证券投资组合在既定时期内所面临市场风险的大小和可能遭受的潜在最大价值损失。

　　VaR 模型的特点包括:

　　简单明了:提供了一个统一的风险度量标准,使得不同金融工具或投资组合的风险可以比较。

事前计算：与传统的风险管理方法不同，VaR 可以在事前计算风险，而不是在事后衡量。

组合风险计算：不仅能够计算单个金融工具的风险，还能计算由多个金融工具组成的投资组合风险。

尽管 VaR 模型在风险管理领域有着广泛的应用和认可，但它也有其局限性，比如在风险投资中的应用可能受到限制，因为某些新兴行业或领域可能缺乏足够的历史数据来进行模拟运算。此外，对于流动性较差的资产，VaR 模型的计算意义可能不大，因为这些资产的变现能力较弱。

那么按下来就是如何计算 VaR 值，一般来说途径有很多种，下面我们就介绍其中的一种，即通过 CreditMetrics 模型来手工计算 VaR 值。

10. 2　风险价值 VaR：CreditMetrics 模型

除了 KMV 模型之外，在传统信用评级法的基础上建立的信用风险模型还有 J. P. Morgan 的 CreditMetrics 模型，模型的建立为控制信贷或资产组合的信用风险提供了方法。CreditMetrics 模型是由 J. P. Morgan 在 1997 年提出的，用以估计一定期限内（通常是 1 年），债务及其他信用类产品构成的组合价值变化的远期分布。与 1994 年推出的量化市场风险的 RiskMetrics 一样，该模型引起了金融机构和监管当局的高度重视。该模型是基于这样的假设：某一特定时间内（通常为 1 年）贷款组合价值的分布与未来债务人的信用等级变化有关。债务人的信用等级可能在未来上升、下降（包括违约），也可能维持不变。信用等级的变动过程服从时间齐次的 Markov 过程，即贷款本期信用等级变动与以前信用等级变动情况无关。运用 CreditMetrics 模型可较好地帮助金融企业进行风险管理，通过一定的修正该模型已经被银行和资产管理公司广泛采用。

参考易云辉、尹波（2005）的做法，下面我们以一个实例来说明 CreditMetrics 模型的应用。例如一笔 5 年期的固定贷款利率，票面利率为 6%，贷款总额为 100 万，目前信用等级为 BBB 级。一年期的信用等级的迁移概率矩阵如表 10-1 所示。可以看到从 BBB 级贷款转移为 AAA、AA、A、BBB、BB、B 直至违约级等其他各级贷款的概率为表中以"BBB"开头的那一行，数值分别为 0.02、0.33、5.95、86.93、5.36、1.17、0.12、0.18。

表 10-1　一年期信用等级迁移概率矩阵

年初信用级别	年末的等级迁移概率							
	AAA	AA	A	BBB	BB	B	CCC	D
AAA	98.01	8.33	0.68	0.06	0.12	0	0	0
AA	0.7	96.56	7.79	0.64	0.06	0.14	0.02	0
A	0.09	2.27	91.05	5.52	0.74	0.26	0.01	0.06
BBB	0.02	0.33	5.95	86.93	5.36	1.17	0.12	0.18
BB	0.03	0.14	0.67	7.73	80.53	8.84	1.00	1.06
B	0	0.11	0.24	0.43	6.48	83.46	4.07	5.2
CCC	0.22	0	0.22	1.3	2.38	11.24	64.86	19.79

资料来源：Credit Metrics a 技术文档，JP. Morgan，1997

（穆迪公司的一年期的信用等级的迁移概率矩阵）

　　上表是依据 15 年的历史数据统计而来，我们注意看最左边的一栏，从 B 等级上升到 AAA 等级的概率是 0%，而从 CCC 等级上升到 AAA 等级的概率为 0.22%，这似乎有些与常理相背。

　　银行发放的某笔贷款经过信用评级的变化，变化之后的市值可以通过下式进行计算：

$$P = 6 + \frac{6}{1+r_1+s_1} + \frac{6}{(1+r_2+s_2)^2} + \frac{6}{(1+r_3+s_3)^3} + \frac{106}{(1+r_4+s_4)^4}$$

　　其中：r_i 表示零息债券的无风险利率；s_i 表示信用价差。

　　其中的利率可以参考表 10-2。假设我们的 BBB 级贷款一年后成为 A 级贷款，那么将以 A 级贷款来计算其价值。计算 A 级贷款用到的利率从表 10-2 中可以读出，分别为：3.72%、4.32%、4.93%、5.32%。

表 10-2　每一种信用等级下的远期利率曲线值

分类	第一年	第二年	第三年	第四年
AAA	3.6	4.17	4.73	5.12
AA	3.65	4.22	4.78	5.17
A	3.72	4.32	4.93	5.32
BBB	4.1	4.67	5.25	5.63
BB	5.55	6.02	6.78	7.27
B	6.05	7.02	8.03	8.52
CCC	15.05	15.02	14.03	13.52

假设债务人对于发放 BBB 贷款的金融机构来说，这笔 BBB 贷款在第一年结束时转为 A 级，该笔贷款市值将以 A 级贷款利率进行计算如下：

$$P = 6 + \frac{6}{(1.0372)} + \frac{6}{(1.0432)^2} + \frac{6}{(1.0493)^3} + \frac{6}{(1.0532)^4} = 108.66$$

从 BBB 级迁移到其他所有各类信用等级的情形，可以以此类推计算其贷款市值（比如 BBB 迁移到 A 级，如上式所计算，其贷款价值变为 108.66）。之后，就可以计算出该笔贷款的均值以及标准差，如表 10-3 所示：

表 10-3　不同信用等级的贷款标准差计算

年末等级	迁移概率	贷款市值	加权平均	偏差	方差
AAA	0.02	109.37	0.02	2.28	0.001
AA	0.33	109.19	0.36	2.1	0.0146
A	5.95	108.66	6.47	1.57	0.1474
BBB	86.93	107.55	93.49	0.46	0.1853
BB	5.3	102.02	5.41	5.07	1.3592
B	1.17	98.10	1.15	8.99	0.9446
CCC	0.12	83.64	0.1	23.45	0.6598
违约	0.18	51.13	0.09	55.96	5.6398
均值＝107.09			方差标准差＝8.9477，标准差＝2.99		

上表的具体计算过程如下：

第一步：在得到迁移概率和贷款市值之后，可以计算得到该笔贷款的加权价值（图 10-1）。

图 10-1　计算贷款的加权价值

第二步:将每个等级贷款的加权价值相加,可以得到该笔贷款的期望价值(图 10-2)。另外一种方式是使用 excel 的 sumproduct 函数也可以直接计算得到期望价值(图 10-3),又可称为贷款均值。

E11		f_x	=SUM(E2:E9)			
	A	B	C 迁移概率	D 贷款市值	E 加权价值	F 偏差	G 方差(权重*偏差平方)

	A	B	C	D	E	F	G
1			迁移概率	贷款市值	加权价值	偏差	方差(权重*偏差平方)
2	1	AAA	0.02	109.37	0.02	2.28	0.001
3	2	AA	0.33	109.19	0.36	2.1	0.0146
4	3	A	5.95	108.66	6.47	1.57	0.1467
5	4	BBB	86.93	107.55	93.49	0.46	0.1839
6	5	BB	5.3	102.02	5.41	5.07	1.3624
7	6	B	1.17	98.1	1.15	8.99	0.9456
8	7	CCC	0.12	83.64	0.1	23.45	0.6599
9	8	违约	0.18	51.13	0.09	55.96	5.6367
10			均值 =	107.0879			
11				期望=	107.09	方差=	8.9508
12						标准差=	2.99

图 10-2　计算贷款的期望价值

D10		f_x	=SUMPRODUCT(C2:C9,D2:D9)*0.01			

	A	B	C	D	E	F	G
1			迁移概率	贷款市值	加权价值	偏差	方差(权重*偏差平方)
2	1	AAA	0.02	109.37	0.02	2.28	0.001
3	2	AA	0.33	109.19	0.36	2.1	0.0146
4	3	A	5.95	108.66	6.47	1.57	0.1467
5	4	BBB	86.93	107.55	93.49	0.46	0.1839
6	5	BB	5.3	102.02	5.41	5.07	1.3624
7	6	B	1.17	98.1	1.15	8.99	0.9456
8	7	CCC	0.12	83.64	0.1	23.45	0.6599
9	8	违约	0.18	51.13	0.09	55.96	5.6367
10			均值 =	107.0879			
11				期望=	107.09	方差=	8.9508
12						标准差=	2.99

图 10-3　计算贷款的期望价值(另外一种方式,使用 sumproduct 函数)

第三步:将每个等级贷款的加权价值与期望值相减,可以得到该笔贷款的偏差有正有负,为了显示的方便可以取绝对值(图 10-4)。

F2		f_x	=ROUND(ABS(D2-D10),2)			

	A	B	C	D	E	F	G
1			迁移概率	贷款市值	加权价值	偏差	方差(权重*偏差平方)
2	1	AAA	0.02	109.37	0.02	2.28	0.001
3	2	AA	0.33	109.19	0.36	2.1	0.0146
4	3	A	5.95	108.66	6.47	1.57	0.1467
5	4	BBB	86.93	107.55	93.49	0.46	0.1839
6	5	BB	5.3	102.02	5.41	5.07	1.3624
7	6	B	1.17	98.1	1.15	8.99	0.9456
8	7	CCC	0.12	83.64	0.1	23.45	0.6599
9	8	违约	0.18	51.13	0.09	55.96	5.6367
10			均值 =	107.0879			
11				期望=	107.09	方差=	8.9508
12						标准差=	2.99

图 10-4　计算贷款与期望偏差的绝对值

第四步：将每个等级贷款的偏差进行平方（平方之后都为正值，所以上一步中是否取绝对值并不重要），将半方值依旧乘以权重（即迁移概率），得到每一级贷款的方差（图 10-5）。

G2	fx	=ROUND(C2*F2*F2,2)*0.01				
	A	B	C 迁移概率	D 贷款市值	E 加权价值	F 偏差	G 方差（权重*偏差平方）
2	1	AAA	0.02	109.37	0.02	2.28	0.001
3	2	AA	0.33	109.19	0.36	2.1	0.0146
4	3	A	5.95	108.66	6.47	1.57	0.1467
5	4	BBB	86.93	107.55	93.49	0.46	0.1839
6	5	BB	5.3	102.02	5.41	5.07	1.3624
7	6	B	1.17	98.1	1.15	8.99	0.9456
8	7	CCC	0.12	83.64	0.1	23.45	0.6599
9	8	违约	0.18	51.13	0.09	55.96	5.6367
10		均值=		107.0879			
11				期望=	107.09	方差=	8.9508
12						标准差=	2.99

图 10-5　计算每一级贷款的方差

第五步：将每级贷款的方差进行相加，得到总体方差（图 10-6）。

	A	B	C 迁移概率	D 贷款市值	E 加权价值	F 偏差	G 方差（权重*偏差平方）
1			迁移概率	贷款市值	加权价值	偏差	方差（权重*偏差平方）
2	1	AAA	0.02	109.37	0.02	2.28	0.001
3	2	AA	0.33	109.19	0.36	2.1	0.0146
4	3	A	5.95	108.66	6.47	1.57	0.1467
5	4	BBB	86.93	107.55	93.49	0.46	0.1839
6	5	BB	5.3	102.02	5.41	5.07	1.3624
7	6	B	1.17	98.1	1.15	8.99	0.9456
8	7	CCC	0.12	83.64	0.1	23.45	0.6599
9	8	违约	0.18	51.13	0.09	55.96	5.6367
10		均值=		107.0879			
11				期望=	107.09	方差=	8.9508
12						标准差=	2.99

图 10-6　计算贷款的总体方差（标准差等于方差开根号）

这样，我们通过上述步骤就可以计算得到表 10-4（等同于表 10-3，为了说明的方便，再次出现于此）。

表 10-4　不同信用等级的贷款标准差计算

年末等级	迁移概率	贷款市值	加权平均	偏差	方差
AAA	0.02	109.37	0.02	2.28	0.001
AA	0.33	109.19	0.36	2.1	0.0146
A	5.95	108.66	6.47	1.57	0.1474
BBB	86.93	107.55	93.49	0.46	0.1853
BB	5.3	102.02	5.41	5.07	1.3592

续表

年末等级	迁移概率	贷款市值	加权平均	偏差	方差
B	1.17	98.10	1.15	8.99	0.9446
CCC	0.12	83.64	0.1	23.45	0.6598
违约	0.18	51.13	0.09	55.96	5.6398
均值＝107.09			方差标准差＝8.9477,标准差＝2.99		

不妨令置信水平为 99％,正态分布单尾 99％相当于右边尾巴的面积为 1％时,分布的临界值为＋2.33(注意如果是双尾,则为±2.58)。假设其市值服从正态分布,就可以计算该笔贷款的 VaR 值。为了计算单尾 1％的 VaR 值,可以根据正态分布的性质,1％置信水平下的 VaR 为 2.33×标准差＝2.33×σ＝2.33×2.99＝6.97。假设市值为实际分布,根据图 10-7,将 D 列逐步相加得到累计分布概率值。比如违约的累计概率＝0.18％,CCC 级的累计概率＝0.18％＋0.12％＝0.30％,B 级的累计概率＝0.18％＋0.12％＋1.17％＝1.47％。可以注意到此时概率已经超过置信水平 1％了(1.47％＞1％置信水平)。因此,我们不继续进行下去,在 B 等级的地方停下来,这个等级的价值是 98.1。即在 1％的置信区间下的 VaR 值为 98.1,比期望值 107.09 要少 8.99。

图 10-7　累计概率的计算(D 列)

而 1.47％概率的市值为 98.10 元(图 10-7),0.3％概率的市值为 83.64,利用线性插值,可以计算 1％概率下的市值 V：

$$V＝(98.1－83.64)/(1.47－0.3)×(1－0.3)＋83.64＝92.29 元$$

因而 1％概率下的贷款市值为 92.29 元,则 1％置信水平下的实际 VaR 为 107.09－92.29＝14.80 元。

10.3　VaR 模型的计算

　　CreditMetrics VaR 模型与 KMV EDF 模型的基本原理同出一源,但前者的优势是盯住贷款价值的变化,后者的优势是动态预测。上节我们通过 CreditMetrics 模型计算了贷款的 VaR。

　　计算 VaR 另一种常用的方法是通过资产收益的波动率,特别是当假设资产收益服从正态分布时,VaR 可以通过以下公式来计算:

$$VaR = Z_\alpha \times \sigma \times \sqrt{\Delta t}$$

　　其中:

　　Z_α 是对应于置信水平 α 的标准正态分布的分位数。例如,如果置信水平是 95%,则 $Z_{0.95}$ 大约是 1.65。

　　σ 是资产收益的日标准差。

　　$\sqrt{\Delta t}$ 是时间平方根因子,用于将日 VaR 调整为其他时间尺度(如周、月等)的 VaR。如果计算的是日 VaR,则 $\Delta t = 1$,因此 $\sqrt{\Delta t} = 1$。

　　其他计算 VaR 值的方法通常包括以下几种,它们在金融风险管理领域被广泛采用。

　　一是历史模拟法(Historical Simulation):

　　○ 方法概述:该方法利用资产组合历史收益率的样本数据,模拟未来一段时间内的资产组合价值变化,从而估计出可能发生的最大损失。

　　○ 特点:简单直观,不需要假设资产收益的分布形式,但对历史数据的依赖性较强。

　　二是方差—协方差法(Variance-Covariance Method):

　　○ 方法概述:该方法假设资产收益率服从正态分布,通过估计资产组合的均值、方差和协方差来计算 VaR 值。

　　○ 特点:计算相对简单,但依赖于正态分布的假设,可能无法准确反映极端市场条件下的风险。

　　三是蒙特卡罗模拟法(Monte Carlo Simulation):

　　○ 方法概述:该方法通过重复随机抽样来模拟资产组合的未来价值变化,基于大量的模拟结果来估计 VaR 值。

　　○ 特点:灵活性高,可以处理复杂的非线性问题和非正态分布假设,但计算量大,耗时较长。

　　四是极值理论法(Extreme Value Theory, EVT):

o 方法概述：该方法专注于极端损失事件的建模，通过极值分布来估计资产组合可能遭受的最大损失。

o 特点：特别适合于处理小概率但影响重大的极端风险事件，但模型构建较为复杂。

5. 混合方法（Hybrid Methods）：

o 方法概述：将上述两种或多种方法结合起来，以提高 VaR 值计算的准确性和鲁棒性。

o 特点：能够综合各方法的优点，克服单一方法的局限性，但实施起来可能较为复杂。

这些方法各有优缺点，选择哪种方法取决于具体的应用场景、数据可得性、计算资源的限制以及风险管理者的偏好。在实际应用中，通常会根据具体情况选择合适的方法或方法组合来计算 VaR 值。

10.4　上市商业银行 VaR 风险与绿色信贷实证分析

对于上市商业银行，我们可以从 WIND 数据库中提取下载其股价波动率，具体采用的指标是"年化波动率（最近 24 个月）"。下载的过程为：选择"股票"—"数据浏览器"—"内地股票"—"WIND 行业类"—"WIND 金融"，然后双击"WIND 银行"。之后，再在"按拼音查找指标"中输入"波动率"。如图 10-8、图 10-9 所示。

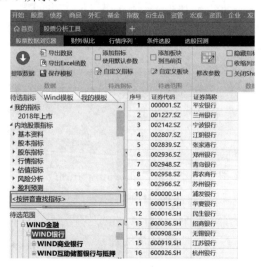

图 10-8　WIND 数据库提取数据

图 10-9　WIND 数据库中查找指标

　　然后双击该"年化波动率(最近 24 个月)"指标,以提取 2021 年的指标为例,打开对话框,如图 10-10 所示。

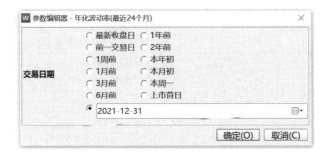

图 10-10　以提取 2021 年的指标为例

　　点击确定后,即可得到该年的股价收益率波动率 σ(其他年份以此类推)。由于股价收益率波动率 σ 可以通过线性运算得到 VaR 值,因此我们可以直接将 σ 指标作为 VaR 的代理变量形成面板数据,作为应变量加入回归方程。

　　回归方程的结果如表 10-5 所示。

表 10-5　VaR 风险与绿色信贷回归结果(不同的回归模型)

	(1)	(2)	(3)	(4)
VARIABLES	xtreg(VaR)	xtscc(VaR)	xtgls(VaR)	xtpcse(VaR)
L. lngreen	−6.351**	−6.351***	−6.884***	−1.304
	(1.621)	(0.736)	(1.222)	(0.933)

续表

	(1)	(2)	(3)	(4)
lnloan	34.406**	34.406***	44.035***	9.000
	(9.985)	(5.056)	(8.315)	(11.487)
lnsave	−2.319	−2.319	−12.329	−8.881
	(9.584)	(7.998)	(9.608)	(11.240)
ltdr	−0.343*	−0.343*	−0.368***	−0.119
	(0.135)	(0.105)	(0.104)	(0.129)
loar	1.103	1.103	1.807+	1.827
	(1.502)	(1.217)	(0.980)	(1.172)
cir	−0.113	−0.113	−0.190	0.056
	(0.218)	(0.173)	(0.172)	(0.212)
car	1.164	1.164**	1.904***	0.443
	(0.994)	(0.276)	(0.494)	(0.505)
nint	−0.184*	−0.184**	−0.166**	0.030
	(0.077)	(0.052)	(0.064)	(0.091)
Constant	−325.105+	0.000	−427.157***	−126.707
	(173.032)	(0.000)	(112.579)	(108.743)
Observations	137	137	137	137
R-squared	0.801			0.751
Number of id	19		19	19
i. year FE	YES			
Company FE	YES			
Number of groups		19		

Robust standard errors in parentheses

*** $p<0.001$, ** $p<0.01$, * $p<0.05$, + $p<0.1$

从回归结果可以看到绿色信贷会减少股价收益率的波动率,也就是减小商业银行自身的风险。这个结论与通过 KMV 模型计算 EDF 来衡量商业银行信贷风险的结论是完全一致的。

接下来我们对绿色信贷的不同滞后期进行回归,如表 10-6 所示。

表 10-6　VaR 风险与绿色信贷回归结果（绿色信贷不同滞后期）

VARIABLES	(1) xtreg(VaR)	(2) xtreg(VaR)	(3) xtreg(VaR)	(4) xtreg(VaR)
lngreen	−3.001**			
	(0.711)			
L. lngreen		−6.351***		
		(0.736)		
L2. lngreen			−4.588*	
			(1.473)	
L3. lngreen				−0.029
				(2.142)
lnloan	24.757**	34.406***	51.996**	36.325*
	(6.543)	(5.056)	(11.589)	(12.655)
lnsave	−6.261	−2.319	−19.228*	−14.612
	(8.785)	(7.998)	(7.159)	(15.395)
ltdr	−0.366*	−0.343*	−0.443**	−0.277*
	(0.138)	(0.105)	(0.107)	(0.078)
loar	0.689	1.103	1.042	1.255
	(1.217)	(1.217)	(0.912)	(0.795)
cir	0.187	−0.113	−0.305+	−0.017
	(0.287)	(0.173)	(0.144)	(0.189)
car	1.160*	1.164**	0.909**	0.970
	(0.365)	(0.276)	(0.233)	(0.643)
nint	−0.247*	−0.184**	−0.153**	−0.143*
	(0.086)	(0.052)	(0.034)	(0.040)
Constant	−183.946	0.000	0.000	−312.115
	(154.734)	(0.000)	(0.000)	(158.186)
Observations	158	137	118	99
Number of groups	21	19	19	19

续表

	（1）	（2）	（3）	（4）
i. year FE	YES	YES	YES	YES
Company FE	YES	YES	YES	YES

Robust standard errors in parentheses

*** $p < 0.001$，** $p < 0.01$，* $p < 0.05$，+ $p < 0.1$

可以发现绿色信贷在滞后一年时,对于缓解商业银行信用风险作用最大也最为显著。

第 11 章　系统性风险 CoVaR

随着低碳经济的兴起,绿色信贷业务逐渐成为商业银行助力低碳经济发展的重要金融创新领域,科学合理的风险控制是商业银行参与这项金融创新的关键。传统的风险价值 VaR 方法只是衡量单个金融机构所遭受的预期损失,而无法衡量金融机构间的关联和依赖关系,因此无法监控系统性风险的积累。为解决该问题,Adrian 和 Brunnermeier(2016)提出 CoVaR 方法,利用分位数回归捕捉单个金融机构和整体金融系统之间在尾部分布的共同作用,计算当某个金融机构处于尾部事件时整个金融体系的损失。CoVaR 是指当金融机构处于困境时金融系统的 VaR,ΔCoVaR 是指金融机构出现问题时金融系统的 CoVaR 与金融机构正常时金融系统的 CoVaR 之间的差异。ΔCoVaR 越高说明该金融机构对金融系统的风险影响程度越高,系统性风险特征越明显。

另外,即使两家银行拥有同样的风险价值 VaR,也可能具有不同的 CoVaR,也就是说对整个银行系统的风险影响程度不同,因此这两家银行的系统重要性也显然不同。由此可见 VaR 值的风险衡量较为单一,而 CoVaR 还考虑到了对整个银行系统的影响,更为宏观和全面。

11.1　单家银行 VaR 和 CoVaR 的计算

以万得银行指数(代码:886052.WI)作为银行系统的代表,根据数据可得性我们选取了 21 家银行自 2012—2022 年的数据进行 CoVaR 的计算。

以中国银行为例,计算其在 2012 年的 95% 置信水平下的 CoVaR 值。

步骤一:首先对该年度中国银行股价日收益率进行总数的统计,从 2012 年 1 月 4 日至 2012 年 12 月 31 日,共有 243 个收益率数据(图 11-1)。

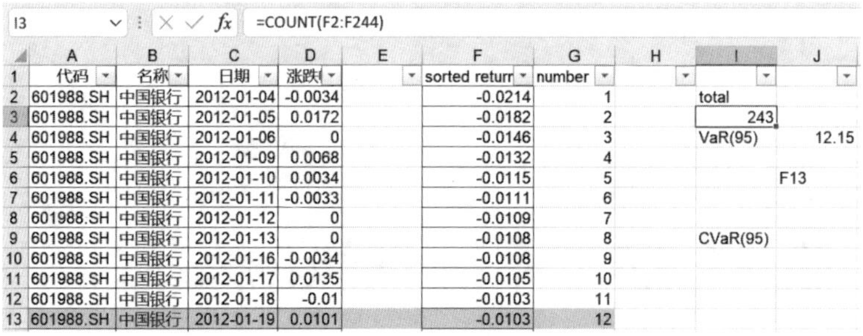

图 11-1 中国银行日收益率进行升序排序

步骤二:使用公式计算 VaR 值。

95%置信水平下的 VaR 值 $= (1-95\%) \times Total = (1-95\%) \times 243 = 12.15$。根据历史数据法来计算 VaR 值,可以认为在排序之后收益率倒数第 12 位的收益率-0.0103即为 VaR 值(图 11-2)。

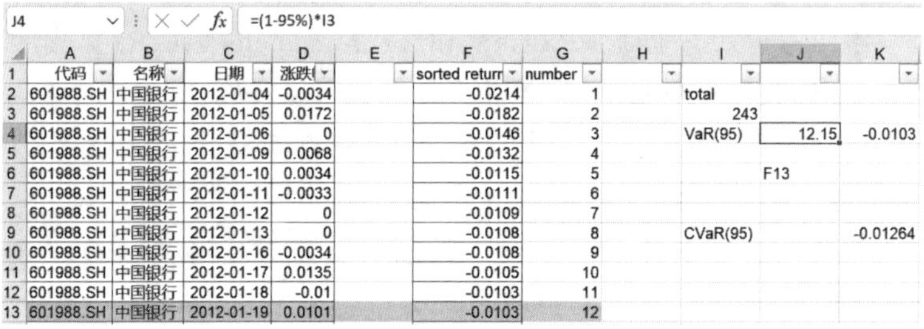

图 11-2 使用公式计算 95%分位数的位置为第 F 列第 12 位(F13)

步骤三:在 EXCEL 中可以自动化这一手工步骤。

首先在 EXCEL 中把要定位的位置 F13 用公式进行组合表达(图 11-3)。

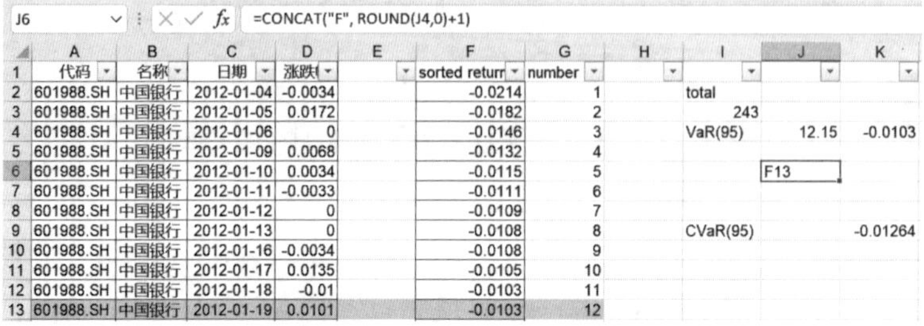

图 11-3 把要定位的位置 F13 用公式进行组合表达

然后在 EXCEL 的公式选项卡中点击"定义名称"(图 11-5)。

图 11-4　在 EXCEL 中建立公式名称

在弹出的对话框中进行名称的定义。输入自定义的名称，因为这里的公式是用于 VaR 计算的，就不妨命名为 VaR。在引用位置输入"＝EVALUATE(file! ＄J＄6)"，这表示是用 J6 位置的内容"F13"来定位到 EXCEL 的 F13 CELL，然后提取其内容—0.0103。为什么不直接写"F13"来提取内容呢？原因在于本次计算是要提取"F13"的内容，但是下次运算就不一定还是"F13"，所以这里的"F13"其实是个变量。也就是我们自定义的 VaR 函数带有一个参数＄J＄6(图 11-5)。

	A	B	C	D	E	F	G	H	I	J	K
1	代码	名称	日期	涨跌		sorted return	number				
2	601988.SH	中国银行	2012-01-04	-0.0034		-0.0214	1				
3	601988.SH	中国银行	2012-01-05	0.0172		-0.0182	2		total	243	
4	601988.SH	中国银行	2012-01-06	0		-0.0146	3		VaR(95)	12.15	-0.0103
5	601988.SH	中国银行	2012-01-09	0.0068		-0.0132	4				
6	601988.SH	中国银行	2012-01-10	0.0034		-0.0115	5		F13		
7	601988.SH	中国银行	2012-01-11	-0.0033		-0.0111	6				
8	601988.SH	中国银行	2012-01-12	0		-0.0109	7		CVaR(95)		-0.01264
9	601988.SH	中国银行	2012-01-13	0		-0.0108	8				
10	601988.SH	中国银行	2012-01-16	-0.003							
11	601988.SH	中国银行	2012-01-17	0.013							
12	601988.SH	中国银行	2012-01-18	-0.0							
13	601988.SH	中国银行	2012-01-19	0.010							
14	601988.SH	中国银行	2012-01-20	0.006							
15	601988.SH	中国银行	2012-01-30	-0.013							
16	601988.SH	中国银行	2012-01-31	0.003							
17	601988.SH	中国银行	2012-02-01	-0.006							
18	601988.SH	中国银行	2012-02-02	0.020							
19	601988.SH	中国银行	2012-02-03	0.006							
20	601988.SH	中国银行	2012-02-06	-0.009							
21	601988.SH	中国银行	2012-02-07	-0.009							
22	601988.SH	中国银行	2012-02-08	0.013							
23	601988.SH	中国银行	2012-02-09	0.003							
24	601988.SH	中国银行	2012-02-10	-0.0033		-0.0074	23				

编辑名称

名称(N)：　CVaR

范围(S)：　工作簿

批注(O)：

引用位置(R)：　=EVALUATE(1/file!\$J\$4*SUM(file!\$F\$2:EVALUATE(file!\$J\$6)))

确定　取消

图 11-5　EXCEL 对话框中用 EVALUATE 进行自定义函数 VaR 的定义

定义的重点是使用 EVALUATE 函数来自定义 EXCEL 函数，且该函数可以嵌套使用(后面会展示其嵌套用法)。

步骤四：同样的方式，我们可以自定义函数 CoVaR。

与之前自定义 VaR 公式类似，只不过 CoVaR 需要对所有小于 VaR 值的数值进行相加操作，其公式为：$CoVaR = 1/n \times \sum (F2:F13)$，写成 EXCEL 表达式如下(图 11-6)：

$CoVaR = EVALUATE(1/file! \$J\$4 * SUM(file! \$F\$2: EVALUATE(file! \$J\$6)))$

图 11-6　EXCEL 对话框中进行自定义函数 CoVaR 的定义

我们还可以对计算结果进行演算，发现用我们自定义的函数 CoVaR 其计算结果与不通过公式的直接运算结果完全一致（图 11-7、图 11-8）。

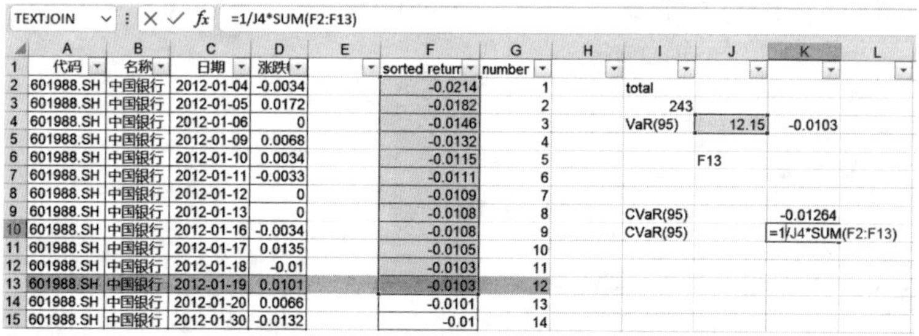

图 11-7　直接计算 CoVaR

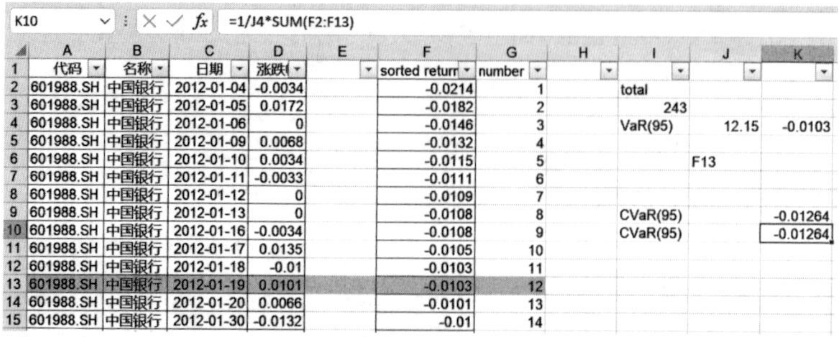

图 11-8　直接计算 CoVaR 与自定义公式计算结果完全一致

　　至此我们就能使用历史数据法自动计算出每年各家银行的 CoVaR 值,从而形成面板数据,在回归方程中使用。

　　另外,我们还可以用 Python 程序进行自动计算,与定义 EXCEL 公式计算可以得到同样的结果,程序如下所示:

```python
import pandas as pd
import os


def getYearVaR(year):
        strYear = str(year)
        # 显示 DataFrame 的内容
        # 使用布尔索引筛选日期范围内的数据
        mask = ((df['日期'] >= (strYear + '-01-01')) & (df['日期'] <= (strYear
+ '-12-31')))
        filtered_df = df[mask]
        if filtered_df.empty:
                return [None, None]
        if '涨跌幅(%)' in df.columns:
                column_name = '涨跌幅(%)'
        elif '涨跌幅' in df.columns:
                column_name = '涨跌幅'
        sorted_df = filtered_df.sort_values(by = column_name, ascending = True)
        row_count = len(sorted_df)
        row_number = int(round((1 - 0.95) * row_count, 0))
        # 由于 dataframe 都是从 0 开始,所以这里的 row_number 需要减掉 1
        row_number -= 1
        VaR_95 = sorted_df.iloc[row_number][column_name]
        # 计算列 column_name 从第 1 行加到第 row_number 行的和
        # 由于 dataframe 都是含头不含尾,所以这里要 row_number + 1
        CoVaR_95 = sorted_df[column_name].iloc[0:row_number + 1].sum() / (row
_number + 1)

        return [round(VaR_95, 4), round(CoVaR_95, 4)]

# 替换为你的 Excel 文件路径   注意:字符串最后是反斜杠,表示字符串还未结束
# 设定要遍历的文件夹路径
folder_path = r"D:\实证数据\CoVaR 计算\"

# 遍历文件夹
for filename in os.listdir(folder_path):
    # 检查文件扩展名是否为 .xlsx
    if not filename.endswith('.xlsx'):
        continue

    # 去除扩展名,获取文件名
    name, ext = os.path.splitext(filename)
    print(name)
```

```
bankname = name
filename = bankname + r'.xlsx'

# 使用 pandas 的 read_excel 函数读取 Excel 文件
# WIND 导出的数据需要在 excel 中打开再保存一下!!!
df = pd.read_excel(folder_path + filename)

iYear = 2012
for iYear in range(2012,2024):
    [VaR, CoVaR] = getYearVaR(iYear)
    print(f'{bankname} {iYear} VaR_95 = {VaR} CoVaR_95 = {CoVaR}')
```

以上我们采用当年的数据进行历史模拟法计算出当年的 VaR 和 CoVaR,然后用 VaR、CoVaR 对当年的绿色信贷回归如表 11-1、表 11-2 所示。

表 11-1 当年的 VaR 对当年的绿色信贷回归

VARIABLES	(1) xtreg(VaR)	(2) xtscc(VaR)	(3) xtgls(VaR)	(4) xtpcse(VaR)
lngreen	−0.105*	−0.105*	−0.121*	−0.062
	(0.039)	(0.035)	(0.055)	(0.042)
lnsize	−0.898	−0.898	−1.864*	−0.842
	(1.330)	(1.058)	(0.842)	(0.805)
lnsave	3.115*	3.115**	3.462***	2.566**
	(1.110)	(0.785)	(1.019)	(0.834)
lnloan	−1.612	−1.612	−1.009	−1.935*
	(1.032)	(1.253)	(0.777)	(0.913)
ltdr	0.032*	0.032+	0.024*	0.037***
	(0.012)	(0.015)	(0.011)	(0.011)
car	0.156**	0.156**	0.128***	0.054+
	(0.046)	(0.037)	(0.038)	(0.029)
npl	−0.810**	−0.810**	−0.626**	−0.864**
	(0.264)	(0.201)	(0.197)	(0.305)
cir	0.035*	0.035*	0.029*	0.015+
	(0.016)	(0.015)	(0.015)	(0.009)

续表

	（1）	（2）	（3）	（4）
Constant	−8.374	−8.374	−8.264*	0.855
	(5.350)	(4.910)	(4.039)	(1.860)
Observations	226	226	226	226
R-squared	0.751			0.784
Number of id	21		21	21
i.year FE	YES			
Company FE	YES			
Number of groups		21		

Robust standard errors in parentheses

*** $p < 0.001$, ** $p < 0.01$, * $p < 0.05$, + $p < 0.1$

表 11-2　当年的 CoVaR 对当年的绿色信贷回归

VARIABLES	（1） xtreg(VaR)	（2） xtscc(VaR)	（3） xtgls(VaR)	（4） xtpcse(VaR)
lngreen	−0.158**	−0.158*	−0.143*	−0.093
	(0.052)	(0.057)	(0.073)	(0.062)
lnsize	−0.979	−0.979	−0.727	−0.902
	(1.464)	(1.307)	(1.087)	(0.968)
lnsave	1.582	1.582*	1.711	1.228
	(1.374)	(0.696)	(1.242)	(0.934)
lnloan	−0.093	−0.093	−0.467	−0.584
	(1.192)	(0.876)	(0.928)	(1.134)
ltdr	0.012	0.012	0.006	0.022
	(0.014)	(0.010)	(0.014)	(0.014)
car	0.177*	0.177***	0.133**	0.064
	(0.062)	(0.038)	(0.049)	(0.042)
npl	−1.055**	−1.055**	−0.992***	−1.066*
	(0.332)	(0.266)	(0.264)	(0.449)

续表

	（1）	（2）	（3）	（4）
cir	0.038*	0.038+	0.028	0.021+
	(0.018)	(0.018)	(0.020)	(0.012)
Constant	−4.845	−4.845	−5.591	3.341
	(4.854)	(5.694)	(5.406)	(2.304)
Observations	226	226	226	226
R-squared	0.822			0.815
Number of id	21		21	21
i. year FE	YES			
Company FE	YES			
Number of groups		21		

Robust standard errors in parentheses

$^{***} p<0.001$, $^{**} p<0.01$, $^{*} p<0.05$, $+ p<0.1$

可以看到当年的绿色信贷能够显著地减少 VaR 和 CoVaR 的数值,即减少商业银行的信用风险,这个论断与之前的结论同样保持一致。

下面我们开始计算商业银行对银行系统的风险溢出效应,在计算中将采用分位数回归法。

11.2 风险溢出 CoVaR 模型

11.2.1 模型的演化:两种 CoVaR 模型

学术界对风险管理度量的主流方法主要有 VaR,其表示某金融机构(或金融市场)在某一特定置信区间下可能发生的最大损失。公式如下:

$$\Pr(\mathrm{X}_i \leqslant \mathrm{VaR}_{iq}) = q \qquad (1)$$

其中,q 为置信区间,X_i 表示金融机构 i 的价值水平,VaR_{iq} 为金融机构 i 在 $1-q$ 的概率水平下可能发生的最大损失。传统的 VaR 度量忽略了金融机构(或金融市场)之间的风险溢出效应,大大降低了风险评估的准确度,于是,有学者基于风险溢出的视角,在 VaR 的基础之上建立了 CoVaR 模型,公式如下:

$$\Pr(X^j \leqslant \mathrm{CoVaR}_q^{j/i} \mid X^i = VaR_q^i) = q \tag{2}$$

其中，q 表示置信区间，$\mathrm{CoVaR}_q^{j/i}$ 表示当机构 i 处于极其不利的风险价值时，机构 j 所面临的风险水平。$\mathrm{CoVaR}_q^{j/i}$ 包含了自身风险价值和溢出风险价值。为了更真实地反映 i 的风险事件对 j 的风险溢出大小，2008 年 Tobias Adrian 和 Markus K. Brunnermeier(2008)[21] 在 "Federal Reserve Bank of New York Staff Reports" 的一篇工作论文中提出了 CoVaR(条件风险价值)模型①。之后，国内很多学者均采用该模型，比如修国义②等(2015)[22]、黄婉迪(2015)[23] 的研究，定义风险溢出效应 $\mathrm{CoVaR}_q^{j/i}$，可以表示为：

$$\mathrm{CoVaR}_q^{j/i} = \mathrm{CoVaR}_q^{j/i} - VaR_q^j \tag{3}$$

为了进一步反映 i 对 j 的风险溢出程度，需要对 $\mathrm{CoVaR}_q^{j/i}$ 进行标准化处理，表达式如下：

$$\%\mathrm{CoVaR}_q^{j/i} = (\mathrm{CoVaR}_q^{j/i} / VaR_q^j) \times 100\% \tag{4}$$

$\%\mathrm{CoVaR}_q^{j/i}$ 去除了量纲的影响，能更准确地反映 i 发生风险事件时对 j 的风险溢出程度。

另外，注意到自 2008 年提出 $\mathrm{CoVaR}_q^{j/i}$ 以来，Tobias Adria 和 Markus K. Brunnermeier 在 2011 年、2016 年又提出了改进型的另外一种 CoVaR 计算方式[25]。因此 2011—2016 年可以作为一个分水岭，在 2016 年之后，国内大量学者均采用此类算法，比如严一锋(2018)等学者[26][27] 的研究。这是一种采用 50% 分位数进行相对衡量风险溢出的方法，$\mathrm{CoVaR}_q^{j/i}$ 的定义如下：

金融机构 i 对金融机构 j 的风险溢出可表示为 $\mathrm{CoVaR}_q^{j/i}$，金融机构 i 分别处于正常($X^i = VaR_{0.5}^i$)和困境($X^i = VaR_q^i$)两种状态下，金融机构 j 的 CoVaR 变化为：

$$\mathrm{CoVaR}_q^{j/i} = \mathrm{CoVaR}_q^{j/X^i=VaR_q^i} - \mathrm{CoVaR}_q^{j/X^i=VaR_{0.5}^i} \tag{5}$$

同理，金融机构 i 对金融系统的系统性风险贡献可表示为：

$$\begin{aligned}\mathrm{CoVaR}_q^{System/i} &= \mathrm{CoVaR}_q^{System/X^i=VaR_q^i} - \mathrm{CoVaR}_q^{System/X^i=VaR_{0.5}^i} \\ &= \beta_q^i \times (VaR_q^i - VaR_{0.5}^i)\end{aligned} \tag{6}$$

可以看出分位数回归的 β_q^i 系数能够反映 $\mathrm{CoVaR}_q^{System/i}$ 的变化速度或敏感程度。事实上以上两种 $\mathrm{CoVaR}_q^{j/i}$ 定义的区别就在于前者是用 $\mathrm{CoVaR}_q^{j/i}$

---

① 可以从 https://citeseerx. ist. psu. edu/document? repid＝rep1&type＝pdf&doi＝1807b84dc1 ccd6e7364f7cdbce3edd5dd096ed94 免费下载该工作论文。

② 阅读该篇论文时，请注意其中存在计算笔误。

减去自身的 VaR 值,而后者则是减去自身的无风险条件概率值。

11.2.2 分位数回归方法测度 CoVaR 值

分位数回归是自变量 X 和因变量 Y 的分位数之间线性关系的估计方法。根据 CoVaR 模型的定义,下面将采用分位数回归方法来测度 CoVaR 值。首先建立以下 q 分位数回归模型:

$$\hat{X}_q^{j/i} = \hat{\alpha}^i + \hat{\beta}^i X^i \tag{7}$$

其中,$\hat{X}_q^{j/i}$ 表示当 i 发生风险事件时,j 在置信水平 q 下的分位数估计值。根据 VaR 的定义可以得到:

$$\hat{X}_q^{j/i} = (\text{VaR}_q^j \mid X^i) \tag{8}$$

在分位数回归框架下,利用系数估计值 $\hat{\alpha}^i$ 和 $\hat{\beta}^i$ 可以计算 CoVaR 值:

$$\text{CoVaR}_q^{j/i} = \text{VaR}_q^j | VaR_q^i = \hat{\alpha}^i + \hat{\beta}^i VaR_q^i \tag{9}$$

CoVaR 不仅关注了金融市场自身内部的风险价值,还能计算出其他金融市场对某一金融市场的风险溢出效应。从公式(9)中可以看到,要计算出 $\text{CoVaR}_q^{j/i}$ 即 i 对 j 的风险溢出效应,就必须知道等式右边的三个未知数,分别是 $\hat{\alpha}^i$、$\hat{\beta}^i$ 和 VaR_q^i。其中 $\hat{\alpha}^i$、$\hat{\beta}^i$ 可以由分位数回归求得,而 VaR_q^i 也可以通过之前介绍过的历史模拟法计算得到。

11.3 多家银行间风险溢出效应

我们选取的数据来自 WIND 数据库,按照年份获取上市银行的日收益率数据,同样也是按照年份计算银行间风险溢出效应。以工商银行和 886052. WI 银行业指数为例,可以测算工商银行对中国银行业的风险溢出效应(当然也可以对工商银行和建设银行等两家银行之间按照同样的算法进行风险溢出效应的计算)。

以 886052. WI 万得银行业指数(简写为 WI)代表中国银行业,以工商银行(简写为 ICBC)代表工商银行,建立当 $q=0.05$ 时的分位数回归模型:

$$R_{0.05}^{\text{WI}} = \hat{\alpha}^{\text{WI/ICBC}} + \hat{\beta}^{\text{WI/ICBC}} R_{0.05}^{\text{ICBC}} \tag{10}$$

其中 R 表示股价日收益率,这里以 R 表示完整的一年时间内的股价或指数日收益率序列。$R_{0.05}^{\text{WI}}$ 表示 WI 指数的日收益率序列,$R_{0.05}^{\text{ICBC}}$ 表示工商银行的日收益率序列。当工商银行股价达到风险价值 VaR 时,中国银行业指数面临的风险价值 CoVaR 可以由以下公式(11)计算,请参考公式(9)。

$$\text{CoVaR}_q^{\text{WI/ICBC}} = \text{VaR}_q^{\text{WI}} | VaR_q^{\text{ICBC}} = \hat{\alpha}^{\text{WI/ICBC}} + \hat{\beta}^{\text{WI/ICBC}} VaR_q^{\text{ICBC}} \tag{11}$$

注意比较公式(10)和(11)在等式右边的最大不同之处在于一个是关于收益率 R 的方程，另一个是关于 VaR 的方程。也就是需要通过公式(10)进行回归得到 $\hat{\alpha}$、$\hat{\beta}$ 系数，再将回归系数 $\hat{\alpha}$、$\hat{\beta}$ 代入公式(11)中计算 CoVaR。

以 2012 年为例，在 stata 中我们用下述命令进行分位数回归：

```
qreg wi 工商银行 if date >= date("2012-01-01", "YMD") & date <= date("2012-12-31", "YMD"), q(0.05)
```

可以得到 2012 年的 $\hat{\alpha}$、$\hat{\beta}$ 系数，然后再结合该年工商银行的 $VaR_{0.05}^{\mathrm{ICBC}}$，可以计算得到该年的 CoVaR。回归结果如图 11-9 所示。

```
. qreg wi 工商银行 if date >= date("2012-01-01", "YMD") & date <= date("2012-12-31", "YMD"), q(0.05)
Iteration  1:  WLS sum of weighted deviations = .25433555

Iteration  1: sum of abs. weighted deviations = .26943918
Iteration  2: sum of abs. weighted deviations = .16995527
Iteration  3: sum of abs. weighted deviations = .07706302
Iteration  4: sum of abs. weighted deviations = .07703462

.05 Quantile regression                      Number of obs =       243
  Raw sum of deviations   .18792 (about -.0114)
  Min sum of deviations .0770346              Pseudo R2     =    0.5901
```

wi	Coefficient	Std. err.	t	P>|t|	[95% conf. interval]	
工商银行	.0098057	.0006115	16.04	0.000	.0086013	.0110102
_cons	-.0048	.0005039	-9.53	0.000	-.0057925	-.0038075

图 11-9　分位数回归结果

即我们对公式(10)进行回归得到下述回归方程的系数：

$$R_{0.05}^{\mathrm{WI}} = -0.0048 + 0.0098 R_{0.05}^{\mathrm{ICBC}}$$

代入公式(11)：

$$\mathrm{CoVaR}_{0.05}^{\mathrm{WI/ICBC}} = -0.0048 + 0.0098 \times VaR_{0.05}^{\mathrm{ICBC}}$$

由于之前已经计算得到：$VaR_{0.05}^{\mathrm{ICBC}} = -1.25$，$VaR_{0.05}^{\mathrm{WI}} = -0.0114$

所以 $\mathrm{CoVaR}_{0.05}^{\mathrm{WI/ICBC}} = -0.0048 + 0.0098 \times (-1.25) = -0.01705$

进一步计算风险溢出率 $\mathrm{CoVaR}_{0.05}^{\mathrm{WI/ICBC}}$，计算结果如下：

$$\mathrm{CoVaR}_{0.05}^{\mathrm{WI/ICBC}} = \mathrm{CoVaR}_{0.05}^{\mathrm{WI/ICBC}} - VaR_{0.05}^{\mathrm{ICBC}}$$

$= (-0.01705) - (-0.0114) = -0.00565$。

再计算 $\%\mathrm{CoVaR}_{0.05}^{\mathrm{WI/ICBC}}$，计算结果如下：

$$\%\mathrm{CoVaR}_{0.05}^{\mathrm{WI/ICBC}} = \mathrm{CoVaR}_{0.05}^{\mathrm{WI/ICBC}} / VaR_{0.05}^{\mathrm{WI}}$$

$$= -0.00565 / -0.0114 = 49.6\%$$

以类似上述的计算步骤，我们可以得到工商银行在 2012—2023 年对中国银行体系的风险溢出 $\%\mathrm{CoVaR}_{0.05}^{\mathrm{WI}/banki}$ 值，如图 11-10、图 11-11 所示。

年份	银行名称		alpha	beta	VaR_y	VaR_x	CoVaR	delta_CoVaR	pcnt_CoVaR
2012	工商银行	2012工商银行	-0.0048	0.009806	-0.0114	-1.25	-0.01706	-0.0056564	0.496175931
2013	工商银行	2013工商银行	-0.02173	0.014171	-0.0267	-1.4815	-0.04273	-0.0160252	0.600193498
2014	工商银行	2014工商银行	-0.01025	0.008374	-0.0169	-1.676	-0.02429	-0.0073876	0.437136959
2015	工商银行	2015工商银行	-0.01875	0.008174	-0.0434	-3.7199	-0.04916	-0.0057575	0.132662171
2016	工商银行	2016工商银行	-0.0076	0.010785	-0.014	-1.5453	-0.02426	-0.0102646	0.733186562
2017	工商银行	2017工商银行	-0.00901	0.004373	-0.011	-1.7657	-0.01673	-0.0057307	0.520975512
2018	工商银行	2018工商银行	-0.00866	0.006678	-0.0218	-2.5641	-0.02579	-0.0039863	0.182858906
2019	工商银行	2019工商银行	-0.00965	0.009764	-0.0177	-1.3769	-0.02309	-0.0053936	0.304722498
2020	工商银行	2020工商银行	-0.00872	0.010864	-0.0188	-1.3487	-0.02337	-0.004572	0.243190953
2021	工商银行	2021工商银行	-0.01462	0.006981	-0.018	-1.2579	-0.0234	-0.0053966	0.299812979
2022	工商银行	2022工商银行	-0.01376	0.012089	-0.0206	-1.2987	-0.02946	-0.0088561	0.429907527
2023	工商银行	2023工商银行	-0.00857	0.006993	-0.0142	-1.5625	-0.0195	-0.0052975	0.373060546

图 11-10　工商银行对整个银行体系的 $CoVaR_{0.05}^{WI/ICBC}$ 和 ％CoVaR

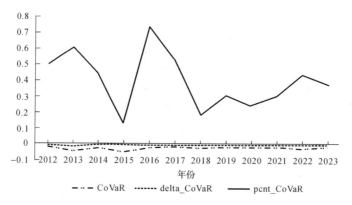

图 11-11　工商银行对整个银行体系的 $CoVaR_{0.05}^{WI/ICBC}$ 和 ％CoVaR 自 2012—2023 年图示

　　同理可以对所有 23 家银行都进行类似的计算,可以获得面板数据。然后用 delta_CoVaR 对绿色信贷进行线性回归,可以得到表 11-3。在线性回归中,由于 covar_2008 和 deltacovar_2008 数值太小,各自乘以了 1000,这样的做法并不影响显著性。

表 11-3　各银行对银行系统的风险溢出 $CoVaR_{0.05}^{System/i}$ 对各银行绿色信贷进行回归

VARIABLES	(1)	(2)	(3)	(4)
	xtreg (deltacovar_2008)	xtscc (deltacovar_2008)	xtgls (deltacovar_2008)	xtpcse (deltacovar_2008)
lngreen	0.438*	0.438*	0.349	0.290**
	(0.168)	(0.193)	(0.221)	(0.110)
covar_hist	-0.478*	-0.478	-0.445**	-0.712**
	(0.197)	(0.279)	(0.170)	(0.265)

续表

	（1）	（2）	（3）	（4）
roe	0.140	0.140	0.179*	−0.052
	(0.103)	(0.117)	(0.089)	(0.084)
or	0.001	0.001	0.000	−0.000
	(0.000)	(0.001)	(0.000)	(0.000)
Constant	50.534***	61.202**	55.901***	−6.915
	(11.627)	(17.472)	(16.312)	(5.257)
Observations	205	205	205	205
R-squared	0.580			0.532
Number of id	21		21	21
i. year FE	YES			
Company FE	YES			
Number of groups		21		

Robust standard errors in parentheses

*** $p < 0.001$，** $p < 0.01$，* $p < 0.05$，+ $p < 0.1$

由于在回归数据中 deltacovar_2008 采用的是负值,也就是没有转变为正号进入回归,因此绿色信贷 lngreen 回归系数为正,表明一个负值加一个正值,能减少 $CoVaR_{0.05}^{System/i}$ 的负值,也就是绿色信贷能减少商业银行向整个银行体系的风险溢出。该结论也同样与之前章节的结论完全保持一致,从另外一个侧面印证了绿色信贷的确可以减少商业银行风险。

注意到这里的 $CoVaR_{0.05}^{System/i}$ 用 deltacovar_2008 来标记,原因在于我们使用了 Adrian 在 2008 年工作论文中对 $CoVaR_{0.05}^{System/i}$ 的定义,该定义具体可以参考本章的第二节"CoVaR 模型的演化"中的公式(3),即:

$$CoVaR_q^{j/i} = CoVaR_q^{j/i} - VaR_q^j$$

11.4　风险溢出 CoVaR 模型稳健性检验

下面我们还可以用 Adrian 在 2011 年、2016 年工作论文中对 $CoVaR_{0.05}^{System/i}$ 的定义(类似地可以记为 deltacovar_2011),该定义具体可以参考本章的第二节"CoVaR 模型的演化"中的公式(5),即:

$$\mathrm{CoVaR}_q^{j/i} = \mathrm{CoVaR}_q^{j/X^i = \mathrm{VaR}_q^i} - \mathrm{CoVaR}_q^{j/X^i = \mathrm{VaR}_{0.5}^i}$$

重新计算 $\mathrm{CoVaR}_{0.05}^{System/i}$，并同样进行上述回归，回归结果如表 11-4 所示。

表 11-4　各银行对银行系统的风险溢出 $\mathbf{CoVaR}_{0.05}^{System/i}$ 对各银行绿色信贷进行回归

VARIABLES	(1) xtreg (deltacovar_2011)	(2) xtscc (deltacovar_2011)	(3) xtgls (deltacovar_2011)	(4) xtpcse (deltacovar_2011)
lngreen	0.474*	0.474+	0.361	0.286*
	(0.202)	(0.241)	(0.243)	(0.139)
covar_hist	−0.696**	−0.696+	−0.719***	−0.894***
	(0.226)	(0.338)	(0.179)	(0.271)
roe	0.136	0.136	0.170+	−0.029
	(0.126)	(0.154)	(0.097)	(0.096)
or	0.001	0.001	0.001	−0.000
	(0.001)	(0.001)	(0.000)	(0.000)
Constant	19.541	41.682*	16.764	−37.179***
	(15.073)	(17.422)	(17.792)	(6.221)
Observations	205	205	205	205
R-squared	0.965			0.958
Number of id	21		21	21
i. year FE	YES			
Company FE	YES			
Number of groups		21		

Robust standard errors in parentheses
*** $p<0.001$, ** $p<0.01$, * $p<0.05$, + $p<0.1$

通过回归结果，我们发现使用同样的回归控制变量，依然可以得到显著的结果，因而验证了结果的稳健性。

第 12 章　尾部风险 Copula CoVaR

对尾部风险的度量除了使用线性方式(较为经典的做法是采用分位数回归)之外,可能更符合实际情况的是非线性方式。CoVaR 的全称是 Conditional VaR,是个条件概率。而在金融风险研究领域度量非线性风险较为常用的数学工具就是 Copula。

12. 1　Copula 函数与 Sklar Theorem 定理

在金融、风险管理、统计建模等多个领域中,Copula 函数及其背后的 Sklar 定理扮演着至关重要的角色。Copula 一词源自拉丁语"copulare",意为"连接",它是一种强大的统计工具,用于描述多个随机变量之间的相依结构,而无须限定这些变量的边缘分布形式。本节介绍 Copula 函数的基本概念、Sklar 定理以及其在多个领域的应用。

Copula 函数本质上是一个多元函数,它将多个随机变量的边缘分布函数连接起来,从而形成一个联合分布函数。具体来说,若 $H(x_1, x_2, \ldots, x_n)$ 是 N 个随机变量 $X_1, X_2, \ldots, X_n$ 的联合分布函数,且每个变量的边缘分布函数分别为 $F_1(x_1), F_2(x_2), \ldots, F_n(x_n)$,则存在一个 Copula 函数 $C(\cdot)$,使得:

$$H(x_1, x_2, \ldots, x_n) = C\left[F_1(x_1), F_2(x_2), \ldots, F_n(x_n)\right]$$

反之,若 $C(\cdot)$ 是一个 Copula 函数,而 $F_1, F_2, \cdots, F_n$ 是任意的边缘分布函数,则由上式定义的 H 函数必然是一个有效的联合分布函数,其边缘分布恰好为 $F_1, F_2, \cdots, F_n$ 。这一性质使得 Copula 函数成为构建复杂多元分布的有力工具。

Sklar 定理是 Copula 理论的核心,它奠定了 Copula 函数存在性和唯一性的理论基础。Sklar 定理指出,对于任意 N 维随机变量(X_1,X_2,…,X_n),其联合分布函数 H 可以唯一地分解为这 N 个变量的边缘分布函数 F_1,F_2,…,F_n 和一个 Copula 函数 C 的乘积。即:

$$H(x_1,x_2,\ldots,x_n) = C\left[F_1(x_1),F_2(x_2),\ldots,F_n(x_n)\right]$$

该定理的逆命题同样成立:若 C 是一个 Copula 函数,而 F_1,F_2,…,F_n 是任意边缘分布函数,则由上式定义的 H 函数必然是一个有效的联合分布函数。Sklar 定理的重要性在于,它将多元随机变量的联合分布分解为边缘分布和相依结构两部分,从而简化了建模过程。

Copula 函数具有多种优良性质,这些性质使其在多个领域得到广泛应用。首先,Copula 函数不限制边缘分布的选择,使得研究者可以灵活地构建多元分布模型。其次,通过 Copula 函数,可以将随机变量的边缘分布和它们之间的相依结构分开来研究,这种分离极大地简化了建模问题,同时也有助于对复杂系统的理解和分析。

在金融领域,Copula 函数的应用尤为广泛。传统的金融模型往往基于线性相关假设,但在现实中,金融市场间的相依关系往往呈现出非线性和非对称的特性。Copula 函数能够捕捉这些复杂的相依关系,使得风险管理和投资组合优化更加精确。例如,在投资组合风险管理中,可以通过选择合适的 Copula 函数来描述资产之间的相依结构,进而计算出更为准确的风险价值(VaR)。

此外,Copula 函数在金融时间序列分析中也发挥着重要作用。金融市场数据往往呈现出尖峰厚尾、非对称等特性,传统的正态分布假设难以准确描述这些特性。通过 Copula 函数,可以构建更为灵活的多元时间序列模型,以捕捉市场间的动态相依关系。

在统计建模中,Copula 函数同样具有重要应用价值。例如,在多智能体系统中,智能体之间的行为往往存在复杂的相依关系。利用 Copula 函数,可以显式地模拟这些相依关系,从而提高多智能体行为建模的性能。此外,在生存分析、水文气象、保险精算等领域,Copula 函数也展现出强大的应用潜力。

在实际应用中,根据具体问题的需要,研究者可以选择不同类型的 Copula 函数。常见的 Copula 函数包括 Gaussian Copula、t-Copula、Clayton Copula、Gumbel Copula 等。每种 Copula 函数都有其特定的相依结构特征,例如 Gaussian Copula 适用于描述对称相依关系,而 Gumbel Copula 则更擅长捕捉上尾相依关系。

　　Copula 函数及其背后的 Sklar 定理为多元统计分析提供了一种强大的工具。通过 Copula 函数,研究者可以灵活地构建多元分布模型,同时捕捉随机变量之间的复杂相依关系。在金融、风险管理、统计建模等多个领域,Copula 函数已展现出广泛的应用前景和重要的实用价值。

　　未来,随着大数据和人工智能技术的不断发展,Copula 函数的应用将更加广泛和深入。例如,在高频交易、复杂系统建模等领域,Copula 函数有望发挥更大的作用。同时,随着研究的不断深入,新的 Copula 函数类型和方法也将不断涌现,为多元统计分析提供更加丰富的工具和方法。

12. 2　Copula 计算 CoVaR

　　我们采用来自 WIND 数据库与上一章同样的数据集,按照年份获取上市银行的日收益率数据,同样也是按照年份计算银行间风险溢出效应。以工商银行和 886052.WI 银行业指数为例,可以测算工商银行对中国银行业的非线性风险溢出效应。

　　以 886052.WI 万得银行业指数(简写为 WI)代表中国银行业,以工商银行(简写为 ICBC)代表工商银行,建立 Copula 模型。具体的过程是对两个时间序列均进行了 Garch(1,1)建模。使用建模之后的残差数据进行概率积分变换,之后再选择 AIC 最小的 Copula 模型进行建模。通过 Copula 模型可以随机生成联合分布的具体数值序列并进行逆向概率积分变换。通过最终获得的数值序列就可以采用类似历史模拟法或蒙特卡罗法的方式来计算 CoVaR。

　　通过 Python 程序可以求出 2012—2023 年各家商业银行的 $\text{CoVaR}_{0.05}^{WI/bank}$,即商业银行对银行体系的风险溢出。如果以中国工商银行为例,如图 12-1、图 12-2 所示,表示中国工商银行对银行业整体的风险溢出状况。

　　事实上可以利用 Python 程序自动进行运算,我们可以计算出 21 家各种类型商业银行的系统性风险溢出数值(如图 12-3 至图 12-8 所示),从而形成面板数据。

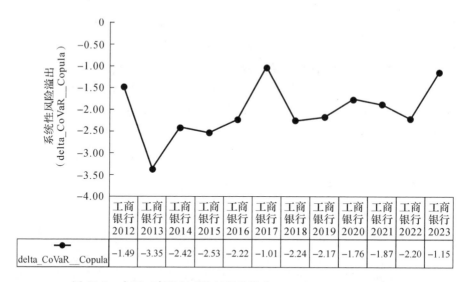

delta_CoVaR__Copula	工商银行2012	工商银行2013	工商银行2014	工商银行2015	工商银行2016	工商银行2017	工商银行2018	工商银行2019	工商银行2020	工商银行2021	工商银行2022	工商银行2023
	−1.49	−3.35	−2.42	−2.53	−2.22	−1.01	−2.24	−2.17	−1.76	−1.87	−2.20	−1.15

图 12-1　中国工商银行系统性风险溢出 CoVaR(2012—2023 年)

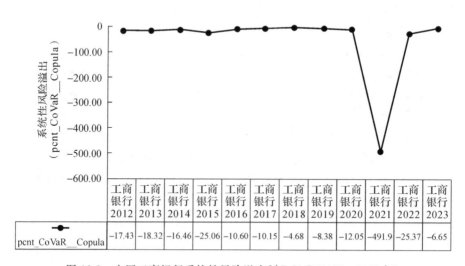

pcnt_CoVaR__Copula	工商银行2012	工商银行2013	工商银行2014	工商银行2015	工商银行2016	工商银行2017	工商银行2018	工商银行2019	工商银行2020	工商银行2021	工商银行2022	工商银行2023
	−17.43	−18.32	−16.46	−25.06	−10.60	−10.15	−4.68	−8.38	−12.05	−491.9	−25.37	−6.65

图 12-2　中国工商银行系统性风险溢出％CoVaR(2012—2023 年)

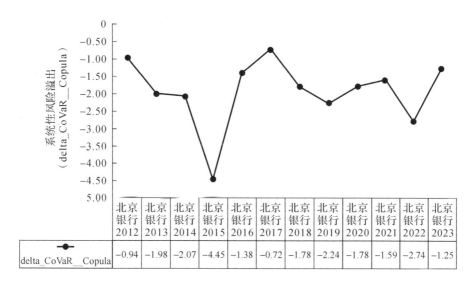

	北京银行 2012	北京银行 2013	北京银行 2014	北京银行 2015	北京银行 2016	北京银行 2017	北京银行 2018	北京银行 2019	北京银行 2020	北京银行 2021	北京银行 2022	北京银行 2023
delta_CoVaR__Copula	−0.94	−1.98	−2.07	−4.45	−1.38	−0.72	−1.78	−2.24	−1.78	−1.59	−2.74	−1.25

图 12-3　北京银行系统性风险溢出 CoVaR(2012—2023 年)

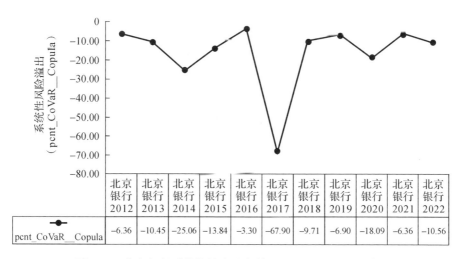

	北京银行 2012	北京银行 2013	北京银行 2014	北京银行 2015	北京银行 2016	北京银行 2017	北京银行 2018	北京银行 2019	北京银行 2020	北京银行 2021	北京银行 2022
pcnt_CoVaR__Copula	−6.36	−10.45	−25.06	−13.84	−3.30	−67.90	−9.71	−6.90	−18.09	−6.36	−10.56

图 12-4　北京银行系统性风险溢出％CoVaR(2012—2023 年)

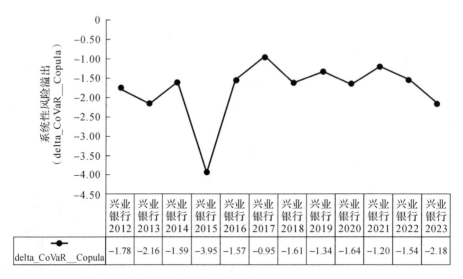

	兴业银行 2012	兴业银行 2013	兴业银行 2014	兴业银行 2015	兴业银行 2016	兴业银行 2017	兴业银行 2018	兴业银行 2019	兴业银行 2020	兴业银行 2021	兴业银行 2022	兴业银行 2023
delta_CoVaR__Copula	−1.78	−2.16	−1.59	−3.95	−1.57	−0.95	−1.61	−1.34	−1.64	−1.20	−1.54	−2.18

图 12-5　兴业银行系统性风险溢出 CoVaR（2012—2023 年）

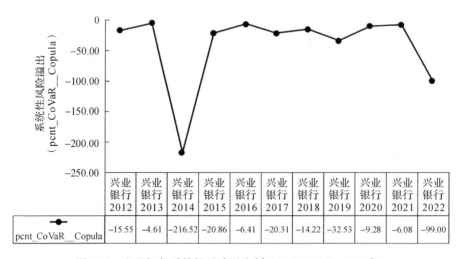

	兴业银行 2012	兴业银行 2013	兴业银行 2014	兴业银行 2015	兴业银行 2016	兴业银行 2017	兴业银行 2018	兴业银行 2019	兴业银行 2020	兴业银行 2021	兴业银行 2022
pcnt_CoVaR__Copula	−15.55	−4.61	−216.52	−20.86	−6.41	−20.31	−14.22	−32.53	−9.28	−6.08	−99.00

图 12-6　兴业银行系统性风险溢出％CoVaR（2012—2023 年）

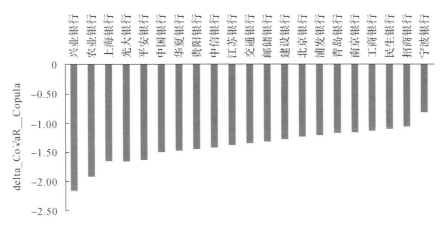

图 12-7　2023 年各银行的系统性风险溢出 CoVaR

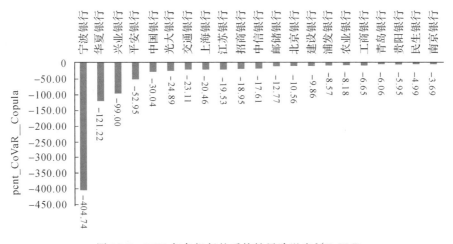

图 12-8　2023 年各银行的系统性风险溢出％CoVaR

表 12-1　各银行对银行系统的 copula 风险溢出 $CoVaR_{0.05}^{WI/bank}$ 对各银行绿色信贷进行回归

VARIABLES	(1) xtreg (deltacovar_copula)	(2) xtscc (deltacovar_copula)	(3) xtgls (deltacovar_copula)	(4) xtpcse (deltacovar_copula)
lngreen	0.094*	0.094*	0.083	0.062
	(0.040)	(0.040)	(0.065)	(0.039)
lnsize	−1.150	−1.150	−1.875*	0.316
	(1.140)	(0.716)	(0.860)	(0.487)
lnloan	0.377	0.377	0.213	−0.069
	(0.527)	(0.381)	(0.619)	(0.294)
roa	−0.439	−0.439	−0.646	−0.032
	(0.674)	(0.841)	(0.557)	(0.307)
ni	0.001*	0.001+	0.001*	0.000
	(0.000)	(0.000)	(0.000)	(0.000)
nint	0.005	0.005	0.004	0.006+
	(0.010)	(0.008)	(0.007)	(0.003)
Constant	5.123	6.083	2.317	−1.688
	(5.847)	(6.214)	(6.119)	(1.956)
Observations	205	205	205	205
R-squared	0.649			0.627
Number of id	21		21	21
i. year FE	YES			
Company FE	YES			
Number of groups		21		

Robust standard errors in parentheses
*** $p<0.001$, ** $p<0.01$, * $p<0.05$, + $p<0.1$

从回归结果我们看到绿色信贷对增加商业银行的 $CoVaR_{0.05}^{WI/bank}$ 正向效应均非常显著。随着绿色信贷的实施,这个不平衡面板数据的统计结果显示,绿色信贷规模可以显著提供一个正值,从而减少该银行向银行系统的风险溢出,实现了降低该银行系统性风险的作用。

12.3　Vine-Copula

在金融、风险管理和保险等领域,多元变量的依赖关系建模一直是研究的热点。传统的多元分布方法在处理高维数据时往往面临计算复杂度和模型灵活性的挑战。Vine Copula 作为一种新兴的多变量建模工具,以其灵活性和强大的建模能力,逐渐在这些领域获得了广泛应用,因而 Vine Copula 也可以被用于计算 CoVaR。

Vine Copula 是由 Joe(1996)首次提出,并由 Bedford 和 Cooke(2002)以及 Kurowicka 和 Cooke(2006)进一步发展的一种层次化的图形模型。它基于 Copula 理论,通过组合二元 Copula 来构建多元 Copula,从而实现对多变量数据之间复杂依赖关系的建模。与传统的多元 Copula 相比,Vine Copula 提供了更高的灵活性和通用性,尤其适用于高维数据的建模。

Vine Copula 的核心思想是将 n 维多元密度分解为 $n(n-1)/2$ 个二元 Copula 密度。这一分解过程是通过构建树状结构来实现的,每一棵树代表了一组二元 Copula 的集合,这些二元 Copula 描述了变量之间的两两依赖关系。根据构建树状结构的不同方式,Vine Copula 可以分为 C-Vine、D-Vine、R-Vine 和 G-Vine 等类型。其中,C-Vine 和 D-Vine 是最常用的两种形式。

Vine Copula 的建模过程通常包括以下几个步骤:

准备数据:将多变量数据整理为矩阵形式,每一列代表一个变量。

选择 Copula 家族:根据数据的特性,选择合适的 Copula 家族来描述变量之间的依赖关系。常见的 Copula 家族包括高斯 copula、t-copula、Clayton copula 和 Gumbel copula 等。

构建 Vine 结构:根据数据特征选择合适的 Vine 结构(如 C-Vine 或 D-Vine),并确定树状结构中各节点的连接顺序。

参数估计:使用极大似然估计(ML)、两阶段极大似然估计(IFM)或其他方法估计各二元 Copula 的参数。

模型检验:评估拟合的模型对观测数据的拟合程度,可以使用拟合优度指标(如 Kendall's tau)来评估。

模拟与预测:使用拟合的模型生成模拟数据,进行风险分析、蒙特卡罗模拟等预测和决策支持。

在构建 Vine 结构时,选择合适的变量连接顺序至关重要。例如,在 C-

Vine 中,通常选择一个中心变量,其他变量依次与该中心变量建立依赖关系。而在 D-Vine 中,变量之间的依赖关系则是通过一系列的相邻变量对来建立的。这种结构上的差异使得 C-Vine 和 D-Vine 在处理不同类型数据时具有各自的优势。

Vine Copula 在金融领域的应用尤为广泛。在量化金融中,Vine Copula 允许从业者建模和理解金融变量之间的复杂依赖关系,促进风险评估、投资组合优化和衍生品定价。例如,通过使用 Vine Copula 模型,可以捕捉不同资产之间的非线性和不对称依赖关系,从而提高投资组合的风险评估准确性。

此外,Vine Copula 还在风险管理领域发挥着重要作用。在评估极端事件的风险时,传统的多元分布方法往往难以准确捕捉尾部依赖性。而 Vine Copula 通过组合不同类型的二元 Copula,可以灵活地处理尾部依赖性,从而提高极端事件风险评估的准确性。例如,在研究高维干旱风险时,可以考虑降水、土壤水、径流等多个变量之间的依赖关系,使用 Vine Copula 模型进行综合分析。

Vine Copula 的优势主要体现在以下几个方面:

灵活性:Vine Copula 允许使用任何二元 Copula 作为构建模块,因此多元分布的构造非常自然和灵活。

通用性:与多元阿基米德联结相比,Vine Copula 不需要任何限制,也不需要进一步的参数限制,能够处理更高维度的数据。

强大的建模能力:Vine Copula 可以更好地捕获不对称和非线性依赖关系,并且在建模高维依赖结构时提供更大的灵活性。

实用性:Vine Copula 模型已经在实际应用中得到了验证,并展现出良好的拟合效果和预测性能。

综上所述,Vine Copula 作为一种新兴的多变量建模工具,以其灵活性和强大的建模能力在金融、风险管理和保险等领域得到了广泛应用。限于本书的篇幅未对 VineCopula 建模研究 CoVaR 进一步展开,相信其在后续的绿色信贷研究中将会获得更为广泛的应用。

未来,随着大数据和人工智能技术的不断发展,Vine Copula 模型有望在更多领域发挥重要作用。同时,研究者们也将继续探索更加高效、精确的参数估计方法和模型选择策略,以进一步提高 Vine Copula 模型的实用性和准确性。

对于未来的研究方向,可以考虑以下几个方面:一是进一步拓展 Vine Copula 的应用领域,探索其在气候科学、生物医学等其他领域的应用潜力;

二是深入研究 Vine Copula 模型的参数估计方法和模型选择策略,提高模型的拟合效果和预测性能;三是结合大数据和人工智能技术,开发更加智能化、自动化的 Vine Copula 建模工具,为实际应用提供更加便捷、高效的解决方案。

第 13 章　绿色信贷在商业银行经营中的结论、启示与建议

随着全球环境问题的日益严峻,绿色金融作为推动经济可持续发展的重要手段,逐渐成为全球金融业关注的焦点。绿色信贷作为绿色金融的重要组成部分,其在商业银行经营中的作用日益凸显。本章通过实证分析,探讨了绿色信贷对商业银行发展的影响,并基于结论提出相应的启示与建议。

13.1　绿色信贷对商业银行发展的实证分析结论

1. 负向影响短期业绩

在短期内,绿色信贷的开展确实对商业银行的业绩产生了一定影响。以 ROE(净资产收益率)、ROA(总资产收益率)和 NIM(净息差)为衡量指标,绿色信贷的实施可能降低了这些传统财务指标的表现。这主要是因为绿色信贷项目通常具有投资周期长、前期收益不明显的特点,且商业银行在推广绿色信贷初期需要投入大量资源进行市场调研、人员培训以及环保风险评估等工作,这些均增加了银行的运营成本。

2. 提升经营效率

从另一个角度看,绿色信贷的实施提升了商业银行的经营效率。通过优化信贷结构,减少对环境风险较高企业的信贷投入,商业银行资产质量得到一定提升,从而提高了资产变现能力和整体经营效率。这种效率的提升虽然短期内未必能完全反映在财务业绩上,但从长远来看,将为银行带来更稳定的收益基础。

3. 降低经营风险

通过实证分析,特别是对 VaR(风险价值)和 CoVaR(条件风险价值)指

标的计算,绿色信贷与商业银行经营风险之间的负相关关系得到了验证。绿色信贷要求商业银行在发放贷款时,严格遵循环保标准,限制对高污染、高耗能企业的资金支持,从而降低了因企业环境违法而导致的信贷风险。同时,绿色信贷鼓励资金流向环保、节能等可持续发展领域,这些领域的企业通常具有较好的成长性和稳定性,有助于降低银行的整体信贷风险。

13.2　绿色信贷对商业银行的启示

1.绿色信贷是商业银行履行社会责任的重要途径

商业银行作为金融市场的重要参与者,其经营行为不仅影响自身经济效益,还对社会和环境产生深远影响。绿色信贷的实施,体现了商业银行积极承担社会责任的良好形象。通过支持绿色产业和环保项目,商业银行不仅有助于推动经济绿色发展,还能提升自身声誉,增强社会公信力,为长期发展奠定坚实基础。

2.绿色信贷有助于优化信贷结构,提升资产质量

绿色信贷的实施促使商业银行调整信贷结构,减少对高污染、高耗能企业的信贷投入,增加对环保、节能等可持续发展领域的资金支持。这种调整有助于提升商业银行的资产质量,降低不良贷款率,提高资产变现能力。同时,随着绿色产业的快速发展,绿色信贷项目未来有望成为商业银行新的利润增长点。

3.绿色信贷需要政策与市场机制的双重推动

绿色信贷的发展离不开政策和市场机制的双重推动。政府应出台更多优惠政策,如税收减免、财政补贴等,鼓励商业银行积极开展绿色信贷业务。同时,应完善绿色信贷的监管体系,确保绿色信贷项目的真实性和合规性。此外,市场机制也应充分发挥作用,通过绿色债券、绿色基金等金融产品创新,为绿色信贷提供更多资金支持。

13.3　对商业银行开展绿色信贷的建议

1.构建完善的绿色信贷政策机制

金融监管机构应出台更加具体、可操作的绿色信贷政策细则,对《绿色信贷指引》中的各项准则进行分类监管,确保商业银行在披露绿色信贷余

额、占比及各类绿色投资项目时具有统一标准。通过统一标准，不仅可以对比各大商业银行的绿色信贷实施情况，还能提升中小银行的积极性，促进绿色信贷市场的均衡发展。

2. 加强绿色信贷专业人才队伍建设

绿色信贷业务涉及环境效益测度和绿色概念项目划分等复杂情况，需要专业人才的支持。商业银行应加大对绿色信贷专业人才的引进和培养力度，提升员工的专业素养和业务能力。同时，应加强对环保法律法规的学习和研究，确保绿色信贷业务的合规性和有效性。

3. 创新绿色信贷产品和服务

商业银行应积极响应国家绿色发展战略，不断创新绿色信贷产品和服务。一方面，可以针对不同类型的企业定制个性化的绿色信贷产品，满足其多样化的融资需求；另一方面，可以拓展绿色信贷业务领域，如绿色理财产品、绿色租赁等，丰富绿色信贷产品体系。通过创新产品和服务，商业银行可以吸引更多潜在客户，提升市场竞争力。

4. 强化环保信息披露与共享机制

环保信息披露的不完善是当前绿色信贷发展面临的一大挑战。商业银行应加强与环保机构的信息共享与合作，建立完善的环保信息披露机制。通过及时、准确地获取企业环保信息，商业银行可以更好地评估信贷项目的环境风险，确保绿色信贷资金的有效利用。同时，应推动建立全国性的环保信息数据库，实现信息共享和互联互通，降低商业银行的信息收集成本。

5. 完善绿色信贷风险防控体系

绿色信贷项目的长周期性和不确定性给商业银行带来了新的风险挑战。商业银行应建立完善的风险防控体系，加强对绿色信贷项目的风险评估和监测。一方面，应制定科学、合理的信用等级评定标准，对借款人和项目进行严格审查；另一方面，应加强对贷后管理的重视，及时掌握企业的生产经营情况和资金流向等信息，确保绿色信贷资金的安全回收。

6. 平衡短期利益与长期效益

在短期内，绿色信贷可能会对商业银行的财务业绩产生一定影响。然而，从长期来看，绿色信贷将为商业银行带来更加稳定的收益和更低的经营风险。因此，商业银行在开展绿色信贷业务时，应平衡短期利益与长期效益的关系，坚持可持续发展的理念，不断提升绿色信贷业务的质量和效益。

13.4　总结与展望

绿色信贷作为商业银行推动经济绿色发展的重要手段,其在经营中的作用日益凸显。虽然短期内绿色信贷可能对商业银行的财务业绩产生一定影响,但从长期来看,其将提升商业银行的经营效率和资产质量,降低经营风险。因此,商业银行应积极响应国家绿色发展战略的要求,加大绿色信贷业务的投入力度,创新绿色信贷产品和服务模式,完善风险防控体系和信息披露机制,为实现经济、社会、环境的可持续发展贡献力量。

随着全球环境问题的日益严峻和绿色金融市场的不断发展壮大,绿色信贷将成为商业银行未来发展的重要方向。商业银行应抓住这一历史机遇期,不断提升自身在绿色信贷领域的专业能力和市场竞争力,为实现经济绿色转型和可持续发展作出更大贡献。

参考文献

[1] Pearce D. W., Atkinson G. D., Dubourg W. R. The Economics of Sustainable Development[J]. *Annual Review of Energy and the Environment*, 1994, 19(1).

[2] Daly H. E., Growth B. The Economics of Sustainable Development [M]. Boston: Beacon Press, 2014.

[3] 诸大建. 超越增长: 可持续发展经济学如何不同于新古典经济学[J]. 学术月刊, 2013, 45(10).

[4] 申晓辉. 绿色信贷、绿色声誉与银行绩效[D]. 南京: 南京财经大学, 2012.

[5] 郇文青, 任善英. 商业银行绿色信贷与财务绩效实证研究[J]. 现代经济信息, 2016(22).

[6] 廖筠, 胡伟娟, 杨丹丹. 绿色信贷对银行经营效率影响的动态分析——基于面板 VAR 模型[J]. 财经论丛, 2019(02).

[7] 王明浩, 赵娟霞, 金芊芊. 生态文明视阈下我国商业银行实施绿色信贷绩效研究[J]. 价格理论与实践, 2021(06).

[8] 史灿. 绿色信贷及绿色声誉对商业银行经营绩效的影响研究[D]. 贵阳: 贵州大学, 2021.

[9] 朱天. 绿色信贷对我国商业银行经营绩效的影响[D]. 济南: 山东财经大学, 2022.

[10] 吴赛楠, 白涵. 绿色信贷对商业银行经营绩效影响研究——基于国有控股商业银行分析[J]. 商讯, 2021(35).

[11] 中国人民银行石嘴山市中心支行课题组. 绿色信贷、绿色声誉与商业银行绩效——基于 2008—2020 年 15 家上市商业银行的实证研究[J]. 金融发展评论, 2022(07).

[12] 张晖,朱婉婉,许玉韫,等.绿色信贷真的会降低商业银行绩效吗[J].金融经济学研究,2021,36(01).

[13] 李文玉.中小商业银行信用风险计量与经济资本配置研究[D].厦门:厦门大学,2014.

[14] 贾正晴.商业银行市场风险经济资本计量与分配方法及模型研究[D].天津:天津大学,2017.

[15] 陈昆,孙秀冰,于慧林.绿色信贷对商业银行经营绩效的影响[J].区域金融研究,2021(03).

[16] 史玥.绿色信贷对银行经营绩效的影响[D].上海:上海财经大学,2022.

[17] 王明浩,赵娟霞,金芊芊.生态文明视阈下我国商业银行实施绿色信贷绩效研究[J].价格理论与实践,2021(06).

[18] 王晓宁.绿色信贷对商业银行经营效率的影响[D].青岛:青岛理工大学,2018.

[19] 段进东,王雯佳,卞丽君.我国商业银行绿色信贷运营效率的DEA-Malmquist实证[J].中外企业家,2017(25).

[20] 易云辉,尹波.Credit Metrics模型计算信用风险的实例分析[J].江西科技师范学院学报,2005(04).

[21] Adrian T., Brunnermeier M. K. CoVaR[R]. *Federal Reserve Bank of New York Staff Reports*, 2008.

[22] 修国义,王芳菲.基于CoVaR模型的我国银行业系统性风险的测度[J].科技与管理,2015,17(03).

[23] 黄婉迪.我国上市商业银行系统性风险溢出效应研究[D].西安:西安电子科技大学,2015.

[24] Tobias A., Markus K. B. CoVaR[J]. *National Bureau of Economic Research*, 2011.

[25] Tobias A., Markus K. B. CoVaR[J]. *The American Economic Review*, 2016,106(7).

[26] 严一锋.基于CoVaR方法的我国银行业系统性风险测度[J].统计与决策,2018,34(23).

[27] 叶莉,李园丰,王远哲.基于CoVaR方法的我国商业银行系统性风险溢出效应测度[J].河北工业大学学报,2019,48(05).